于漪全集

基础教育卷

1

上海教育出版社

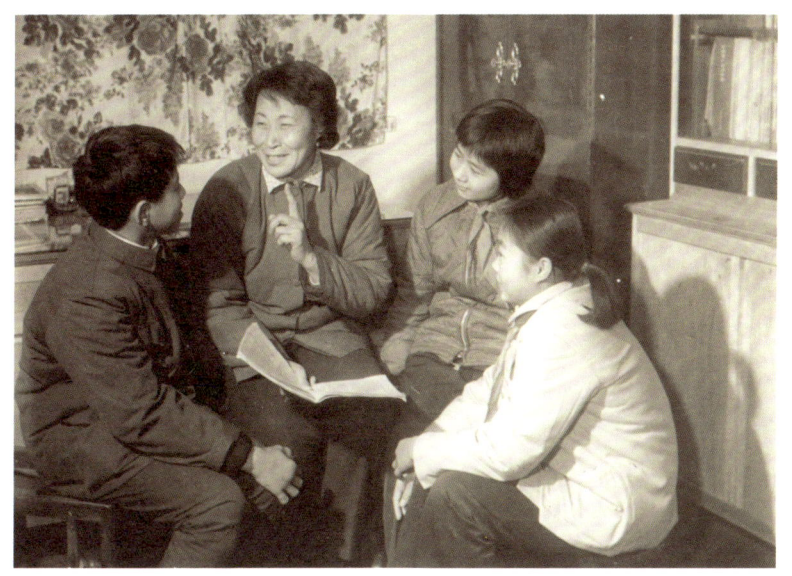

家访时,与小同学聊天

课后活动,畅所欲言,亲如一家

20世纪80年代末,与青年教师座谈

21世纪初,上海市语文名师培养基地于漪基地全家福

出版说明

《于漪全集》是基础教育领域首部特级教师的全集,也是上海教育出版社为特级教师出版的第一部全集。它的出版,对于传承、弘扬和建设新时代社会主义文化,对于以教育自信创建自信的教育具有重要意义。

《于漪全集》收录了于漪在不同时期发表于全国各类期刊和出版于多种图书的论文、讲话、序跋等作品。难免挂一漏万,故对写作时间和文章出处不一一注明,留待日后修订逐步完善。同时,对原发期刊编辑部、图书出版单位一并致谢。

全集由上海市教师学研究会组织有关教师、专家编辑。于漪的教育思想植根于教学实践,是理论与实践的有机融合和生动阐述。有时一材多用,是为了从不同角度阐释相关问题,为读者呈现丰富的不同历史阶段的思考成果。

全集以"一辈子学做教师"为线索,根据文章内容,共分 8 卷 21 册,从基础教育、语文教育、课堂教学、阅读教学、写作教学、教师成长、序言书信、教育人生八个方面多维度展现于漪来自教育第一线的理论研究成果,力求树立当代教育家的典型形象。

目录

锐意改革,开拓前进	1
重要在于素质培养	8
两代师表一起抓,创造良好的学校小气候	12
师范教育面临新挑战	21
教育的生命力在于质量	27
对学科教学体现德育的探讨	30
在科学管理上学步	37
跟上时代步伐,狠抓师资质量	50
法制观念必须加强	53
我们的目标与任务	
——学习《邓小平文选》札记	55
实施《教育法》 创造新辉煌	75
基础教育,本中之本	80
校长应努力成为教育家	90
真难忘却	95
树立精神风范,引领教育现代化	97
素质教育要在形成合力上下功夫	107
追求高尚的教育境界	110
教育,为了民族的振兴	121
为基础教育鼓与呼	124
奠基,"奠"怎样的"基"?	127
与时俱进,构建学校价值取向	133

语文教学与民族精神教育	137
增强文化自觉，提升办学水平	146
用优秀经典文化滋养心灵	152
学科德育重在融合	155
"二期课改"的深层理解	158
关键在教师	160
"八荣八耻"：青少年成长的道德标杆	162
在学生心灵深处滴灌生命之魂	164
在学科教学中扎实地实施"两纲"教育	172
走进学生的世界	179
点燃心中的火把	182
教书要为育人服务	185
学校的灵魂	188
培养一颗中国心	193
中国文化的基本精神	198
教改是时代发展的必然	
——与《上海教师》主编的对话	207
基础教育须狠抓基础	216
民族的语言是民族的生命	219
用心歌唱不寻常的30年	221
在学科主渠道中获得"有效"	229
教育的生命力在于教师成长	234
中小学思想道德教育的里程碑	239
可否有点偏爱？	244
校园文化建设与"爱满天下"	247
要使战略主题深入人心，自觉化为行动	252

让生命之花绽放	257
教育就是"仁而爱人"	260
抓住根本,讲求德育实效	266
理念植根心中　行动创造精彩	269
学校,学生成长的乐园	272
理想照耀生命	275

锐意改革,开拓前进[①]

"教育要面向现代化、面向世界、面向未来"是邓小平同志为景山学校写的题词。它是教育改革的纲领性指示。它极其深刻地揭示了教育与社会主义现代化建设、与未来的共产主义宏伟目标之间的内在联系;极其精辟地指出办现代化的教育不能与世隔绝,而要有面向世界的胆略和气魄,要学习、借鉴、创新、腾飞。

邓小平同志"三个面向"的指示是我们从事教育改革的精神武器。它涉及的面既广且深。认真积极地贯彻这个指示,从教育结构、管理体制、课程设置、教学内容到教学方法等方面必将发生越来越深刻的变化。语文教学要进一步改革,当然也须努力贯彻"三个面向"的精神。仅就语文学科而言,以"三个面向"指示对照,教学大纲、教材体系、教学内容、教学方法等均有深入研究探讨的必要。我自己作为一名语文教师,由于实践与认识的局限,难以把方方面面想周到,说完备,只能就语文教学实践者的角度,谈一点粗浅的体会。

[①] 1983年9月,邓小平同志为北京景山学校题词:"教育要面向现代化、面向世界、面向未来。"本文作者从当时教育所面临的现实问题和自身从教的切身体会出发,深刻认识到该题词在当时的时代背景下对于教育工作的重大意义,当即写下本文并于1984年正式发表。文章所提出的三个行动指向是:一是思想上松绑,从思考问题的习惯轨道上解放出来;二是下大决心同陈旧的不适应时代潮流的教学方法告别;三是变"等"为"创",争做语文教学中开拓型的教师,这从专业领域呼应了邓小平同志"三个面向"题词精神。该文的发表引发了基础教育领域各学科专业教学如何贯彻落实"三个面向"题词精神的广泛讨论。

众所周知,教学质量的高低相当程度上取决于教师质量的高低。同样,语文教学能不能体现"三个面向"的精神,关键也在于在第一线从事教学实践的广大语文教师。在教育总体改革、语文教学总体改革尚在孕育、探索之时,在现有的教学条件下,语文教师是坐等,还是积极进取,摸索改革的途径和方法?显然,后者的态度是正确的,积极的。要在语文教学中体现"三个面向"的改革精神,以下几个方面至为重要:

一、思想上松绑,从思考问题的习惯轨道上解放出来

较长时期以来,我们教语文,总是看课堂里的学生多,看学生的成绩多。如果说想得稍远一些,那就是想到毕业考试,想到如何考入高一级的学校。因此,对语文作技术性的处理多,育人考虑得既少又肤浅。道理明摆着,教文是为了育人,育人是大目标,教文是为育人服务的。不从分数、考试、就文论文、题海战术等条条绳索中解放出来,育人的观点就树立不起来,考虑问题也就必然总是在狭隘的圈子里打转,以致形成许多做法上的回环往复,跳不出圈子,迈不开步子。

"三个面向"的指示打开了我们的视野,教育我们看问题要动脑子,要站在时代的高度,看得远一些,想得深一些。眼前的学生是教师教学的出发点,要调查了解,熟悉他们的知识、能力、内心世界。但出发点毕竟不是目标,因此,教师在把握学生实际的同时,脑子里一定要有清晰的明日建设者的形象,以明日建设者的要求来指导和促进对今日的学生的培养。

作为一名教师,应具有相当程度的职业敏感,要密切关心国内外大事,善于接受来自各方面尤其是教育、科学、技术方面的新信息。邓小平同志在《在全国教育工作会议上的讲话》中谈到培养训练专家和劳动后备军时说:"我们不但要看到近期的需要,而且必须预见到远期的需要;不但要依据生产建设发展的要求,而且必须充分估计到现代科学技

术的发展趋势。"尽管这是就制定培养人才的周密的计划而言,但对我们教师不同样有重要的启示吗?初一学生入学,教师就应考虑到六年以后或十年以后他们进入社会的情况。那时,现代化建设的成就已怎样?现代科学技术发展到怎样的水平?具有怎样的思想和能力的人才能适应?对这些问题教师必须严肃地考虑。教师是为祖国未来培养人才的,由于工作的性质所决定,他们必须与时代同步前进,必须走在时代的前面,而不能落后于时代。

解开思考问题的旧习惯的绳索,我们的目光就会敏锐起来,就会勇敢地接受新时代的挑战,自觉地把教学工作和现代化建设,和当今的世界,和灿烂的未来紧紧联系在一起,勇于改革,努力创新。

二、下大决心同陈旧的不适应时代潮流的教学方法告别

不改不变,没有出路;不改革,语文教学中的无效劳动难以避免,语文教学的质量难以提高,学生语文能力的培养受到很大限制。

照本宣科,满堂灌,死记硬背,抄黑板……大家都知道是不合时宜的陈旧方法,但对它们又似乎有感情。这不仅因为用起来驾轻就熟,十分顺手,而且认为"广种"总能"薄收"一点,"塞"一点总比"不塞"好。把教学只看作"知识的给予"的活动,而不承认学生是活泼泼的人,学习上有主观能动性。在一些人的脑子里,抗拒"变"的思想是根深蒂固的,总觉得牌子是老的好,方法是老的强。语文教学中也存在这个问题。一个词用注释的方法讲10分钟甚至20分钟,黑板上写一大堆,为什么不能让学生查工具书,自己动手动脑去获得知识,加强理解呢?如果检字比较难,教师可以提示可以指导。文章的中心思想为什么要抄在黑板上?为什么要背?为什么回答时不能越雷池一步?死记10篇乃至20、30篇课文的中心思想,不等于学生就具备了阅读文章的能力,具备了概括中心思想的能力。用一些无用的,支离破碎的词句、语段充塞学生的

头脑，怎么可能开发他们的智力呢？人类社会已经跨越了19世纪的蒸汽机动力时代，又跨越了20世纪初期中期的内燃机动力时代，今天，科学技术已经发展到了一个全新的时代，即信息时代，电子计算机的运用进入了越来越多的领域，以空前的规模和速度应用于生产，使社会生产的各个领域面貌一新。80年代的今天，面对着科学技术的突飞猛进，面对着社会生活节奏的加快，还在用50年代、40年代，甚至更早时期的陈旧方法教学生，怎能从根本上调动学生学习的积极性主动性？怎能有效地激发他们旺盛的求知欲？怎能和时代的要求合上节拍？再说，生活在现代社会的学生，各种新的信息通过广播、电视、报刊、展览等多种途径作用于他们的感官；他们的保守思想少，对新鲜事物特别有兴趣，带着十分好奇的心情关心、追求、寻找满意的答案。用陈旧的方法进行教学，无疑是要关闭他们认识现代社会的窗户，把他们搜到沉闷的、与现实脱节的陈旧的教学程式之中。这样，他们怎不以学为"苦"？他们的思维发展岂能不受到极大的障碍？学习质量、语文能力又怎能有效地提高呢？

现代社会需要的人才绝不是书呆子，绝不是那种只会背现成结论的人。就算是背功很好，充其量也不过是个"机器人"。我们要培养的是设计和制造机器人的人，是掌握现代科学技术向生产的广度和深度奋勇进军的人。这些人应该是目光敏锐，思维活跃，有事业心的人；是能迅速接受外来信息，并能在纷繁复杂的现象中作出正确判断的人；是有一定的知识基础，"小仓库"里知识利用率较高，并能据此有所创造的人；是有求知渴望和自学能力，能自觉学习和吸收新知识新技术，注意知识更新的人。培养出这样的人才，是各个学科共同的目标，而语文学科更负有特殊的使命。

当前，我国实行对外开放、对内搞活经济的富国强民政策。资本主义国家先进的科学技术引进了，随之而来的不可避免地会渗进形形色色的腐朽的资产阶级思想和生活方式，各种思潮会在文艺领域寻找赖以生存的土壤。再说，我国政府已经明确宣布，台湾回归祖国，恢复对香港行使主权以后，50年内那里的制度不变。这就是说在一定时期内我国将实行两种制度并存的方针。语文教师教文育人，必须认真地想到这些问题。我们奋斗的目标是建设社会主义，实现共产主义。在学生世界观形成的过程中，语文教师要充分运用教材的说服力与感染力对学生思想进行有效的教育，以爱国主义精神、高尚的道德情操、坚定的共产主义信念塑造学生的心灵，教会他们识别假恶丑，教育他们在前所未有的复杂情况下，能坚持真理，坚定信念，抵制各种病菌的侵蚀。当然，这种教育绝不是读写教学的外加、油水分离，而是把思想政治教育和道德情操教育蕴含于语言文字的教学之中，贯串于听、读、说、写训练的全过程，因文解道，因道悟文，文道统一。不立足于育人的高度，不远瞩时代的前程，教学中就难以真正把文道统一起来。相反，只会有意无意削弱教材的教育作用，丧失雕塑学生心灵的良机。

语文教师目中要有人。为了适应时代的需要，必须改革单纯传授、灌输知识的方法，着眼点要转换到开发智能、提高素质的方面来。这不是说舍弃语文知识不管，拎空地搞智力开发，而是把知识融合于听、读、说、写的能力训练之中，在训练学生语文能力时，发展他们的思维力、想象力、观察力、记忆力，引导他们在分析问题和解决问题的过程中理解和掌握知识，锻炼和提高素质。要做到这一点，陈旧的教法是一定担当不了的。为了学生的现在和未来，为了祖国建设事业的发展与兴旺，我们必须下大决心与陈旧的教学方法告别。

三、变"等"为"创"，争做语文教学中开拓型的教师

有一种较为流行的偏见，认为凡事学会了才能做，不学就不能做。于是就等着那第一个做的人出现，等着别人做了以后总结出经验（最好

是系统的无可非议的经验)。于是,等,等,等啊等,岁月在等待中流逝。细想一下,实在有些可笑。如果每一个人都"等",不用说第一台电子计算机创造不出来,就连"抄黑板"也出现不了,因为它也要有人"发明"啊!

语文教学中如何贯彻"三个面向"的精神,不是等待别人去创造,也不是等着去学别人的,而应是靠自己去学习、体会、实践、总结、创造。别人的经验可以开拓自己的视野,启迪自己思考,但起点主要还在自己的脚下,要脚踏实地,兢兢业业地干,他山之石再好,也不过用来攻我语文教学之玉,拿来为我所用。

贯彻"三个面向"的指示精神是语文教师的共同任务。但是学校情况不同,学生基础不同,教师各自的条件也不同,要想在短时期内有个"整齐划一"的做法是不可能的。不过,每个语文教师有充分创造的权利,可以根据此时此地此校此班学生的情况,找出影响"三个面向"精神贯彻的症结所在,寻找突破口,进行改革。可以在处理某种类型的教材上突破,可以在某项训练上突破,可以在某种教法上突破,取得经验,提高认识,然后再扩大"战果"。一入手就贪大求全,毕其功于一役,这是不现实的,也是不可能的。城市学校教师有改革的用武之地,农村学校教师同样有改革的用武之地;重点学校要"三个面向",大面积的学校同样要"三个面向"。每个语文教师都应有时代责任感,都应有开拓的勇气和实干精神。能勇于开拓和实干,语文教学课时多、收效少的局面就一定会有所改变。

开拓不是凭主观臆想,不是随心所欲,想怎么教就怎么教,而是要深入学生中间调查研究,弄清学生的学习实际,要梳理自己的教育思想、教学思想,审视自己的教学习惯、教学方法。以"三个面向"精神衡量,明确应发扬什么,改革什么,怎么改革。只有实事求是,从实际出发,语文教学改革才能迈出坚实的步伐。

要改革,要开创,语文教师丝毫不能放松自身的思想建设和业务建设。常言道:打铁还要自身硬。要能"生产"出现代化的人才,教师自己须思路开阔,执着地追求知识,努力从社会生活中吸取养料,有丰富的精神生活。居高才能临下。只要认真学习,锐意改革,必能在开拓中前进,必能创造出语文教改的新鲜经验。

重要在于素质培养

师范学校的一切工作都是为了培育合格的小学教师。"合格"的内涵极其丰富，知识、能力、智力、思想、道德、情操、意志、兴趣、爱好等，可以说无不包孕其中。怎么培养呢？是散兵游勇式的抓一个算一个？还是紧扣培养目标揽其要狠下功夫？从几年办学实践来看，我认为是后者。

揽其要的"要"是什么呢？是师范生的素质，功夫要下在师范生素质的塑造上。工艺雕塑师要雕塑出巧夺天工的珍品，非常讲究材料的质地，不管是玉石、象牙，还是黄杨木，都要作一番精选的工作。洞悉质地特点，识别纹理纹势，因势造形，必能取得理想的效果。师范生的培养情理相同。进入师范学习的学生，将来能不能成为合格的甚至拔尖的小学教师，关键在于素质的培养。素质，简言之，就是为人、为学、将来为教的基本规格，在学生成长过程中做人做教师的思想、道德、行为、文化、能力等方面的基本建设。根子扎得正，扎得深，日后就能枝繁叶茂，果实累累。目前，师范生的生源不尽如人意，基础工作更不能掉以轻心。

塑造师范学生的素质是十分艰巨的工作，不可能一蹴而就。短期行为，突击一下，难有成效。它需要细心、耐心、精心、细水长流、熏陶感染，它需要全校教职员工逐步调整认识，统一认识，相互配合，协同教育。我们的主要做法是：

一、优化学校环境,陶冶学生性格

《孔子家语》中有"入芝兰之室,久而不闻其香""入鲍鱼之肆,久而不闻其臭",都道出了环境对人的潜移默化作用。师范学校的校容、校貌整治得如何,对学生性格、情感的培养有直接或间接的影响。我们所要求的学校环境,正如教育家陶行知先生所说:"不是浪费的盛装,而是内心的艺术感所求的朴素的表现。我们的校容要井然有条,秩然有序,凛然有不可侵犯之威仪。"为此,我们在整、洁、美三个方面着力。

校园比较大,但杂乱无章;校舍有一定面积,但陈旧破损,墙壁斑驳,脏水四溢;绿化有不少覆盖面,但挤塞堆砌,杂草争长,令人窒息。至于墙上乱涂画,地上出现痰迹,时有发生。针对这种状况,我们采用了反复教育、分块改造、落实责任、评比检查等方法进行整治。针对"环境卫生是小事",不屑一顾的想法,学校在多种场合反复讲述环境美的意义和讲卫生的必要,抽调一名教师专门负责全校的卫生扫除工作。在全校师生中构成一个整治室内室外清洁卫生的网络,交任务,明职责,制定质量验收标准,开展定期的评比和突击性的检查。整治的要求具体明确,维护整洁环境的要求也具体明确。用质量标准统一师生认识,统一师生行动。道路整洁、教室明净、校园里绿草如茵,花树环绕,看似环境的变化,实质是心灵美的塑造。爱集体、为他人的好思想在艰苦劳动中得以萌发、滋长。学生一进校门,就会油然而生庄严感、神圣感,舒畅的感觉更会充盈胸际。

二、强化行为规范,树立良好校风

没有规矩,不成方圆。师范生良好行为习惯的养成在今日师范学校极其不易。在初中毕业阶段,家长的注意力往往集中在子女的升学问题上,行为习惯方面常缺乏严格要求,部分家长对子女娇惯,更谈不上有什么要求。社会上的干扰不断,增加了规范行为的难度。为了切实提高师范生的思想素质、道德素质,我们把落实行为规范作为突破口,严格要求,勤加督促,制定规章,褒贬奖惩。

要强化行为规范,首先要在思想上明辨是非。师范学校应是精神文明的摇篮,不能置培养目标于不顾,而任意降低培养标准,或迎合社会上庸俗、低级的事物。对师范生不严格要求,没有良好的行为习惯,怎可能成为合格的教师?其次是班主任队伍的建设。班主任的认识水平、工作态度、管理能力直接影响班级学生行为规范的落实。因此,加强对班主任队伍的领导,交流信息,督促检查,至关重要。再次是反复训练,锲而不舍。良好的校风是在长期的教育实践中反复训练逐渐树立起来的。严格而合理的规章制度是强化学生行为规范、形成良好校风的保证。有步骤分阶段锲而不舍地抓常规训练,使学生心理定式、行为习惯初步可自我监督、自我教育。三年来,对学生的发型、穿着、爱惜粮食、节约水电、勤奋学习、认真劳动等方面敢于抓,敢于锲而不舍地抓而逐步见成效。

三、建立活动基地,培养热爱儿童的感情

对从事教师职业的人来说,"爱"是一种必备的基本素质。一个具有事业感和责任心的教师,对学生总是满腔热情满腔爱。而这种热情这种爱的种子又靠师范学校的教师精心撒播、培育。

教材的师范性,教学方法力求体现师范特点,有利于专业思想的树立与巩固,但仅止于此远不够。重要的是建立师范生课外活动基地,提供与儿童多多接触的机会,熟悉儿童,了解儿童,指导儿童开展活动,与儿童交朋友。

建立课外活动基地的方式不尽相同,内容精彩纷呈。有班级与小学某班级挂钩的,有学科挂钩的;有辅导儿童课外小组的,有辅导少先

队工作的;有小学活动基地,有社会实践活动基地;有各年级各班级分散的活动,有节日全校性为少年儿童服务的活动,与少年儿童联欢的活动。在多种多样的实践中,学生热爱小学事业、热爱儿童的感情就会潜滋暗长。这种"情"能发放能量,推动学习的积极性,推动能力的训练,责任感、使命感就会得到加强。

性格、感情、品德、行为,这些非智力因素似乎不甚显眼,但在师范生素质培养的过程中其重要性绝不低于知识的传授和能力的训练。在微尘中显大千,在有限中寓无限,分量是极其沉重的。

育人,重要的在于素质培养。

1988 年

两代师表一起抓,创造良好的学校小气候[①]

我们第二师范学校是 1984 年秋根据上海市培养小学师资的需要在杨浦中学的基础上恢复的。

当时社会大环境不太理想,而师范教育与小学教师的地位待遇又未得到社会上的充分认识和理解,在这种情况下要办好师范学校难度很大。尽管如此,但我们有一个强烈的信念,那就是:一定要艰苦奋斗,群策群力,切实贯彻党的教育方针,两代师表一起抓,努力创造良好的学校小气候,以实际行动显示社会主义学校教育的功能与威力。

为了使这种信念付之于实施,我们主要做了以下一些工作:

---

① 本文是作者在 1990 年上海市中小学师资工作会议上的发言,1990 年 1 月以《艰苦奋斗,创造良好的学校小气候》为题,对本文在个别字句上作了修改,被《课程·教材·教法》杂志全文刊载。1984 年,为了适应上海市小学师资培养需要,市政府决定将杨浦中学恢复为上海市第二师范学校(简称"二师"),第二年 8 月任命作者为"二师"校长。当时教育领域出于拨乱反正的需要,全力加强知识教育,高度重视"双基"训练,而相对地在思想道德教育和行为规范教育方面有所缺失。针对这一现实问题,作者提出必须立足"三个制高点"思考教育问题,疾声呼吁站在时代高度、战略高度和与发达国家教育竞争高度来思考办学的总体要求,并指出,学校是"育人"的场所,必须对育人大目标有清醒认识,对学校外部环境和内部条件作出实事求是的分析。在担任"二师"校长的办学实践中,作者以校风建设为突破口,以"一身正气,为人师表"为校训,强调"两代师表一起抓":既要求学生增强"为师"意识——明日教师,今日做起;又满腔热情培养青年教师,发挥中老年教师的骨干作用,为教师成长发展点火助力。学校创造的这种良好的"小气候",影响不断扩大,成为师范教育的"大气候",当时被称为"二师现象"。1988 年"二师"被评为上海市文明单位、上海市花园单位,1991 年被国家教委评为"全国中等师范学校办学成绩显著单位"。

一、确立制高点

办学必须有制高点。在改革开放的条件下，要把学校办成社会主义师范学校的样子，须站在相当的高度来思考问题，须在宏观上有较为科学的总体设想。而这种设想的前提是牢固树立目中有学生的观点，清醒地认识育人的大目标，对学校的外部环境和内部条件作实事求是的分析。

首先，要站在时代的制高点上。根据国家教委中等师范教学方案的规定，师范学校应培养出合格的师范生，合格的小学教师。然而，这个"格"究竟是什么？80年代的和五六十年代的有何区别？社会在发展，时代在前进，生活在现代社会的师范生，他们的思想、道德、行为、兴趣、视野、习惯无不渗透着时代的气息。与过去的师范生比，他们具有相同的年龄特征，相似的心理特征，然而又毕竟有80年代独有的特点，如见识较广，接受外界信息的灵敏度比较高，生活知识特别丰富，不少学生有主见，个性强。与此同时也存在明显的不足，如国家意识淡薄，集体主义观念淡薄，学习上缺乏追求，生活上讲舒适，劳动习惯差。研究现代师范生的特点，为的是在"合格"上下功夫。一名合格的小学教师应是一名合格的公民，热爱党热爱社会主义，有理想有道德有文化有纪律，除此之外，还要热爱小学教育事业，有一定的教育教学专业知识与技能。如果前者不合格，或缺陷很大，后者即使较好，也难以成为符合党和国家要求的教师。

其次，要站在战略的制高点上。师范生的素质不仅关系到一代小学教师的素质，而且关系到一亿几千万少年儿童心灵的塑造，要清醒地认识到：在每一个师范生的背后，都有着浩浩荡荡的可爱的少年儿童。师范生将来是义务教育法的执行者，他们任教的水平关系到义务教育法能否真正贯彻，关系到儿童能否健康成长，关系到民族素质能否有效地提高。师范教育在整个教育系统工程之中，看起来虽无大学那样显要，但其战略意义不言而喻。学校的一切工作都是为了培养认真贯彻义务教育法的合格的小学教师。要牢记师范教育的战略地位，绝不搞短期行为，绝不搞维持会。

再次，站在与基础教育先进国家竞争的制高点上。日本和西欧一些国家的基础教育质量是上乘的，正因如此，他们劳动力的素质比较好，在经济、科技、教育等各方面均有竞争力。尽管这些国家已无中等师范，社会条件也不一样，但他们从严治校，科学管理好，教育效益高。他们能办到的事，我们为什么不能？因此，要有与基础教育先进国家竞争的意识。这不是争一所学校的意气，而是争民族的志气，民族的自尊，争在基层显示社会主义精神文明的威力。

综上所述，我们确立了站在时代高度、战略高度和竞争高度来思考办学的总体要求。具体地说，要做到三个瞄准：一是瞄准21世纪的小学教育，努力把80年代的师范生培养成为21世纪的小学教育骨干；二是瞄准国外基础教育先进国家的小学教育，从严治校，发愤图强，办出水平；三是瞄准国内、市内兄弟学校的办学经验，博采众长，力求少走弯路，办出特色。在大环境不理想的情况下，竭尽全力把学校办成师范学校的样子，能经受改革、开放的考验，使学校真正成为培养社会主义合格小学教师的摇篮，建设社会主义精神文明的场所。

二、选择突破口

教育质量是学校的生命，质量低下，就等于浪费学生青春，浪费教育经费。怎样才能把质量抓上去？突破口又在哪里呢？

教育中有三个因素，或者说焦点区域，这就是学习者、学习过程和学习环境。最为重要的是学习者，因为没有学习者就没有学习。我校的生源状况不要说与市、区重点中学比，就是与一般的完全中学比也是逊色的。从总体上说，学生缺乏足够的内部学习动力，缺乏积极进取、奋发向上的精神状态。怎样才能促使学生有旺盛的求知欲，出现良好的学习过程与闪光的学习情境呢？从大量的教育实践中，我们体会到：就学习抓学习，往往捉襟见肘，事倍而功半；抓思想促学习，树理想、有追求，学习动力就厚实，就持久。要抓思想，抓精神状态，除教书育人、管理育人外，还要环境育人，优化学校环境，创造良好的小气候，在治理校容、校貌过程中，规范品德行为，陶冶思想情操。为此，我们选择了校风建设为突破口，切实加强师生员工的思想政治工作和专业思想教育，推动教学业务的进展，以求全面提高质量。要形成良好的学校小气候确非易事，我们的主要做法是：

"敢"字当头，敢抓敢管。学校不是真空地带，金钱拜物、享乐思想侵蚀着部分师生的心灵，赌博、酗酒、浓妆艳抹进课堂的情况时有发生，纪律松散、工作懈怠屡见不鲜。更有甚者是周末，校门口骑摩托车、叼香烟的一群群男青年真是门庭若市，扰得学校不得安宁。面对这种种现象，我们深切感到资产阶级歪风邪气争夺学校阵地，争夺我们学生，如果退让、手软，就是失掉教育者的起码责任。为此，我们敢于在学校弘扬社会主义道德风尚，敢于批评和抵制歪风邪气，排除社会上不良影响对学校师生的干扰。我们深感要御外，必先强内，篱笆扎得紧，野狗才钻不进。为此，大力加强思想政治教育，强化教师队伍和学生队伍的建设。

理解 20 世纪 80 年代师范生的心态，坚持正面疏导，在"善于"上下功夫。当今的师范生特别爱美，但对"美"的内涵的理解却大相径庭，不少学生涂脂抹粉，花枝招展，发型翻新，心思根本不在学习上。围绕这一点我们多角度地开展讨论，花气力疏导。请老校长作校史报告，讲述艰苦创业情况；请老校友作校史报告，讲述如何勤奋学习，严于律己；请劳动模范、先进教育工作者讲述小学教师必须具有的思想素质、文化素质和审美情趣；开展"师范生应该追求什么"的专题讨论，反复强调培养目标,师范生应具有的形象,反复强调如果学校风气降低到社会的一般水平,那是教育的失败。社会上允许的,学校不能都允许;社会上流行的,学校也不一定都提倡。师范学校提倡朴素美、庄重美、大方美,组织学生自己设计校服、设计发型。民主评定,经过疏导,学生穿校服,剪短发,把追求穿着打扮的美,追求生活方式的所谓"美"转换到追求理想美、心灵美、行为美方面来,改变了穿奇装异服,花枝招展的情况。

制定一系列的校规校纪,强化行为规范的训练。良好的行为习惯的培养不可能一蹴而就,靠的是思想先行,说清道理;靠的是管理到位,坚持不懈地训练;靠的是自我教育,督促检查。根据师范生培养目标,针对学生实际,我们制定了一系列的学规、食规、宿规、会规、劳动规章等,让学生懂得在集体生活中要健康成长,须有自我约束力,自觉遵守纪律。如考试规则中有严禁作弊的内容,教师反复讲清师范生不能作弊的道理,考试中又严格管理,几年坚持下来,一定会收到良好的效果。一般地说,现在的学生比较娇,怕脏怕累,为了使学生意志、毅力、体力有所锻炼,培养他们劳动的习惯,要有专门的教师负责劳动教育,统筹安排全校劳动,包括校园清扫。各项制度均强调落到实处,教导处、年级组、团委、学生会,多渠道地督促检查,定期评比。有重点分阶段锲而不舍地抓落实,使学生形成心理定势,学生由此初步做到自我教育,自我监督。

统一认识,统一步调。良好的气候绝非一两个人所能形成,需要全校师生员工统一认识,统一步调。教职工认识不一致,再严的要求,再好的规章制度也只是停在口头或一纸空文。为了齐抓共管,进行校风建设,教职工恢复了坐班制;为了统一认识,我们反复讨论师范学校的培养目标,讨论社会主义的师范学校应具有怎样的形象,对自由与纪律、保守与开放、改革与放任等问题进行严格的区别,强调把教工的精力集中到教育学生的事业中。澄清开放就是放任不管的糊涂思想,克服无所作为、无能为力的观念,反对教育的随意性,反对把学校教育降低到迎合社会上低层次的水平。全校教工对学生的思想政治教育形成"三线一面"的格局,即政治课、年级组(班主任)、团与学生会三条线有机结合,对学生进行思想政治教育;各学科根据学科特点在课内外渗透思想政治教育,提高教育效果。高尚的要提倡,诲淫诲盗的要坚决抵制。

良好的校风看来是无形的,但它却如春雨一般,"随风潜入夜,润物细无声",给学生以熏陶感染,促使他们在短短几年的学习生涯中耳濡目染,提高素质,增强内在前进的动力。

三、两代师表一起抓

学校的质量说到底就是教师的质量,尤其在师德、师表方面,对学生来说更为重要。要抓好学生队伍,先抓好教师队伍。怎样使全校师生有凝聚力?又怎样使师资队伍生气勃勃,有后劲呢?我们的主要做法是:

以"一身正气、为人师表"作为办学的精神支柱,作为全校师生的座右铭。精神支柱能起灵魂导向作用,有强大的凝聚力。教师自身的思想政治方面,决定了教育教学的思想政治方向;教师的道德言行不管是有意识还是无意识,都在对学生起潜移默化的作用。因此,我们反复强调教师应加强自身修养,堂堂正正,光明正大,在学生心目中能形成高大的形象;强调教师的德、才、识、能,尤其是事业心、责任感应成为学生的榜样、表率;强调教师的一言一行对学生都应具有示范的作用。要想把阳光撒播到别人心中,首先自己心里要有阳光。与此同时,我们注意运用表扬与批评的方法,树正气,压邪气,对有损教师形象、有损师德的言行展开批评,防微杜渐。

满腔热忱地培养青年教师,进行岗位培训,创造机会让他们显露聪明才智。学校教育教学的后劲寄托在青年教师身上。我校35岁以下的青年教师占教师总数的46%,这支队伍如精心培养,打好做教师的德、才两方面的扎实基础,学校事业的发展就有希望。否则,散散漫漫,不仅影响现在的教育质量,也影响他们自己的健康成长。首先,与他们在感情上沟通,对他们坦诚相待。要设身处地想想他们身上的几个"变":从受教育的学生变为教育学生的教师,身份不一样了;从比较"放任"的大学生变为须自我约束的师范教师,反差很大;从只讲或偏重书本知识变为须具备教育教学实际能力,一下子适应不了在所难免。学历水平不等于岗位水平,人不能自然成才,总要靠培养,对教育新兵要真心实意地百倍爱护,政治上关心,生活上帮助,充分肯定他们的长处,也真诚地指出他们的不足,严格要求。其次,采取教育教学评优的办法,组织他们岗位练本领。组成三级网络:师傅带徒弟;教研组集体培养,组长负责;学校组成教育教学评审委员会。岗位练本领做到五定:定目标、定内容、定项目、定时间、定测评。充分发挥中老年教师的骨干作用,促使青年教师切实增强责任感,切实养成良好的工作作风和工作习惯。经过几年坚持不懈地帮、带、领、评,青年教师中出现了一些教育骨干和教学骨干的苗子,班级风气正,课深受学生欢迎。学校活动,校园美化,组织青年教师参加;如雕塑、壁画等艺术品自己动手设计、制作,培养他们艰苦创业、爱校的精神。

增强学生"为师"的意识,明日教师,今日做起,以"师表"的要求严格塑造自己的自觉性。师范生是未来教师,一进师范学校门就要向他们灌输和加强"为师"的意识,把"为师"和"为学"结合起来,加大师范生的学习动力,再和"为人"结合起来,培养"四有"的合格的教育人才。为此,我们着力在全体学生中开展"为学、为师和为人""当代师范生的形象"的系列教育。请部队离休干部作革命传统教育讲座;请老山前线战斗英雄谈人生和理想;请盲童学校的学生谈他们为了心中的祖国怎样顽强地学习;请盲人乐队用精彩的演奏诉说怎样做生活的强者;请著名电影配音演员谈"我爱祖国语言美"。为此,我们还着力开展党旗、国旗、团旗的教育,举办《话说国歌》的系列讲座,使学生热爱党、热爱祖国的高尚感情在胸中激荡。在学生干部中,要求更高一点,组织他们学习《共产党宣言》《纪念白求恩》,在他们心灵深处播下共产主义的火种。

教师和学生双向评估,教与学双向检查,发现问题,及时交换意见,及时处理。教师与学生双向促进,扎扎实实提高质量。

两代师表一起抓,效果是:教师有凝聚力,学生有进取心,有一定的免疫力,学校对师生有一定的吸引力,良好的校风逐渐形成并日趋巩固。

四、团结战斗,身先士卒

整洁美观的校貌,勤奋踏实的学风,严谨负责的教风,良好的校风靠全体师生共同创造。其中,教职工的事业心、责任感是关键,而学校领导深知这一点的重要性,故而努力做到:

紧密团结,一切以学校大局为重,以事业得到发展为重。团结是学校工作得以顺利开展的力量所在。在工作中对一些问题看法不完全相同是极其正常的,关键在于彼此之间要坦率、真诚、互相尊重、互相谦让,重要的事情反复商量,统一到发展事业、提高学校教育质量的基点上。学校的事十分繁杂,某位同志已决定的事,其他同志都采取补台的态度,责任大家挑。

身先士卒,勤恳刻苦,爱校如家。干部就要干在前头,先教工之忧而忧,后教工之乐而乐,不计时间,不计报酬,什么地方困难,就挺身而出,尽力解决。爱学校的一桌一椅,一草一木,做有心人,走一路做一路好事。

真心实意为每个教工着想,既提要求,又转换位置,设身处地想想教工的难处，上下协调，增添使机器转动的润滑剂，减少摩擦系数。廉洁奉公，不谋私利，主动接受全校教工的监督。

学校的主人是学生和教师，行政干部是为他们服务的。由于我们认识水平和能力水平所限，不周到之处屡见不鲜，故而须不断修正错误，改进工作。俄国文学家契诃夫曾经给拒绝修改自己作品的作家打比方说："要知道在大理石上刻出人脸来，无非是把这块石头上不是脸的地方都剔掉罢了。"我们正是本着这种精神，学习兄弟学校的办学经验，不断认识自己的不足，纠正工作上的缺点。我们只有一个心愿：努力把学校办成师范学校的样子，为师范生的健康成长做出微薄的贡献。

师范教育面临新挑战

一、问题的提出

世界经济的发展趋势直接影响着各国教育改革的进程,教育质量问题已成为现代教育的全球性问题。教育的质量说到底是教师的质量,因此,世界发达国家从适应新的技术革命和面向21世纪出发,对教师的期望和要求越来越高,教师的任务和责任也发生了重大的变化。

美国小学教师学历不低于大学专科,并受过专门师范教育训练,有些州、学区要求学历达到大学本科以上。1986年卡内基基金会公布一份题为《国家为21世纪的教师做准备》的报告,提出要"重建"美国教育制度,而且这个"重建"必须以"彻底地、全面地检讨自己在师资聘用、培训和工作待遇等方面现行做法"为前提,进而谈到"只有保留和造就最优秀的教师,这个国家才能摆脱它所陷入的困境"。在此以前,美国还提出师范教育要以培养教育"临床专家"为目标。日本1985年文部省教师培训审议会的《改革教师的培训、任务制度》规定大幅度提高获取教师资格的学分数。从20世纪70年代末开始,日本就办起研究生院,目的在逐步实现中小学教师均达到硕士毕业生水平的目标。英国教育与科学部、威尔士事务部于1985年3月向议会提交题为《把学校办得更好》白皮书中,提出了提高各级学校教育能力的若干重大措施,其中有一条是要更有效地进行教师在职培训。

我国台湾1993年师范教育有新政策新法规。台湾"教育部"中等教育司 7 月底公布最新的师范教育政策有：未来的中小学师资全面提高到大学程度以上；教师必须通过国家考试，完成试教、实习等过程；积极调整师资教育课程，培育通识教师；建立教师评鉴制度和进修制度等。《师资培育法》草案 11 月 10 日台湾"立法院"教育委员会初审通过，主要内容有师资培育多元化，合格教师须通过三阶段检定，一般大学可以开设教育学系及课程。

显然，上述种种做法都是为 21 世纪的教师做准备，目的是全面提高教育质量，以适应本国本地区经济的发展及国际间竞争的需要。

到 20 世纪末我国基础教育的奋斗目标是基本上实现九年制义务教育，即 85％的儿童、青少年接受九年义务教育，10％的儿童接受六年教育，5％的儿童读三至四年小学。如今小学入学率是历史上最高的，达 97.8％。21 世纪义务教育质量要在这个基础上大幅度提高，为民族素质的提高打下坚实的基础。要面向全体学生，全面实施德育、智育、体育、美育和劳动教育，建设一支热爱教育事业、思想素质良好、业务能力强的教师队伍是根本大计。师范教育是培养中小学师资的工作母机，面对国际国内教育的形势与任务，须加大改革力度，迎接挑战。谁在师资队伍培养上有远见卓识，行动上抢先一步，谁就在教育质量的竞争上取得主动权。

二、历史与现状

师范教育要在迎接挑战中攀登新台阶，有必要对师范教育的传统作简单的回顾，对现实状况作简要的述说。

我国师范教育有优秀传统。首先，它植根于老百姓之中，与老百姓血肉相连，尤其是乡村师范，培养儿童的教师，与家家户户紧密相连。就读于师范学校的学生，往往家境比较清寒，对生活的艰辛有真切体会，思想情感与老百姓贴近。其次，师范教育高悬育人目标，教学生为人之道、为师之道,在人格、人品、道德、学识上有明确要求,将来在所教对象面前能起表率作用。不少师范学校教育学生以天下为己任,在学生心中撒播做人的良种,培养出许多对国家作出贡献的革命家、教育家、优秀教师。再次,在文化落后的旧中国,师范学校培养学生读、写、算,在许多城镇、乡村,尤其是乡村,教师和学生成为当地文化的带头人。

中华人民共和国成立40多年来,我国的教育工作取得了显著成就,教育事业有了很大发展。师范教育作为教育事业的重要组成部分,同样有了很大发展。在数量上师范学校发展迅速,遍布各省、自治区、市、县,学生人数成几倍甚至十几倍的增长,源源不断地为中小学输送学历合乎国家规定、热爱教育事业、有一定专业能力的教师,形成了一支千万人的教师队伍。改革开放给师范教育增添了勃勃生机。特别是中等师范学校以战略的眼光审时度势,牢牢抓住机遇,以办学条件标准化为突破口,加大师范教育建设的力度。经过七八年的奋斗,师范学校有了显著的变化。校舍、场地、设备等办学条件的标准化,带动了学校管理的规范化,全国涌现了一批办学有特色、管理水平高的好学校。师生精神振奋,热情高涨,一片欣欣向荣、积极向上的气象。与此同时,进行师范学校课程建设,革新中等师范教学方案,变封闭型为开放型的四个板块,即课程结构由必修课、选修课、课外活动和教育实践组成,使学生的理论知识、专业基本功、实践能力均获得有效的培养。重视师范教育师资队伍的继续教育,在全国范围内举办师范学校校长学习班和优秀青年教师骨干培训班,一期一期持续办,特别是后者,是跨世纪的"希望工程",为21世纪的师范教育积攒力量。

纵观优秀传统,认识现实状况,我们可毫无愧色地说:"我国的师范教育是有质量的,改革的步履是坚实的,进展是显著的。在这个十分牢靠的基础上迎接挑战,我们信心百倍。"

三、思考与对策

回顾走过的历程,我们清楚地看到师范教育成绩巨大。这是事物的主要方面。然而,从发展的观点来看,以改革开放的时代要求来衡量,以基础教育课程、教材改革的需要来衡量,不适应的地方也是显而易见的。从办学的指导思想到教育经费的投入,从课程结构的组合到教学设备的配置,从教师队伍的建设到科学管理的到位,从教学方法的改革到教学效率的提高等,都须站在21世纪的时代高度,放在全面提高教育质量和参与国际竞争的广阔背景上深入探讨,在认识和做法上有新的突破。

21世纪的师范教育应该是中国师范教育优秀传统与现代观念、现代知识、现代管理的有机结合,造就素质良好、业务能力强、有一定专长的中小学教师,即培养"合格加特长"的教师,创建有中国特色的师范教育体系。

师范教育优秀传统寓含着奋发向上的民族精神,这是师范教育的"魂"。由于这种精神的哺育,才培养出一批批为教育事业以及其他建设事业作贡献的优秀人才。这种精神与现代化的要求结合起来,就能具有浓郁的时代色彩,就能培育出为现代基础教育作奉献的教师。不在现代观念、现代知识、现代管理上下功夫,就难以创建有活力、有竞争力的现代师范教育,对经济和社会发展、对中小学教育改革的适应性就差。反之,如果只重视现代的内容而忽略优秀传统的继承与发展,民族特色就有可能被削弱乃至消失,这对师范教育的发展也是极为不利的。因此,二者不可偏废,应有机结合。这一点应成为师范教育工作者的共识。

且不说高等师范,就以培养小学教师的师范学校而言,培养目标同样须用现代观念总绾。既要面向全体学生,使全体学生在德、智、体、美诸方面都得到发展,又要充分认识学生的个性差异,考虑学生发展的多样性,不能用一个模式去要求学生。既要有思想道德素质和专业技能培养的规格,又要重视学生潜在的能力,培养特长,发挥特长。既应要求学生具有扎实的读、写、算的能力,又须要求学生关心现代科学技术的进展,学习并掌握一定的科学知识。既培养学生遵纪守法的高度自觉性,又培养学生具有竞争意识和探索创新的精神。简言之,培养的是具有现代思想、以教好儿童为己任的、奋发向上、有专业技能和特长的现代教师。为此,必须更新教育观念,转换旧有的不适合时代要求的学生观、人才观。

要实现上述培养目标,课程结构须改变一元线性的体制,代之以立体化的逻辑框架。80年代后期师范学校课程已初具立体模型,学科知识、实践活动、校内知识与技能的培养、校外见习、实习与社会考察活动的锻炼构成多维空间,使学生获得多方面的培养。在这个框架中学科须优化组合,活动与实践须寻求最佳效果。必修课少而精,让学生学习最基本的理论知识,达到举一而反三的目的;选修课有一定的覆盖面,扩大信息量,开阔学生视野,训练教育专业多种能力。课外活动特别要重视个性差异,因材施教,发挥特长。针对师范传统教育中的弱点,必须加重自然科学学科的分量,加强动手能力如科技小制作等方面的能力。文科、理科应并重,文理要注意渗透。教育学科与教育实践要紧密联系,使理论在指导实践中闪发光芒。

要完成如此的学业,学习期限须延长,学历层次须上一个台阶。小学教师须达到大专毕业,有条件的发达地区可有计划地让其中优秀者继续深造,达到本科毕业水平。20世纪末经济发达地区的师范生达到专科毕业水平,就能为21世纪的小学教育注入勃勃生机。

师范生提高学历层次,师范教师本身须采取有效措施提高素质,增强本领。一是来源。可由一元制改为多元制。除师范大学毕业生充实师资队伍外,其他大学毕业生、研究生同样可充实师资队伍,还可从高等学校、研究所、小学教育研究机构请兼职教师。二是兼教。教师,特别是青年教师应一专多能,能主教一门课程,兼教几门课程。教中学习,教中提高,知识广博,能力多样,有利于大大提高整体教学水平。三是职后进修。任教五年之中有半年时间进修。或进修新学科,或本学科学业深化,或开展专题教学研究。着眼于增进新知识,更新知识结构,开拓视野,培养研究能力,增强教育工作的后劲。增添教学设备,运用现代化教学手段,提高教学效率。教师局囿于讲解,不接触现代化教学手段,很难教出思维活跃、求知欲旺盛的学生。师范教育不仅在培养学生方面要有超前的意识,在教学设备方面也必须讲究先进,讲究完善,力争超前。比如,计算机教育是现代化手段的龙头,培养现代人,离不开计算机教育,因此,师范教育中数量足够、质量良好的计算机配备必不可少。教学手段现代化不仅使学校教学和社会上迅速发展的科技有通道可寻,而且对培养师生现代意识起直观作用,积极作用,对授课的科学性,对教学效率的提高大有帮助。

课堂教学要加强学生的实践训练。注入式的讲解抑制学生的学习积极性,必须大力改革。教师点拨、示范,学生学习、实践,使师生关系由单向型的往复结构变为辐射型的网络式结构,让每个学生进入学习的角色,充分发挥他们作为学习主人的聪明才智。

振兴民族的希望在教育,振兴教育的希望在教师。要培养出德才兼备的教师,须花大气力办好师范教育,须下决心加大师范教育的投入。应该把它看作为教育系统工程中的"重中之重",牢固树立这样的观念,措施一一到位,全面提高教育质量就大有希望。

1990 年

教育的生命力在于质量[①]

"八五"期间上海基础教育面临着"量"的急剧膨胀与"质"的能否提高的尖锐矛盾。这个时期，中小学入学进入双高峰，市区小学、初中学生总数达107万。与此同时，教师退休又进入高峰，"八五"期间市区中学教师退休将达4 800人。中小学双高峰的到来给师资、校舍、设备、场地等带来了一连串的困难，如不高度重视，不抓住时机采取切实有效的措施，势必影响教育质量，甚至导致质量下降。

基础教育要有活泼的生命力，办出水平，办出质量，使青少年具有良好的思想道德素质和科学文化素质，教育部门振奋精神、深化改革责无旁贷，但还须各级政府加强领导，以及全社会的大力支持和家庭的积极配合。只有方方面面形成强大的合力，才能重振上海基础教育的雄风，为上海经济建设和社会发展所需要的人才打下良好的扎实的基础。

把青少年培养成为社会主义建设事业的接班人是全社会的大事，绝非一个部门、几所学校就能全部担当起如此重任。"八五"期间中小

[①] 本文发表于《上海人大月刊》1991年第9期。"八五"前夕，上海基础教育出现了中小学入学高峰及教师退休高峰，作者时任市人大教科文卫副主任委员，对此十分担忧，遂撰写本文文章指出，教育的"双高峰"会带来校舍、场地、师资缺乏等困难，应引起各级政府高度重视；政府要指导教育部门满腔热忱地办好每一所学校，教好每一个学生，为今后合格公民打牢基础；全社会要大力支持教育，形成合力，以确保"双高峰"不影响教育质量下降。对于如何保证新师资质量，作者积极建言献策，引起了各级政府的高度重视，学校场地、校舍以及师资培养等问题均得到妥善解决，切实保障了适龄儿童、青少年接受义务教育的权利。

学双高峰带来的校舍严重缺乏,除教育部门尽力内部挖掘潜力,尚须增建扩建校舍20万平方米。而在市中心改造扩建的难度更大。为此,政府应加强领导,对计划、建设、土地、财政等有关部门统筹协调政策,增强急事急办、实事实办的权威性,帮助教育部门解决入学双高峰的实际困难,保障适龄儿童、少年接受义务教育的权利。

我们的义务教育要让儿童与少年接受平等的教育。不管将来成为科学家、发明家,还是普通劳动者,儿童时代与少年时代都应接受良好的义务教育。这种教育是为今后的公民打基础的教育,根子扎得正,基础打得牢,德智体全面发展,学生一辈子深受其益。在人的幼芽时期,千万不能以几分甚至一分半分之差就划分等级、层次,弄得不好,会把人才扼杀在摇篮里。人的培育成长不能只以分数来衡量,考分不能反映思想品德、体质,也不能反映意志、毅力、良好的习惯,即使是知识、能力,也难以恰如其分地衡量出来。单以分数或智力判断学生的高下是不公平的也是不科学的。要从狭隘的或片面的质量观中解放出来,面向所有儿童与少年,提高全体学生的全面素质,为此,政府要指导教育部门满腔热忱地办好每一所学校,千方百计提高教育质量,教好所有的学生。

学校的质量说到底就是师资的质量。有一支德才兼备的师资队伍,学生就会如春天一般受到春风细雨的滋润,茁壮成长。"七五"期间政府为稳定师资队伍做了不少工作,但仍存在着隐忧。且不说外语、美术、音乐教师的流失,单是新师资的来源,情况就十分严峻。一是生源的质量。上海的师范学校生源,尤其是市区的,不要说和市、区重点比,甚至低于完全中学,处在中下层次,与外省市横向比较,后劲远远不足,潜伏着教育质量下降的危机,令人担忧。二是男女生比例问题。以一所学校为例,1986、1987年新生入学男女比例是1∶8;1988、1989年是1∶17;1990年男女生比例急剧变化,竟然达到1∶39。师范学校快要成为女子学校。小学教师如此女性化,对儿童素质的培养,对民族素质的提高均会带来极大的妨碍。上海要振兴,经济要腾飞,教育就要适应,就要超前,就要办成第一流;没有第一流的教师,哪能有第一流的教育?新师资质量不提高,"八五"乃至"九五"的教育质量根本得不到可靠的保证。为此,建议市政府:提高培养小学教师的学历层次;允许市区师范可招收郊县一定名额的男学生;补贴师范生的生活费,以弥补每月20元5角的过低的助学金。增强师范学校的吸引力,努力消除潜伏的危机。

对学科教学体现德育的探讨[①]

教育,说到底是培养人。师范学校的崇高职责就是培养思想道德素质和科学文化素质良好的合格的小学教师。为了实现这个培养目标,学校必须坚持以教学为中心,把德育工作放在首位。怎样把二者有机地结合起来?我们组织全校教师围绕教书育人这个课题,探讨在学科教学中体现德育的途径和方法。

一、探讨的目标

在实施德育的诸途径中,各学科教学是学校向学生进行思想教育最经常、最基本的途径。课堂教学是学校教育的基础形式,学生日复一日、年复一年地学习,伴随着科学文化知识的吸收,受到马列主义基本观点的教育,受到健康高尚的审美情趣的感染。这种教育的特点是潜移默化的,能使学生点点滴滴入心头,对人生观、世界观的形成起重要作用。为此,我们把学科教学体现德育探讨的目标定在三个方面:

[①] 本文发表于《人民教育》1991年第3期。20世纪80年代末,学科教学重智轻德倾向比较突出。1990年教育部颁布《中国教育改革和发展纲要(1990—2000)》明确指出:"加强德育工作是全体教师必须承担的任务,教师应当有强烈的政治责任感和历史使命感,履行教书育人的职责,以自己的楷模作用,促进学生的全面成长,把思想品德教育贯穿到教育教学的过程中去。"作者时任上海市第二师范学校校长,带领全校教师学习领会《纲要》精神,开展"学科教学体现德育"的探讨和实践,帮助各学科教师寻找德育体现点,一改学科教学只是知识传授的单一功能,把说在嘴上、写在纸上的"教书育人"切实落到每个教师心里。

1. 转变教育思想,树立正确的教育观

教师都有教好学生的愿望,但由于种种原因,往往在不知不觉中重知识传授,轻思想道德情操的教育;重学科成绩,对学生素质教育未放到应有的足够重要的位置。俗话说,"经师"易做,"人师"难为。然而,再难,也要向"人师"的目标努力。人民教师应该是塑造学生优美心灵的工程师,应该在教育实践中自我教育,自我完善,清扫"匠气",切实挑起培养学生的重担。探讨学科教学体现德育,目的在把说在嘴上、写在纸上的"教书育人"切实装到教师心里,使教师自觉地站在"育人"的高度进行学科教学,在向学生心田撒播知识种子的同时,撒播做人的良种。

2. 提高师德,培育爱生之心

热爱学生是做教师的基本道德。这种爱超越亲子之爱,友人之爱,因为它包蕴了崇高的使命感和责任感。教师对学生的爱可表现在关心学习、关心健康、关心生活等方面,但最紧要、最深厚、最炽热的莫过于培养他们健康成长,在德智体美劳诸方面打下做人的良好而扎实的基础。热爱学生的炽热感情不可能自发地产生,而是锻炼、培育的结果。对我们的社会主义建设大业越情深如海,越觉得肩上有千钧重担,越千百倍地珍视学生的青春年华,就越会对学生满腔热情满腔爱。探讨学科教学体现德育,目的在胸中绘上育人的蓝图,教书、育人双管齐下,有机结合,把爱生之情见之于教学实践,通过反复的教学实践进一步培育火热的爱生之心。

3. 深入备课,锻炼教育教学技能技巧

南宋爱国诗人陆游在《示子遹》中曾说过这样的话:"汝果欲学诗,工夫在诗外。"教课也是如此,要使课有质量,做到科学性和思想性水乳交融,发挥独特的育人作用,功夫在课外。课前必须深入备课,对教材的来龙去脉,编写意图,梳理得一清二楚,对教材的重点、难点了如指掌,对教材内在的教育因素能深入体味。把握不住一堂课的知识点和训练点,找不准体现思想、情操教育的体现点,不要说育人的功能不能发挥,就是知识传授、能力培养也会受到极大的障碍。探讨学科教学体现德育,目的在以寻找德育体现点为突破口,深入钻研教材,使教材烂熟于心,深入了解学生,加强教学的针对性,从而锻炼和提高教育教学的技能技巧。

总之,学科教学体现德育绝非为体现而体现,而是加强德育工作的需要,提高教学质量的需要,培养师资队伍的需要,全面贯彻教育方针的需要,是一举而数得的好事。

二、探讨的途径和方法

学校体现德育的途径很多,除学科教学外,在班主任工作、团与学生会工作、管理工作、服务工作中均可有畅通的渠道。而方法更是不胜枚举。即使在学科教学中,途径和方法也很值得探讨。

1. 精心设计,使课堂教学闪现思想的火花

学科教学体现德育,课堂是主要阵地。各科教学在授课时都应力求熔知识传授、能力培养、智力发展和思想情操陶冶于一炉,力求课上发挥多功能作用,提高课堂教学效率。伴随着知识的传授、能力的培养,使教材闪现出固有的思想火花,从而逐步完善与发展、提高课堂教学的育人的整体效益。

(1) 紧扣学科的性质与特点加以体现。对学生进行的思想教育绝非外加于学科,游离于学科之外,而是由学科本身的性质和特点所决定。问题在于教师是否洞悉所教学科的性质,做有心人,全面理解和落实教学大纲。因此,教师要做到有效体现德育,须认真研究和准确把握学科的性质和特点。

文科教学着力探讨爱国主义精神、高尚的道德情操的熏陶感染,历

史唯物主义观点的树立。例如语文课的基本特点是工具性和思想性，语言文字为表，思想内容为里，课文是思想内容和语言形式的辩证统一。课文大部分反映了人文的内容，写社会、写人物、写景物，无不倾注了作者的爱与憎、好与恶。教学时缘文释道，因道解文，以文中内在高尚的思想、道德、情操拨动学生的心弦，让学生既感受到语言文字表达情意的表现力和生命力，又受到文中情和理的潜移默化的熏陶感染。

数理学科的教学着力探讨辩证唯物主义思想的体现。数学尽管是工具学科，但在阐释定理、推理证明、解析判断的过程中，不仅蕴含形式逻辑美，而且闪烁着唯物辩证思想的光芒。教学时，透过数学符号的运用，把握定理、定律内在的辩证思想，树立学生正确认识事物的基本观点。理、化、生学科都是帮助学生认识自然、认识自然规律的学科。自然的发展、变化有其客观规律，人对这些规律要洞悉底里，不仅要尊重事实，崇尚唯物论，而且要以辩证法为认识武器，剖析其原因、结果，剖析其发展、变化。教学时，挖掘这些学科知识中内在的辩证唯物的因素，就能滋润学生的心田。

有些学科看来是训练学生的技能技巧，其实，稍加钻研，就可发现其中同样蕴藏着极其丰富的教育因素。例如，电化教具课看来是教授如何使用一些电化教具，培养当代小学教师必须具备的专业技巧。其实，在传授方法的同时，体现爱护国家财产的教育，体现一丝不苟精神的教育，学生会在不知不觉中受到熏陶。长此以往，有利于学生良好心理素质和良好道德品质的形成。至于体育学科体现德育，更是显性的居多，它对意志的磨炼、集体主义的形成、精神状态的奋发，起着十分重要的作用。

各学科尽管各有特点，德育体现的侧重点也不尽相同，但绝不是相互割裂，各唱各的调，完全可以因教材的具体特点而确定德育体现点。适合某一文科的，同时也可适合某一理科的，殊途同归，收异曲同工之妙。如民族自尊心的培养、民族自豪感的激发,各个学科都可结合教材中精辟的理论和生动的例子担当起培育学生的重任。

(2)潜心研究,寻找体现德育的最佳结合点。要找准知识传授与思想教育的最佳结合点,十分重要的是把握教材的个性,不仅在深入挖掘教材内在因素的基础上把握教材的总体,而且要把握教材的局部乃至细部,即每个章节、每个段落、每个定理等个性均能有所领悟。共性寓于个性之中,个性越把握得准,把握得深,知识点、训练点越明朗,越显露,德育体现点也就越能落实。

例如物理课教电学中串联与并联的知识。教师以220伏特5瓦灯泡与220伏特40瓦灯泡串联与并联的实验操作传授给学生相关的知识,与此同时,揭示具体问题需具体分析的观点,学生既掌握了灯泡亮度与电路连接有关的知识,又懂得了分析事物的基本思想。思想观点教育体现于知识教学、实验操作之中,无斧凿痕迹。

又如音乐教学,在教宫、商、角、徵、羽五声调或曲调时,从纵向极其自然地述说这种曲调伴随着中华民族文化的发展,源远而流长;从横向看,它超越国界,移植到其他国家,创造和发展了他们的民族乐曲。纵横交错,让学生在识乐、练曲的过程中,受到民族自豪感的熏陶,增进热爱民族乐曲的感情。

德育体现不是凌空的,体现需有附着物,或知识点,或训练点。所选知识点应有丰富的内涵,能牵一发而动全身的,所选训练点往往能充分调动学生的感觉器官和思维器官。这样,或动之以情,或晓之以理,科学性与思想性水乳交融,学生就会深受其益。

2. 课外延伸,开展丰富多彩的学科活动

学科教学有两个阵地:一课内,二课外。课外是课内的延伸。学科德育体现既要落实在课内,又要延伸到课外。前者面对全班学生,后者可有较大的灵活性,人数不拘,形式多样,因材施教,发展兴趣爱好,发展个人特长。德育有"面"上的体现,有"点"上的滋润,点面结合,学生就徜徉于良好的思想教育氛围之中,耳濡目染,潜移默化。

(1) 发挥教师个人特长。组织多彩的课外活动,寓教于知,寓教于技,寓教于乐。有的教师手巧,能变废为宝。手工课的课外活动就着力于把不起眼的看来无用的废物,经过创造性的劳动变为好看的或好用的宝物。变废为宝的过程是培养手工制作技巧的过程,也是进行勤俭节约思想教育的过程。

(2) 结合师范专业特点,引导学生组织少年儿童的活动,寓教育于活动之中。学生在教育儿童的同时,自己的能力得到锻炼,思想上有所提高。例如组织儿童小乐队,既让学生教授儿童吹奏的技巧,又指导学生如何把儿童组织起来,服从统一的指挥,有利于学生的集体主义教育和美的熏陶。

(3) 走出学校,参加社会实践,寓教育于社会实践活动之中。例如,历史组围绕爱国主义教育这个主题,组织兴趣小组的同学多次参观访问,实地调查。从上海乡土的形成到帝国主义侵华的物证,从抗击侵略者的遗迹到中国共产党的诞生地,从嘉兴南湖的红船到吴淞口今日风貌,访古观今,抚今思昔,热爱祖国、热爱社会主义之情就会充盈于学生胸际。

教育是有计划有目的的,组织课外活动也是如此,目的性越强,针对性越强,效果就越好。体现德育当然需要明确之目的,不能盲目,不能随意,不存在"无心插柳柳成荫"。

三、探讨中亟待解决的难题

应该说,这几年在教书育人方面有所进步。但是,我们面临着两个难题亟待解决。

一是进行德育的基本功不厚,有的还很欠缺。罗曼·罗兰说过:

"要撒播阳光到别人心中,总得自己心中有阳光。"要对学生进行马列主义基本观点教育,自己就得具备观察社会、认识世界的唯物辩证观点、阶级观点;要以理服学生,首先得以理服自己。要对学生进行爱国主义教育、道德情操教育,自己就得净化感情,把心贴在祖国的事业上。不知德育为何物,当然就无从谈教育。把握德育丰富的内涵,就能居高临下,开辟教育的渠道,创造渗透的多种生动活泼的方法。

二是教学的基本功有待提高。钻研教材没有过硬的本领是难以深入到教材底里的,只有吃透教材,才可能驾驭教材,也才可能运用教材对学生进行培养,进行训练。对教材浅尝辄止,课堂上就往往浮光掠影,既缺乏深度,也缺乏应有的广度。

这两个基本功不着力提高,德育教育往往处在"围城"阶段,在学科外面活动,搞外围战,不能深入其中,"体现"不过是徒有虚名。当然,我们不能坐等两个提高再进行德育教育,而是要边探索,边实践,边提高。因此,学科德育教育不仅是培育学生的需要,同时,也是教师队伍建设的需要。

难题尽管很难,但只要本着做教师的使命感和责任心,提高认识,努力去做,是完全可以解决,获得满意的解答的。

在科学管理上学步[1]

"七五"期间,我校在市教育局的关心支持下,办学条件逐步得到改善,在改善办学条件的同时,我们清醒地认识到:国家有限的教育经费支撑着庞大的教育系统工程,教育经费来之不易,办教育的应该也必须千方百计提高效益。就我们学校来说,如何向管理要质量、要效益,是急需探讨和解答的课题。为此,在教学管理中,我校做了如下一些探索,简括地说就是:围绕一个目标,建立两个网络,坚持三个"化",完善四个板块。

一、围绕一个目标

教学管理的核心问题是提高质量。我们的质量观,就"教"来说,要求教师全面贯彻教育方针,教书育人,把德育放在首位,把思想政治教育、高尚的道德情操和爱国主义精神渗透于各科教学的全过程,要求适应上海小学课程、教材、教法改革的形势,从面向小学、面向21世纪、面向世界的高度考虑问题,给师范生的德、才、识、能打下了扎实的基础;就"学"来说,要求师范生热爱小学教育事业,热爱儿童,有较为良好的政治思想素质和科学文化素质,有较为扎实的专业基本功。"教"引导"学","学"又促进"教",为了一个目标,那就是:聚精会神抓教学,把学

---

[1] 1991年在全国师范学校校长会议上的讲话。

生培养成立志献身于社会主义小学教育事业,并有扎实专业技能技巧的合格的小学教师。

二、建立两个网络

教与学的对立统一是决定教学性质,贯穿教学过程始终的根本矛盾。为了实现教学管理的上述目标,必须有科学的教学管理体系作为保证。为此,我们组建了教和学两个网络。两个网络由校长总揽,既自成体系,有"经"有"纬",纵横交织,又有机结合,浑然一体,井然有序地开展工作。

教的网络的总框架是:教导处、教研室—教研组—备课组—教师。教导处与教研室是校长领导下抓教学研究与教学管理的两个机构。学校制订的教学工作计划,由教导处、教研室实施落实。目标一致,分工各有侧重,教导处在教学管理的第一线,主要抓:(1)教研组长学习及教研组建设;(2)审查教研组工作计划,备课组及教师个人的教学计划,并组织实施;(3)组织"观摩教学"听课评讲,总结经验,改进教学,提高质量;(4)组织考试命题,检查教学质量;(5)组织学生的课外活动,落实基本功的各项要求;(6)组织见习、实习活动;(7)组织安排学生的体育卫生工作;(8)负责日常教育行政工作等,以保证全校教学活动的正常开展,保证教学任务的全面完成。教研室则居于二线,潜心研究,着重对学校的教学工作进行检查、评估、总结、提高,主要抓:(1)组织教师学习教育理论,普及科研知识,强化科研意识;(2)组织管理科研课题的研究;(3)组织教师进行岗位培训;(4)对各科教师的教学进行评估、总结等,以教学带动科研,以科研促进教学。但两个部门又相互沟通,在师资培训,构建完善必修课、选修课、课外活动及教育实践的有机结合等,乃至于教学管理的全过程的各个方面,相互协作,有效地开展工作。

教研组是学校落实学科教学任务,组织教师学习教育理论和教学业务，开展教研、科研活动的重要组织，而备课组则是开展集体教研活动最小的单元，学校关于教学方面的种种要求大多通过备课组最终落实到教师。我校现有教研组12个。近几年，我校加强教研组建设，定期组织教研组长学习教育方针及教育理论，探索在学科教学中如何渗透德育，探讨交流开展教研工作的经验，还组织他们与上海市中小学课程改革的试点小学挂钩，使各科教学更好地适应小学教改的需要。

我校规定，教研组的工作主要有：（1）组织教师学习教育方针政策，端正教育思想，形成优良教风；（2）组织研究教学大纲、教材教法、选编教材、钻研教学理论和专业知识，帮助新教师提高业务能力，开展教改活动；（3）抓好备课活动，检查、督促完成教学计划，分析教学质量，总结交流经验；（4）指导开展课外活动；（5）负责日常的考勤及业务考核等。为了保证教研组工作的正常开展，学校除了抓好每两周一次的教研组长学习工作会议外，还规定了每周一次的教研组集体活动。校领导及教导主任分头深入各教研组检查指导工作，期初抓计划，期中抓落实，期末抓评估，发扬先进，交流经验，改进工作。教研组这一环节得以加强，使备课组激发出活力，调动了教师教书育人、研究探索的积极性，提高了教的网络的效能。

学的网络的总框架是：教导处—年级组—班级—学生。教是为了学。在教与学的矛盾中，学既是教的出发点，又是教的最后归宿，只有带领与指导学生学好，具备了明天为师的真本领，才是真正的"教好"。教导处把学校的要求，通过年级组、班级最后落实到每个学生，引导他们树立为儿童勤奋学习的志向，帮助他们养成良好的学习习惯，组织他们交流学习经验，检查了解他们的学习情况。在重视学的网络的积极作用的同时，我们还注意发挥学生团委、学生会等非行政组织的作用，组织学生参与管理，培养他们的自治、自理、自律的能力，增强他们的主人翁意识。

为了实现教学管理的总目标，我校既十分重视发挥教与学这两个网络各自的作用，又注意两者的有机结合，纵横交织，相交贯通，充分发挥它们的整体效益。

我校为四年制中等师范学校，贯彻执行国家教委中师教学方案，1—3年级按市教育局颁布的课程设置安排教学，4年级按国家教委颁布的中师四年级课程设置安排教学。由教的网络层层落实，又通过学的网络不断把"教"转化为"学"，实现教学计划的规定要求。在教学管理的全过程，我们始终十分注意通过学的网络了解、收集学生对教的各种意见，经过分析处理，再利用教的网络反馈给教学人员，改进教学，提高教学质量。在教的过程中，经常会产生教与学的矛盾；在教的内部，同一年级学科之间在安排方面的矛盾等，我们由教导处召开年级组、班主任及全体任课教师联席会议，协调矛盾，共商良策，充分发挥两个网络的作用，取得了良好的效果。我校抓起点年级教学质量的成效充分说明了这一点。

我校除英文打字、儿童文学、竖笛等部分选修课教材之外，全部采用国家教委和本市规定的中师教材，并按大纲规定使用教材。

我校十分重视体育卫生工作，把它看作是贯彻方针、实现培养目标的重要方面。多年来，我们坚持两课两操两活动。体育课每班每周二课时，每天坚持广播操（雨天在室内进行）、眼保健操和两次课外体育活动，并把这项工作与校风建设结合起来，取得了显著的效果。在卫生保健工作上，我们坚持"预防为主"的方针，向师范生普及卫生保健知识，卫生室设立学生健康卡，指定专人保证食堂饮食卫生，全面做好学生的卫生保健工作。学校还把校园环境卫生工作与培养学生的劳动习惯、创设良好的育人环境结合起来，收到了良好的效果。我校体育教研组被评为区文明组室，我校于1988年被评为"上海市花园单位"。

我校重视教育科研工作。我们认识到，教而不研，难以提高；研而不教，难见成效。要提高教学质量，就必须花大力气开展教育科研，以教育教学带动教研科研，以教研科研促进教育教学。我校加强教研室的建设，创办了校刊《园丁》及简报《星光灿烂》；从小学教育实际与学科特点出发，确立校、组及个人三级课题，定人员定时间开展活动，在教研科研的实践中提高能力，出论文、出成果，改进教育教学。目前，全校教师科研意识大大增强，不少教师结合教学，写出了许多质量较高的论文，有的已在有关报刊上发表，有近40篇论文在全国、华东地区及本市各级各类论文比赛中获奖。1989年，我校又建立了三级课题网络，共有课题26个，现已有13个课题的研究相继完成，其中《中师教师工作评估》和《优秀教师性格调查》分别获得上海市科研成果二等奖及华东地区中师青年教师论文比赛二等奖。

教与学两个网络充分发挥作用，使我校教学管理工作的总目标得以逐步实现。目前，我校已初步形成了良好的教风与学风，教学秩序井然，教师认真教，学生主动学，教学质量稳步提高。复校来，我校已有三届毕业生，他们受到各区教育局及小学的普遍欢迎，被誉为"最受欢迎的"。首届毕业生沈梅毕业不满两个月，就荣获上海市小学中青年语文教师教学大赛优胜奖。最近，虹口区举办90届新教师教学评比，在进入决赛的20人中，我校占了11名。杨浦区举行90届中师毕业生教学比赛，语文有7名进入决赛，其中获一等奖的就是我校毕业生、杭一小学的新教师冯月芹；数学有7名进入决赛，其中获一等奖的是我校毕业生、建设附小的新教师高煜；金山石化地区举行青年教师三项基本功（粉笔字、钢笔字、即兴演讲）"大比武"，我校毕业生蔡琼获一等奖，李清获二等奖。蔡琼所带五(1)班还获得石化地区文明集体的称号。

三、坚持三个"化"

教学管理的大量工作在抓目标、抓计划、抓制度。我们在管理上基本做到了规格化、制度化、经常化。

1. 管理规格化

没有规矩，不成方圆。在教学管理上，我们从严务实，要求具体，做法规范，努力做到教有教规，学有学规。

（1）备课教案有要求。我们认真贯彻落实市教育局关于《教师备课的几点要求》这一试行文件，结合我校特点，提出备课要求。现在我校教师基本做到每节课的教案有明确的教学目的，有具体的教学重点和难点，以及渗透德育的结合点和有利于学生理解和巩固所学知识的训练点。

（2）批改作业有记录。作业是教师检查自己教学效果和学生理解巩固所学知识的重要环节。我校为每位教师建立了"作业批改记录本"。教师每次批改作业都须做好记录，记录布置作业的日期、作业内容以及学生完成作业的情况，以利教师评讲和制订改进教学的措施。批改作业上了规格。

（3）试卷命题有规定。我们要求命题体现师范性，既考知识，又考能力，教师应根据学校规定的题目比例命题，即基础题占60％，知识运用能力题占30％，有一定难度的题目占10％。任课教师人人命卷，备课组长综合，教研组长审核，教导处、教研室有权调整20％试题。

教师必须认真按"流水作业"法阅卷，合理评分；阅卷后，从教与学两个方面总结经验教训，认真填写"质量分析表"。"质量分析表"内容包括班级考试人数、各分数段学生占全班考试人数的百分比、全班总平均分数、质量分析及今后打算等项。

（4）管理过程有档案。为了科学地进行教学管理，我们建立并健全了教学管理档案和学生档案。关于教师方面的有《教师业务档案》、《历届班主任及各年级组长名单》、历年来各学期《教学进度表》、历年《教师任课安排表》等。关于学生方面的有《历届学生名单》、《历届毕业生去向表》、《在校学生学籍卡》、历年来各学期《考试汇总资料册》、《学生处分记录》、《学生考勤记录》、《学生健康卡》等。

2. 常规制度化

为了强化教学管理,我们建立了一系列制度,其中主要的教学常规管理制度是:

(1) 集体备课制。我们要求教师在个人钻研教材的基础上参加备课组的集体备课。集体备课每周不少于一次。要求做到"四统一":统一内容、统一进度、统一教学目的、统一训练要求;"一放开":教学方法放开,提倡大胆探索。要求做好集体备课记录,教导处进行定期检查和不定期抽查,检查督促,期末存档。

(2) 听课评教制。为了及时掌握教学情况,探索教改规律,我们要求每个教师每学期至少上一堂公开课。除此以外,教研组长以上干部可对教师随堂听课。学校规定中层以上干部每个学期听课不少于 20 节,教师相互听课每学期不得少于 10 节,教研组长听课节数应相对比教师多一些,教研组长要听每个年级的课,全面掌握情况。每次听课后,必须进行评教,共同研讨,提出教改意见,不断提高教学质量。

(3) 教学反馈制。为了及时了解教学情况,在教学反馈方面采取了三种措施。第一,设立了"班级日志",由学习委员负责填写每天的上课情况,提出建议或意见,每周向教导处汇报。教导处设专人汇总教学情况,发现教学方面的问题,由教导主任找教师谈话;第二,任课教师填写教学日志,旨在让教师填写教学内容、进度,反映班级出席情况;第三,每学期不定期地召开学生座谈会,较有效地全面地了解教学情况。

(4) 教研组长学习制。教研组长每周学习一次。学习内容包括马列主义哲学著作、教库方针、中小学课程教改方案等,以提高思想认识和教学管理水平。

(5) 青年教师岗位培训制。为了加强青年教师的事业心与责任感,使青年教师打好德、才两方面的扎实基础，我们组织青年教师进行岗位培训。除采用师傅带徒弟的方式组织中老年教师对青年教师带教外，我们还每学期举办一次青年教师教育教学评优活动。学校组织评审委员会，做到五定：定目标、定内容、定项目、定时间、定测评。

（6）毕业生负责制。对毕业生进行测评已经成为我校教学管理的常规制定。一般分三步进行：第一步，向毕业生所在小学寄发反馈表，从毕业生的教学技能、师德表现等十个方面进行评估；第二步，由教导处派专人下小学逐一了解毕业生的表现；第三步，校长主持行政会全面评估毕业生情况。从1988年开始贯彻毕业生负责制以来的情况看，有利于教学管理，例如用人单位反映88届毕业生板书潦草，我们及时调整书法教学，89届90届的毕业生所在单位就普通称赞我校毕业生板书工整。

3. 检查经常化

为了保证各项章程制度的执行落实，我们用普查与抽查相结合，分散查与集中查相结合的方法，经常检查教学常规的执行情况。

（1）经常检查教学计划的执行情况。教导主任和分管教学的校长经常深入各教研组，有计划有目的地参加教研组和各备课组的活动，指导和检查教研组的工作，抓"三查"：查制度、查教案、查作业，保证教学计划的落实。

（2）经常了解各科教学情况。主要方式是：下班级听课，召开学生座谈会，定期填写教学反馈表，了解教学常规执行情况，并经常分析各学科的师范性，调整处理好各学科在教学上的矛盾与问题，采取切实有效的措施，改进教学。

（3）经常开展教学研讨活动。我们经常组织教研组与校一级的专题教学研讨活动，以提高教学质量和研究的水平。近几年来，先后组织了全校性的"电化教学情况发布会""学科教学德育渗透研讨会"，以及多次"课堂教学观摩会",推动教学改革向纵深发展,倡导全校教师关心参加教学研讨的风气。

四、完善四个板块

我校教学管理工作努力贯彻国家教委颁布的《中等师范教学方案》,突破单一的必修课模式,初步实现了必修课、选修课、课外活动、教育实践的有机结合。

1. 必修课

必修课作为教学活动的主体,是培养师范生在道德品质、智力、体质等方面全面发展,对师范生进行职前教育的主要途径。我们抓必修课的主导思想:讲究思想性、科学性、师范性,加强德育渗透,优化课堂教学,落实基本功的培养。

在优化课堂教学,学科渗透德育的探索中,我校教学管理工作取得了三个方面的突破:

第一,对转变教育思想,树立正确教育观的意义有了进一步的认识。教师要自觉站在育人的高度进行学科教学,在向学生心田撒播知识种子的同时,撒播做人的良种,这已成为教师的共识。评教评学,寻找结合点、实践探索已逐步形成风气。

第二,初步形成了深入备课,精心设计课堂教学,提高教育教学技能技巧的局面。备课组加强集体备课,深入钻研教材,落实知识点和训练点,重视个别指导。课堂教学力求熔知识传授、能力培养、智力发展和思想情操陶冶于一炉,力求课上得立体化,发挥多功能作用,提高课堂教学效率。1990年上半学期共开实践探索课89节,本学期已开了76节,各学科在实践的基础上撰写了9篇论文。课堂教学的优化促进了现代化教学手段的运用,1990学年第一学期教学录像占143课时,第二学期(至5月份)104课时;教学电影第一学期43场,本学期已映30

场,语音室每周使用率均在28课时左右。

第三,课内外结合,落实基本功训练。教师普遍重视基本功训练,文科做到课前3—5分钟练口,结合教材设计小品表演、诗画配、文画配;理科也在课内安排学生练口内容。各学科结合教材特点列出训练要点,方法是分年级落实,课内外结合。以语音、常用字、板书为例:一年级以掌握汉语拼音,能为1 000常用字注音为要点;二年级的训练标准是过好口语表达关,要求语音准确,语句通顺流畅,能为2 000常用字注音,学好毛笔字;三、四年级则要能指导小学生学习和运用汉语拼音,过好教学语言关,学好硬笔书法,课外利用早自修,以兴趣小组成员为骨干辅导同学反复练习。基本功的考核方法是:分班逐项抽查,学校组织力量综合考查。普通话建立了检查卡,书法设立五阶十等,不定期检查验收。现在,见习、实习小学普遍反映我校学生板书整洁、字迹端正规范。

学科教学渗透德育是必修课在更深层次上的改革,它对优化课堂教学起着积极的推动作用,促使教学计划更加完整,教学目的更加明确,教学过程更加科学,教学手段更加先进。学校对学科德育渗透实践活动进行了总结,《熏陶感染塑心灵》一文在《师范教育》《人民教育》和《中国教育报》上相继发表,将我校的教学研究引向纵深,在社会上引起了强烈反响。

2. 选修课

选修课要面对两个实际:一是面对上海处在沿海经济发达地区这个实际;二是面对小学教育发展实际,特别是面对未来1993年小学整体改革的实际。从这两个实际出发,我校设选修课的做法是:排入课表,全面普及,长短结合,逐步到位。从90届毕业生的反馈看,他们走上工作岗位之后,能运用选修课中学到的知识,独立带领课外小组活动的,其中开设手工课外小组的最多,占40%,有些科技活动小组还在区里获科技活动奖。

目前,我校选修课的内容共三类15门。

(1)学科深化类:阅读教学、儿童文学、《小学作文教法》讲座、《小学自然教材教法》讲座。

(2)专业技能类:电脑、电教、手工、誊刻、卫生保健、书法、英文打字。

(3)艺术体育类:手风琴、口琴、竖笛、舞蹈、形体。选修课基本有教材,有考查。已自编《气象》《手工》《竖笛》《英文打字》《硬笔书法》《誊刻》《卫生保健》《儿童文学》《趣味数学》《小学思想品德》等十种教材。

选修课的总课时380课时,达到了国家教委规定的选修课时应为总课时的7%—15%的规定。

我校对选修课的教学管理正在探索中,我们在面向小学、发展教师的专长,拓开学生知识面等方面有了一些成功的经验。但是,总体上看还需要逐步完善,逐步到位。

3. 课外活动

课外活动要因地制宜,培养兴趣,发展特长,服务小学,巩固专业思想。我们确定活动项目的原则是:(1)服务性原则,为小学开展课外活动的需要而设立选项;(2)教育性原则,有利于巩固专业思想,有利于思想教育;(3)发展性原则,即未来的小学教师的兴趣得到充分发展,个性特长得到充分发展;(4)系统性原则,课外活动既要自成系列又要成为课堂教学的补充、延伸和发展;(5)可行性原则,既有传统活动项目又要根据学校人力、场地实际逐步发展。

课外活动的基本情况是:

(1)课外活动坚持"七定":即定时间、定地点、定项目、定教师、定年级、定标准、定考核。1—3年级学生根据需要选择一项,学校统一在周五下午开展课外活动。目前有39个活动组,三个年级学生中,100%

的学生参加了活动小组。

（2）课外活动的专业训练意识强。在老师辅导下，师范生课外活动小组经常请进来，走出去，与小学生一起活动。数学课外活动组每年举行一次小学生数学邀请赛，从调查筹备到比赛阅卷都由数学课外活动小组同学承担。《故事大王》课外活动组自编课本剧、排练木偶剧，到小学去演出；竖笛小组帮助小学建立竖笛队，受到欢迎。

（3）课外活动考核方法具体。考核采用每学期评分、三年累计积分制。每学期成绩得50分为优，40分为良，30分为中，20分为及格。三年六个学期积200分为合格。

（4）课外活动的主要成效：不仅培养了一批能歌善舞、能写会画、专业技能出众的骨干，而且巩固推动了课堂教学的优化。仅以1990年第一学期为例。有37人获市级以上竞赛一等奖2项，二等奖5项，三等奖1项。

4．教育实践

教育实践是教学管理的重要组成部分，要讲究整体效应。我们在组织教育实践活动中，努力按照教育理论与教学实践相结合，学校师资与小学师资力量相结合，分散与集中相结合的原则，做到计划落实、检查落实，尽心、尽力、尽职地搞好教育实践。

（1）教育实践的基本格局：一、二年级学生在学校领导下，与附近小学挂钩，以"彩色基地"命名，每周二下午深入小学，参与小学主题队会的组织，黑板报编排，与优秀教师座谈，和小学生联谊等活动，累计每学期实践活动两周时间。三年级集中两周见习，辅导小学班队工作，听课评课，了解小学课外活动情况，观摩小学生的学习、品德表现和个性特征，并写出观察报告，尝试性地上1—2节课。四年级集中6—8周实习，具体指导小学班队晨会课，实习班主任工作，主教语文、数学、兼教自然、音乐、体育、美术中的一科，带课外活动小组；实习过程中，举行公开课,学写品德评语,学校组织实习宣讲队向师范低年级同学宣传实习体会,扩大教育实践的影响。

(2)教育实践的组织领导:成立以分管校长为组长,包括教导主任、年级组长等组成的领导小组,全面安排,检查教育实践活动。

(3)教育实践的检查考评:对见习生的检查分五项四等逐个进行评定,学校与见习、实习单位共同考核。检查考评四项内容为:教育思想、教学工作、师德表现、专项成绩(普通话、钢笔字、教案)。学校每年举办实习成果汇报会,组织毕业生验收活动,总体评估教育实践的效果。

科学管理讲究计划、执行、检查、反馈,我们仅仅是学步。

跟上时代步伐,狠抓师资质量[①]

义务教育,说到底是国民的素质教育。素质教育从儿童开始,小学教师负有培养儿童具有良好的思想品德素质、科学文化素质、身体心理素质和劳动技能素质的光荣使命。中等师范学校是培养小学教师的摇篮,肩挑着小学教育的未来,师范教育质量与小学教育质量呼吸与共,息息相关,要提高小学教育质量,非狠抓中等师范教育质量不可。尤其是上海这样一个国际性大都市,改革深入,开放步伐大,对人才需求多,对人的素质要求高,师范教育必须加大改革力度,狠抓质量,在适应上下功夫。

为了跟上时代步伐,培养跨世纪素质良好的小学师资,我们浅层次的设想是:以培养目标总揽全校教育教学。

学校的根本任务是贯彻教育方针,培养为现代化小学教育服务的合格教师,实现师范学校的培养目标。培养目标是总揽全校工作的纲,是衡量教育教学质量的准绳,学校一切工作均须以此为依归。

上海师范学校培养目标除与全国师范学校培养目标具有共性外,

[①] 本文撰写于1993年。针对上海作为国际化大都市改革深入、开放步伐大、对人才需求多、对人的素质要求高等时代特征,作者指出,学校须用培养目标总揽教育教学,师范学校培养的是为现代化小学教育服务的合格教师,师范生的素质决定着未来小学教育的质量。因此,必须在提高师范生的综合素质上有所突破。在实践中,作者站在育人的高度,狠抓师资质量,积极提升师范生的综合素质,全力培养未来合格的小学教师,以适应时代发展的要求。

还须有地区的个性,有沿海地区的特点。我们打算在三个方面有所进展:一是热爱,二是基础,三是能力。

树立热爱小学教育、热爱儿童的信念,以提高民族素质为己任,排除对小学教育认识上的种种干扰与冲击。

基础扎实牢靠,视野比较开阔。写一手规范、端正的粉笔字和钢笔字,说一口标准、流利的普通话,文章文从字顺,专业知识扎实,阅读面较广,对发展中的教育、科学、技术等有所关心与了解。

加强五种能力的培养:辨别是非能力,教学能力,动手操作能力,自学能力,特别是更新自身知识结构的能力以及独立分析问题和解决问题的能力。

在这些方面有所突破,方能适应上海小学课程教材改革的需要,适应上海改革开放的形势。

以三个结合落实管理措施。

教师的主导作用与学生的主动性、积极性相结合。充分调动师生两个积极性,教师重在引导、点拨、开窍、示范,学生在德智体美劳诸育中主动学,积极学。以教引学,教学相长。

校内教育、校外实践相结合,增加师范教育开放度。强内而拓外。优化教学环境,美化校容校貌,建设良好的校风,加强教学管理;与小学教育、家庭教育、社会教育紧密联系,增强实践环节,服务于小学,服务于社会,以外促内,从校内延伸到校外,撒播精神文明的种子。主渠道必修课与副渠道选修课、课外活动、教育实践相结合。必修课是引导学生打知识基础、培养多种能力的主渠道,理应在教育过程中起核心作用、辐射作用,而副渠道旨在巩固知识,开拓视野,锻炼多种能力,尤其是教育教学能力,二者有机结合,搭配得当,就能相辅相成,相得益彰。

完善结构工资制度,探索人事改革途径,优化教职工结构,增强凝聚力和内驱力。

教师的质量左右着教育教学的质量,也左右着师范生的质量。建立激励机制,增强教好学生的内驱动力,发挥教师集体的聪明才智和创造力至为重要。

面对社会主义市场经济的发展,学校在经济方面需有相当的实力,以稳定骨干教师队伍。为此,要着力完善结构工资制度,探索人事改革途径,使学有专长,教而有方,服务优质的教职工能安于本岗位,施展自己的才能。

法制观念必须加强[①]

在庆贺人民代表大会成立 40 周年的日子里,回顾自己当市人大代表的历程,深感在全体人民中树立法制观念的重要性。邓小平同志说:"我们国家缺少执法和守法的传统,从党的十一届三中全会以后就开始抓法制,没有法制不行。法制观念与人们的文化素质有关。"一语破的,小平同志把法制的重要性说得入木三分。建立社会主义法制是建设有中国特色的社会主义的重要保证,作为社会主义国家的公民,必须强化这个意识。

十多年来,无论是参加人代会、人大常委会,还是视察、检查,都是和"法"打交道。对我这样一名长期从事基础教育的教师来说,真是开阔视野,增长见识,接受一次次活生生的法制教育,大大加强了法制观念。其中体会最深的有以下几点。

一、抓住时机立法,能促进建设事业的顺利发展

立什么法,不是凭少数人的主观臆断,而是事业发展的客观需要。立什么法,要有战略眼光,超前意识,也要有全局观念,不能只顾眼前,只顾一时一事。现代化建设要有数以几亿计的素质良好的劳动者,要有跨世纪的德才兼备的在国际上有竞争力的出类拔萃的人才。这些人

[①] 本文发表于《上海人大》1994 年第 9 期。

从何而来？人不可能自然成才，要靠培养，靠教育，靠从小打下扎实的基础。基于这样的认识，许多代表认为，上海这样的大城市，应率先制定义务教育方面的地方性法规。于是由时任教科文卫委员会副主任委员孟波同志牵头，提出了制定上海普及义务教育条例的议案。经过反复酝酿，多方审核，在义务教育方面立了法。比全国义务教育法制定早一年。法制定后，大大促进了上海基础教育的发展。单是学校的危房改造，就解决了几十年来未能解决的难题。"法"发挥了威力。职业教育、成人教育、义务献血、文化市场管理等，都是抓住时机，成熟一个立一个法，保证了这些事业健康而顺利的发展。

二、法的尊严靠人来维护，法的威力靠人来发挥

"法"制定以后，怎样发挥它的威力，维护它的尊严？一靠执法部门严格执法，二靠监督部门认真监督。这两条如果不落实，"法"就缺乏权威性，就不能起褒善贬恶、扶正压邪，促发展、促进步的作用。几千年来我们国家是人治，缺少执法和守法的传统。人总是各司其职，不可能万事通，不可能是所有行业的专家。因此，执法与监督的过程实质上是学习法、宣传法、统一认识、增强法制观念的过程。大家执法、守法，法的尊严得到维护，威力就得到发挥。例如，前几年上海市是小学生入学高峰，根据测算，部分地区部分学校须实行两部制。两部制给家庭给社会带来的严重问题不言而喻。大家为了维护义务教育法的尊严，方方面面动脑筋，想办法，终于平稳地渡过难关，法树立了权威。

人民选我当代表，学习法、宣传法、遵守法是我应尽的义务。

我们的目标与任务
——学习《邓小平文选》札记

我们的国家是有希望的。我们的目标,第一步是到二〇〇〇年建立一个小康社会。雄心壮志太大了不行,要实事求是。所谓小康社会,就是虽不富裕,但日子好过。我们是社会主义国家,国民收入分配要使所有的人都得益,没有太富的人,也没有太穷的人,所以日子普遍好过。更重要的是,那时我们可以进入国民生产总值达到一万亿美元以上的国家的行列,这样的国家不多。国家总的力量大了,那时办事情就不像现在这样困难了。比如,拿出国民生产总值的百分之五办教育,就是五百亿美元,现在才七八十亿美元。

摘自《争取整个中华民族的大团结》(一九八六年六月十八日),《邓小平文选》第三卷第 161—162 页

【学习提示】

这是邓小平同志会见来自美国、加拿大、澳大利亚、联邦德国、巴西以及港澳等国家和地区的荣氏亲属回国观光团部分成员和内地的荣氏亲属时谈话的摘录。邓小平同志关于建设有中国特色社会主义的伟大战略部署是:20 世纪 80 年代人均国民生产总值翻一番,解决温饱问题;90 年代再翻一番,人民生活达到小康水平;在这个基础上,再翻两番,到 21 世纪中叶达到中等发达国家水平。摘录的这段话是说到 20

世纪末建立一个小康社会的问题。这个目标对发达国家来说是微不足道的,但对中国来说,是一个雄心壮志,是一个宏伟目标。这个目标既从中国的国情、中国的实际出发,又表现出非凡的勇气。社会主义最大的优越性就是共同富裕。鼓励一部分地区、一部分人先富裕起来,也正是为了带动越来越多的人富裕起来,达到共同富裕的目的。坚持社会主义,实行按劳分配的原则,就不会产生贫富过大的差距。邓小平同志主张我们社会主义国家没有太富的人,也没有太穷的人,日子普遍好过。经济发展,综合国力加强,就有更多的财力投入教育。国民总产值一万亿美元以上,拿出百分之五办教育,比现在的教育投入增长几倍。站在理论思维、战略全局和事业成败的高度论述教育、关心教育是邓小平伟大战略思想的重要组成部分,提出的目标鼓舞人心,教育事业随着经济的快速、持续增长,必能获得长足的发展。

【启发思考】

① 教育投入与经济发展有怎样的关系?

② 到 20 世纪末,我国的国力怎样?教育会有怎样的发展?

*　　　*　　　*

党的十二大提出,到二〇〇〇年,我国的工农业年总产值,要比一九八〇年翻两番。最近几年的情况,表明这个宏伟目标是能够达到的。当前的主要任务,是要对妨碍我们前进的现行经济体制,进行有系统的改革。同时,要对全国现有的企业,进行有计划的技术改造。要大大加强科学技术研究工作,大大加强各级教育工作,以及全体职工和干部的教育工作。全党和全社会都要真正尊重知识,真正发挥知识分子的作用。这样,我们就一定会逐步实现现代化。

摘自《在中华人民共和国成立三十五周年庆祝典礼上的讲话》(一

九八四年十月一日),《邓小平文选》第三卷第 70 页

【学习提示】

  这篇讲话回顾了中华人民共和国建立 35 年以来的光辉成就,指出 20 世纪末的宏伟目标能够达到,提出了现行经济体制要作系统改革是当前的主要任务。社会主义的首要任务是发展生产力。邓小平同志在认真总结我国几十年来社会主义现代化建设正反两方面经验的基础上,站在历史的高度、全球的高度,针对严重束缚我国生产力发展的计划经济体制和长期"闭关自守"的现状,提出了革命是解放生产力,改革开放也是解放生产力的著名论断。在生产力诸因素中,人的因素是最重要的。旧的经济管理体制束缚人的积极性的发挥,只有从根本上改变束缚人的积极性的经济体制,才能解放和发展生产力。改革是发展的强大动力,是中国的第二次革命,坚持改革开放是决定中国命运的一招。围绕经济体制的改革,相应地也要改革其他体制。抓改革开放的同时,要大大加强教育与科技工作,形成尊重知识、发挥知识分子作用的好风气。从某种意义上说,现代化不仅仅是器物或者体制的现代化,而更主要的是人的现代化,是人的综合素质的提高。社会主义现代化对人的素质要求和塑造是全面的,不仅指科学技术文化水平,而且包括思想、道德、心理、体质等各个方面,因此,教育工作须大大加强。

【启发思考】

  ① 为什么说改革是解放生产力、发展生产力?

  ② 在建设社会主义现代化过程中,为什么要加强教育工作?为什么要尊重知识?

* * *

抓住时机,发展自己,关键是发展经济。现在,周边一些国家和地区经济发展比我们快,如果我们不发展或发展得太慢,老百姓一比较就有问题了。……上海在人才、技术和管理方面都有明显的优势,辐射面宽。回过头看,我的一个大失误就是搞四个经济特区时没有加上上海。要不然,现在长江三角洲,整个长江流域,乃至全国改革开放的局面,都会不一样。

摘自《在武昌、深圳、珠海、上海等地的谈话要点》(一九九二年一月十八日——二月二十一日),《邓小平文选》第三卷第375—376页

【学习提示】

邓小平同志这次谈话要点内容极其丰富。他强调要抓住时机,发展自己,关键是发展经济,力争隔几年上一个台阶。抓住机遇对加快发展有着极为重要的意义。对于中国来说,大发展的机遇并不多。从国际形势看,全球正处于大转折大过渡时期,和平与发展仍是当代世界两大主题。尤其是东亚政局相对稳定,经济发展一枝独秀,正在成为世界上发展活力最旺盛的地区。新中国成立40多年来第一次处在没有同任何一个周边国家紧张对峙的环境中。这样,我们就有了充分利用国际经济、政治环境加快发展的可能性。从国内形势看,随着改革开放的推进,综合国力积蓄了巨大的能量,市场经济新体制开始建立,整个国民经济进入新的发展阶段。我们有自己独特的机遇,有几千万爱国同胞在海外,他们对祖国现代化建设的积极支持与参与,就是一个十分有利的发展机遇。综观全局,大发展的历史机遇已经清楚地展现在我们的面前,关键在于我们要善于抓住机遇。

上海长期处于全国改革开放的"后卫"态势,邓小平同志的谈话,1992年10月党中央的重大决策——"以上海浦东开发开放为龙头,带动长江三角洲和整个长江流域地区经济的新飞跃""尽快把上海建成国

际经济、金融、贸易中心之一",使上海碰到了千载难逢的历史性大机遇。抓住这个宝贵的机遇,是上海加快发展、实现"后来居上"目标的关键所在。世纪之交又是世界各国和地区为赢得21世纪竞争与发展主动权而进行紧张准备的关键时期,在一场世界性的经济竞赛浪潮中,谁落伍掉队,谁就会被淘汰于决赛圈之外。上海正紧紧抓住以开发开放浦东为核心的这个大发展机遇,努力站在改革开放的"前沿",使上海的经济建设和各项事业发展跃上了一个新台阶。

【启发思考】

① 在发展生产力中抓住机遇有怎样的意义?为什么说现在就是抓住机遇的好时机?

② 上海有怎样的历史大机遇?教育在其中应发挥怎样的作用?

* * *

在社会主义国家,一个真正的马克思主义政党在执政以后,一定要致力于发展生产力,并在这个基础上逐步提高人民的生活水平。这就是建设物质文明。过去很长一段时间,我们忽视了发展生产力,所以现在我们要特别注意建设物质文明。与此同时,还要建设社会主义的精神文明,最根本的是要使广大人民有共产主义理想,有道德,有文化,守纪律。国际主义、爱国主义都属于精神文明的范畴。

摘自《建设社会主义的物质文明和精神文明》(一九八三年四月二十九日),《邓小平文选》第三卷第28页

【学习提示】

这是邓小平同志会见印度共产党(马克思主义)中央代表团时谈话的摘录。邓小平建设有中国特色社会主义理论的核心是发展生产力。

党的十一届三中全会以来,邓小平同志一贯强调,要发展,大力发展,加快发展,持续发展。社会主义的根本任务是发展生产力。社会主义的本质是解放生产力,发展生产力,消灭剥削,消除两极分化,最终达到共同富裕。贫穷不是社会主义,社会主义的优越性,归根结底要体现在它的生产力比资本主义生产力发展得更快一些。综合国力增强了,我国在国际上维护和平的分量就会更重;生产力发展了,人民积极性调动起来了,社会主义制度就会更加巩固。社会主义的前途和命运,取决于我们的经济能不能尽快搞上去。因此,要特别注意物质文明的建设。归根结底,发展是硬道理,发展是根本,发展是大局。必须坚持以经济建设为中心,一心一意干下去。只要不打世界大战,就要紧紧扭住发展这个根本环节不放。物质文明上去了,精神文明也就有了更雄厚的基础。建设精神文明是我们社会主义的重要特征,为我们的事业的健康发展提供了保证。光靠物质条件,我们的革命和建设都不可能胜利。进行社会主义精神文明建设为经济发展提供精神动力和智力支持。邓小平同志说:"对马克思主义的信仰,是中国革命胜利的一种精神动力。"当人们真正懂得只有社会主义才能救中国,也只有社会主义才能发展中国的道理,就会产生极大的力量。教育科学文化既是物质文明建设的重要条件,也是提高人民群众思想道德觉悟水平的重要条件。因此,建设社会主义精神文明的根本任务在于使广大人民有理想、有道德、有文化、有纪律,发扬爱国主义和国际主义精神。

【启发思考】

① 一个真正的马克思主义政党在执政以后,为什么一定要致力于发展生产力?

② 在特别注意建设物质文明的同时,为什么要建设社会主义的精神文明?

* * *

思想战线上的战士,都应当是人类灵魂工程师。在当前这个转变时期,在社会主义精神文明建设和整个社会主义建设事业中,他们在思想教育方面的责任尤其重大。十年内乱的消极后果和历史遗留的种种因素,新形势下出现的新的复杂问题,在人们的思想上引起各种反应,包括一部分模糊和错误的认识。作为灵魂工程师,应当高举马克思主义的、社会主义的旗帜,用自己的文章、作品、教学、讲演、表演,教育和引导人民正确地对待历史,认识现实,坚信社会主义和党的领导,鼓舞人民奋发努力,积极向上,真正做到有理想、有道德、有文化、守纪律,为伟大壮丽的社会主义现代化建设事业而英勇奋斗。大多数人正是在不同程度上这样做的。

摘自《党在组织战线和思想战线上的迫切任务》(一九八三年十月十二日),《邓小平文选》第三卷第40页

【学习提示】

这是邓小平同志在中国共产党第十二届中央委员会第二次全体会议上讲话的摘录。邓小平同志在这篇讲话中针对思想战线存在着相当严重混乱的情况,严肃指出,思想战线不能搞精神污染。精神污染的实质是散布形形色色的资产阶级和其他剥削阶级腐朽没落的思想,散布对于社会主义、共产主义事业和对于共产党的领导的不信任情绪。精神污染的危害很大,足以祸国殃民。他强调,加强党的思想战线的领导,克服软弱涣散的状态,已经成为全党的一个迫切任务。他阐明了思想战线上的战士应担负的艰巨任务,应教育人民坚信社会主义和党的领导,鼓舞人民为伟大壮丽的社会主义现代化建设事业而英勇奋斗。教师也应当是人类灵魂工程师,应当塑造学生优美的心灵,义不容辞地担当教育学生的光荣任务。进行思想教育,应该永远把坚定正确的政

治方向放在第一位,彻底清除"四人帮"所造成的种种恶果,坚持四项基本原则教育,用马克思主义对西方资产阶级思想文化的渗透进行分析,引导学生明辨是非。政治思想战线上的斗争,有其深刻原因。从国际大气候看,美国现在有一种提法:打一场无硝烟的世界大战。所谓没有硝烟,就是要社会主义国家和平演变,而且把希望寄托在以后的几代人身上。从国内小气候看,因为我们的对外开放,西方资产阶级的理论学说和形形色色的腐朽思想,被搞资产阶级自由化的人鼓吹、传播,在青年中造成极大的思想混乱,再加上我们思想政治工作在某些方面软弱涣散,有些人,特别是青年,不能正确地对待历史,认识现实,就不足为怪了。因此,必须正视现实,高举马克思主义、社会主义的旗帜,加强政治思想工作。

【启发思考】

① 人类灵魂工程师的光荣职责是什么?

② 怎样通过自己的教学、讲演、文章坚定学生的社会主义信念,激发他们奋发努力,积极向上?

＊　　　　＊　　　　＊

现在我们国内形势很好。有一点要提醒大家,就是我们在建设具有中国特色的社会主义社会时,一定要坚持发展物质文明和精神文明,坚持五讲四美三热爱,教育全国人民做到有理想、有道德、有文化、有纪律。这四条里面,理想和纪律特别重要。我们一定要经常教育我们的人民,尤其是我们的青年,要有理想。为什么我们过去能在非常困难的情况下奋斗出来,战胜千难万险使革命胜利呢?就是因为我们有理想,有马克思主义信念,有共产主义信念。

摘自《一靠理想二靠纪律才能团结起来》(一九八五年三月七日),

《邓小平文选》第三卷第110页

【学习提示】

　　这是邓小平同志在全国科技工作会议上作《改革科技体制是为了解放生产力》的讲话后,即席作的一次讲话的摘录。讲话中强调在建设具有中国特色的社会主义社会时,既要发展物质文明,又要发展精神文明,强调要教育全国人民有理想、有道德、有文化、有纪律,其中理想和纪律特别重要。社会的改造,社会制度的进步,最终表现为物质文明和精神文明。在社会主义社会,两个文明建设同步发展,是社会主义社会全面发展的客观要求,而物质文明起着基础的作用。光靠物质条件,我们的革命和建设都不可能取得胜利。两个文明的建设是互相渗透,双向推进的。精神文明建设的根本任务是培养有理想、有道德、有文化、有纪律的新人。我们国家国力的强弱,经济发展后劲的大小,越来越取决于劳动者的素质,取决于知识分子的数量与质量。因此,在社会主义条件下,努力改善全体公民的素质至关重要。推行新的经济运行体制,人们就必须树立与之相适应的一系列思想观念,如竞争观念、效益观念、自主自强意识、公平和法制观念,等等。要使社会劳动生产率不断提高,人和人之间在公有制基础上的新型关系要不断发展,要有公德心,要有社会主义道德,要引进和吸收国外现代科学技术、先进的管理和一切优秀的文明成果,大批劳动者须具备较高的科学文化水平。社会主义现代化建设要有秩序地进行,劳动者必须遵守纪律。而要做到上述这些,最为重要的是要有理想,有马克思主义信念,有共产主义信念。革命取得胜利,战胜千难万险,因为我们有理想;社会主义现代化建设要取得胜利,我们必须有理想。

【启发思考】

① 在建设具有中国特色的社会主义时,为什么要两个文明一起发展?二者之间是什么关系?

② 精神文明建设的根本任务是什么?

*　　　*　　　*

人的因素重要,不是指普通的人,而是指认识到人民自己的利益并为之而奋斗的有坚定信念的人。

摘自《用坚定的信念把人民团结起来》(一九八六年十一月九日),《邓小平文选》第三卷第190页

【学习提示】

这是邓小平同志会见日本首相中曾根康弘时谈话的摘录。谈话中说到过去我们打败国民党用美国装备武装起来的几百万现代化军队,靠的是万众一心。那时,我们没有飞机,没有大炮,主要是靠人。接着,邓小平同志就说了上面这段话,指出人的因素重要不是指普通的人,而是指有坚定信念的人。这种人坚持共产主义理想,发扬大公无私、艰苦奋斗的精神,这种人全心全意为人民服务,为人民的利益而奋斗。革命的年代需要有坚定信念的人,现在社会主义建设年代同样需要有坚定信念的人。社会主义精神文明要抓住提高人的素质这一核心问题,人的素质是历史的产物,又给历史以巨大的影响。要提高人民的思想道德素质和科学文化素质最为重要的是树立共产主义理想,为实现社会主义现代化努力奋斗。有理想,面对打开国门的新形势,就能有识别真伪良莠的能力,就能抵制资本主义腐朽思想和生活方式的侵蚀。没有坚定的信念,就不可能保持清醒的头脑,不可能充分发挥建设社会主义的积极性。人的素质必须提高,否则,对社会主义物质文明建设是极大

的制约。树立社会主义、共产主义坚定信念的教育要从娃娃抓起;让他们懂得以热爱祖国、贡献全部力量建设社会主义祖国为最大光荣,以损害社会主义祖国利益、尊严和荣誉为最大耻辱;懂得我们集中力量搞社会主义四个现代化,着眼于振兴中华民族;懂得中国人民既然有能力站起来,就一定有能力永远屹然屹立于世界民族之林。

【启发思考】

① 影响青少年树立坚定信念的消极因素有哪些?如何来克服这些消极因素?

② 如何进行榜样教育,使学生深切感受到这些榜样是怎样认识到人民自己的利益并为之而奋斗的?

* * *

我们要抓紧四项基本原则的教育,马克思主义基本理论的教育,搞几年风气就会变的。

摘自《改革开放政策稳定,中国大有希望》(一九八九年九月四日),《邓小平文选》第三卷第318页

【学习提示】

这是邓小平同志同几位中央负责同志的谈话要点的摘录。20世纪50年代,广大党员和人民讲理想、讲纪律、讲为人民服务,爱党、爱国家、爱社会主义,社会风气和道德面貌很好。三年困难时期,党和人民团结奋斗,渡过难关,社会风气也是好的。现在社会风气有许多不尽如人意之处,只要坚持不懈地抓紧四项基本原则的教育,抓紧马克思主义基本理论的教育,风气就会转变。这方面的教育要抓,而且要抓紧。早在1979年3月党的理论工作务虚会上,小平同志就明确指出:"为了实现

四个现代化,我们必须坚持社会主义道路,坚持无产阶级专政,坚持共产党的领导,坚持马列主义、毛泽东思想。"又说:"决不允许在这个根本立场上有丝毫动摇,如果动摇了这四项基本原则中的任何一项,那就动摇了整个社会主义事业,整个现代化建设事业。"由此可见,对广大人民、对青年进行四项基本原则教育的必要性与重要性。这些原则在新形势下都有新的意义,需要根据新的丰富的事实作出新的有充分说服力的论证。进行马克思主义基本理论的教育要联系实际,为学生建立符合时代要求的人生观、价值观打下扎实的基础。马克思主义从来不是教条,而是行动指南。面对建设有中国特色的社会主义的伟大任务,掌握马克思主义基本理论,才能加强我们工作中的原则性、系统性、预见性和创造性,才能在复杂的斗争中不迷失方向,才能推进事业的发展。

【启发思考】

① 四项基本原则的核心是什么?为什么说与资产阶级自由化水火不相容?

② 在青年学生中采用哪些措施才能提高马克思主义基本理论教育的效果?

* * *

要特别教育我们的下一代下两代,一定要树立共产主义的远大理想,一定不能让我们的青少年做资本主义腐朽思想的俘虏,那绝对不行。

摘自《一靠理想二靠纪律才能团结起来》(一九八五年三月七日),《邓小平文选》第三卷第111页

【学习提示】

　　这是邓小平同志在全国科技工作会议上作《改革科技体制是为了解放生产力》的讲话后,即席作的一次讲话的摘录。这段话凝聚了老一辈无产阶级革命家对青年一代的无比关怀和无限期望。"要特别教育我们的下一代下两代",要使我们的社会主义大业兴旺发达,代代有人继承发展,对新一代新二代的青少年要特别加强教育。教育的内容很多,但最根本的是树立共产主义的远大理想,不能让青少年做资本主义腐朽思想的俘虏。"一定要""一定不能""绝对不行",斩钉截铁,语重心长。邓小平同志所说的理想,就是有马克思主义信念,有共产主义信念。我们干的是社会主义事业,最终目的是实现共产主义。在新时期,理想就是社会主义现代化。很多人只讲现代化,忘了我们讲的现代化是社会主义现代化。社会上确实存在着一股追逐物质利益的歪风,鼓吹个人主义是一种合理、正当、进步的观念,鼓吹"人的本质是自私的",鼓吹"现在要发展商品经济,就一定要发展个人主义",等等,这些极端错误的思想言论对青少年危害极大,千万不能掉以轻心。西方资产阶级没落文化也通过有形无形的渠道腐蚀青少年,青少年缺乏生活经验,辨别能力不强,往往受害不浅。教育部门、社会各部门都要本着对社会主义建设事业、对青少年高度负责的精神,教育学生明辨是非,鉴别好坏,批判腐蚀人们心灵的谬论,制止坏产品的生产、进口和流传。用资本主义腐朽思想侵蚀青少年是不道德的犯罪行为,绝对不能容忍。学校如不采取强有力的措施教育学生反腐蚀,那就是失职的表现。

【启发思考】

　　① 这段话蕴含了怎样的深意?对教育者提出了怎样的要求?
　　② 对你身边青少年影响最大的是哪些资本主义腐朽思想?采取哪些方法来教育、增强他们的抵御能力?

＊　　　　＊　　　　＊

现在中国提出"四有",有理想、有道德、有文化、有纪律。其中我们最强调的是有理想。

摘自《用坚定的信念把人民团结起来》(一九八六年十一月九日),《邓小平文选》第三卷第190页

我们历来提倡有理想、有道德、有文化、有纪律,其中最重要的是有理想、有纪律。理想就是社会主义现代化。

摘自《中国只能走社会主义道路》(一九八七年三月三日),《邓小平文选》第三卷第209页

【学习提示】

前一段是邓小平同志会见日本首相中曾根康弘时谈话的摘录,后一段是邓小平同志会见美国国务卿舒尔茨时谈话的摘录。在这两篇谈话中,邓小平同志认为,人的团结要靠共同的理想和坚定的信念,论述了反对资产阶级自由化的问题,指出一切反对、妨碍我们走社会主义道路的东西都要排除。他强调在提倡的有理想、有道德、有文化、有纪律中,最重要的是有理想、有纪律。理想就是社会主义现代化。一个国家、一个民族一定要有自己的精神支柱,这是推进革命和建设大业、创造文明幸福社会的动力源泉。革命的理想就是这种精神支柱。革命的理想要从小开始培养,我们党的教育事业历来有这样的优良传统。在新民主主义革命时期,我们已经坚持用共产主义的思想体系指导整个工作,提倡和表彰"全心全意为人民服务""个人服从组织""大公无私""毫不利己,专门利人""一不怕苦,二不怕死"的精神。千千万万胸怀革命理想的人投入革命洪流,夺取了新民主主义革命的胜利。现在进入社会主义时期,我们的伟大目标是实现社会主义现代化,这就是我们崇

高的理想。学校要教育每个学生树立这个崇高的理想,社会要教育每个公民树立这个崇高的理想,同心协力,为社会主义现代化做贡献。一切向钱看,追求个人物质利益的歪风,是没有理想的表现,要引导学生鉴别、抵制。要搞四个现代化,使中国发展起来,就要有纪律、有秩序地进行建设。有纪律,理想才能实现。纪律和自由是对立统一的关系,两者不可分,缺一不可。学校要大力加强革命秩序和革命纪律,造就具有社会主义觉悟的一代新人,促进整个社会良好风气的形成。

【启发思考】

① 为什么说有理想、有道德、有文化、有纪律,最重要的是有理想、有纪律?

② 对青年学生进行理想教育有哪些有效的途径和方法?

* * *

思想文化教育卫生部门,都要以社会效益为一切活动的唯一准则,它们所属的企业也要以社会效益为最高准则。思想文化界要多出好的精神产品,要坚决制止坏产品的生产、进口和流传。资产阶级自由化的宣传,也就是走资本主义道路的宣传,一定要坚决反对。

摘自《在中国共产党全国代表会议上的讲话》(一九八五年九月二十三日),《邓小平文选》第三卷第145页

【学习提示】

邓小平同志在中国共产党全国代表会议上指出,党的十一届三中全会以来,全党把工作重点转移到社会主义现代化建设上来,这是最根本的拨乱反正。我国经济体制的全面改革刚刚起步,总的方向、原则有了,要抓住当前有利时机,坚定不移,大胆探索,及时发现和解决问题。

他强调全党要重视精神文明建设,指出如不加强精神文明建设,物质文明的建设也要受破坏,走弯路。从物质文明建设和精神文明建设的全局出发,他对思想文化教育卫生部门提出明确的要求。要以"社会效益"为"唯一准则""最高准则",一切活动均应如此,这就牢牢把握住精神文明建设的社会主义方向,澄清了追逐经济利益、见利忘义的思想上的混乱。社会主义精神文明建设,是在改革开放的历史条件下进行的。改革开放取得了巨大的成就,同时也带来了许多新情况新问题。资本主义、封建主义流毒泛滥起来,甚至1949年后绝迹已久的一些坏事也复活了;一些在西方国家也认为低级庸俗或有害的书籍、电影、音乐、舞蹈以及录像、录音也输入了不少,对人民,尤其是对青年学生有极大的危害。教育部门、各类学校要坚决制止坏书籍、坏影视等坏产品的流传,坚决抵制外来腐朽思想对青年学生的侵蚀,保护他们健康成长。资产阶级自由化,就是崇拜西方资本主义国家的"民主""自由",否定社会主义,宣传资产阶级自由化,这是绝对不能允许的。这是理论、思想、文化领域的大是大非问题,必须立场坚定,旗帜鲜明。

【启发思考】

① 为什么要以社会效益为思想文化教育卫生部门一切活动的唯一准则?

② 学校在抵制坏产品的生产、进口与流传方面有哪些行之有效的经验?有哪些难以克服的困难?

③ 怎样提高识别资产阶级自由化宣传的伎俩与实质?

* * *

法制教育要从娃娃开始,小学、中学都要进行这个教育,社会上也要进行这个教育。纠正不正之风中属于法律范围、社会范围的问题,应当靠加强法制和社会教育来解决。我们要把经验好好总结一下,使这方面工作来一个改善。

摘自《在全体人民中树立法制观念》(一九八六年六月二十八日),《邓小平文选》第三卷第163页

【学习提示】

这是邓小平同志在中央政治局常委会上讲话的摘录。邓小平同志认为,我们国家缺少执法和守法的传统,从党的十一届三中全会以后就开始抓法制,没有法制是不行的。法制是社会主义现代化建设的重要保证,而加强法制的根本途径是教育人。中国的政治体制改革,要讲社会主义的民主,也要讲社会主义的法制。在强调发展民主的同时,要强调教育人民特别是青年要有理想,守纪律。要真正使人人懂得法律,使越来越多的人不仅不犯法,而且能积极维护法律。遵纪守法的教育要从小抓起。要使新一代懂得民主法制的重要意义,遵纪守法,学校和社会必须重视和抓好普法教育。全国人民代表大会常务委员会曾于1985年11月根据国务院的提议,通过和颁布了《关于在公民中基本普及法律常识的决议》,要求从1986年起,争取用五年左右的时间,在公民中普遍进行一次普法教育。这是一项具有重大意义的政治任务,对保障社会主义现代化建设顺利进行起决定性作用,对社会主义精神文明建设也是有力的促进。现正进行第二个五年的普法教育。学校是培养社会主义建设者和接班人的基地,一定要把这项工作认真抓好。对新一代进行普法教育,首先要让他们认识什么是法,法的本质特征是什么,让他们懂得法是由国家制定或认可,并以国家强制力保证其实施,让他们懂得我国的宪法是根本大法,我国的各项法律目的在维护社会的安定团结,保障建设事业的顺利进行。

【启发思考】

① 法制教育在培养"四有"新人中具有怎样重要的意义？

② 对青少年进行法制教育的重点应放在哪些方面？采取哪些措施可杜绝或基本杜绝青少年犯罪行为的产生？

* * *

我们要用历史教育青年,教育人民。

摘自《用中国的历史教育青年》(一九八七年二月十八日),《邓小平文选》第三卷第206页

【学习提示】

这是邓小平同志会见加蓬总统邦戈时谈话的摘录。让新一代了解祖国的历史十分重要。邓小平同志坚定地主张要用中国的历史教育青年。他认为,如果只讲四化,不讲社会主义,这就忘记了事物的本质,离开了中国的发展道路。历史告诉我们,中国走资本主义道路不行,中国除了走社会主义道路以外,没有别的道路可走。一旦中国抛弃社会主义,就要回到半殖民地半封建社会,不要说实现"小康",就连温饱也没有保证。不了解自己的历史,就不能深刻地认识到这一点。今天在学校学习的青少年,是祖国建设的接班人,如果对祖国的历史、人民的光荣传统缺乏了解或知之甚少,又怎能激发起热爱祖国、立志为中华腾飞而献身的热忱和豪情？为此,必须对新一代进行国情教育。通过国情教育,使他们了解中华民族的悠久历史、灿烂文化和光荣传统；了解近代中国陷于贫困落后的根本原因；了解中国共产党领导人民英勇斗争推翻三座大山的光荣历史；了解新中国建立以后各条战线的巨大成就,特别是改革开放以来的辉煌成果与深刻变化；认识我国在国际社会中的重要地位与作用。通过这些教育,激发学生热爱党、热爱社会主义祖

国的思想感情,提高他们的民族自尊心和自信心。爱国主义教育是一个永恒主题,对新一代要进行历史教育,对广大人民也是如此。懂得历史,才会千百倍地珍惜今日的生活,心系中华,精神振奋地投入社会主义现代化建设。

【启发思考】

① 为什么必须用历史教育青年?

② 采用哪些形式、哪些方法进行教育最能切合当代学生的心理特点,取得良好的教育效果?

* * *

我们特别强调坚持四项基本原则,反对资产阶级自由化,同时提出加强思想政治工作,说服教育工作,同社会不良风气包括特权思想进行斗争。"文化大革命"带坏了一代人。所以,我们提出要教育人民成为"四有"人民,教育干部成为"四有"干部。"四有"就是有理想、有道德、有文化、有纪律。搞资产阶级自由化的人提出的理想与我们的不同。我们讲的是社会主义、共产主义理想,而他们却提倡资本主义理想。

摘自《用中国的历史教育青年》(一九八七年二月十八日),《邓小平文选》第三卷第205页

【学习提示】

这是邓小平同志会见加蓬总统邦戈时谈话的摘录。为了一心一意搞经济建设,邓小平同志反复要求:"我们搞四化,搞改革开放,关键是稳定。"稳定压倒一切,中国的最高利益就是稳定。中国人多,底子薄,没有安定团结的政治环境,没有稳定的社会秩序,就什么事也干不成。要稳定要发展,就要坚持党的基本路线,一百年不动摇。建设社会主

义，没有共产党的领导不行。没有党的领导，建设就不可能有领导有秩序地进行。不讲人民民主专政，我们的社会就会是一个混乱的社会，建设和改革开放都会落空。不坚持四项基本原则，我们独立自主、民主法制、对外开放、对内搞活等内外政策，就没有基础。而搞资产阶级自由化的人就是宣传资本主义的理想，宣传走资本主义道路，反对四项基本原则，特别是反对共产党的领导。因此，必须旗帜鲜明地坚持四项基本原则，反对资产阶级自由化。要稳定，就要坚持两手抓。一手抓物质文明，一手抓精神文明。如果风气坏下去，物质文明建设也要受破坏。在整个改革开放过程中都要反对腐败，端正党风，纠正不正之风，打击犯罪，努力发展社会主义民主，健全社会主义法制。要稳定，就要教育人民和干部成为有理想、有道德、有文化、有纪律的人。有了共同理想，团结才有稳定的根基。有了铁的纪律，才有强大的战斗力。这是坚持社会主义制度、发展社会主义经济的真正优势。我们的理想与搞资产阶级自由化的人的理想从根本上对立，水火不相容。

【启发思考】

① 为什么要特别强调坚持四项基本原则，反对资产阶级自由化？

② "四有"人民与"四有"干部之间是什么关系？为什么要单独提出"四有"干部的问题？

1994 年

实施《教育法》 创造新辉煌

《中华人民共和国教育法》在 1995 年春风拂面之时诞生了,它是我国教育工作的根本大法,对落实教育优先发展的战略地位,保障教育改革和发展的目标、任务的实现,维护教育关系主体的合法权益,提供了基本法律保障,它标志着我国教育工作开始进入全面依法治教的新时期,对于我国教育的改革和发展将产生不可估量的深远影响。

一、教育的地位在法律上得到保障

教育在社会主义建设中究竟处于怎样的地位,是教育工作者最为关注的问题。从教育投入到学校建设,到教师的工资福利等,无一不与它息息相关。在当今经济迅速发展、科技革命日新月异的时代,无论对于发达国家,还是发展中国家,"教育的地位"都是摆在面前的一个必须深入思考并要作出正确回答的重大问题。教育摆在怎样的地位,关系着民族的生存与发展,关系到 21 世纪谁主沉浮。因此,凡有远见卓识的领导者都把教育的发展与改革作为立国之本的头等大事来抓。

早在 1985 年,小平同志在全国教育工作会议上就高瞻远瞩地指出:"一个十亿人口的大国,教育搞上去了,人才资源的巨大优势是任何国家比不了的。有了人才优势,再加上先进的社会主义制度,我们的目标就有把握达到。现在小学一年级的娃娃,经过十几年的学校教育,将成为开创 21 世纪大业的生力军,中央提出要以极大的努力抓教育,并且从中小学抓起,这是有战略眼光的一着。如果现在不向全党提出这样的任务,就会误大事,就要负历史的责任。"此后,小平同志又多次阐述了这种战略思想。应该说,教育在社会主义现代化建设中的战略地位越来越得到各级政府的重视和社会各界的承认;然而,在落实的过程中,毋庸讳言,又会受到种种思想的干扰,乃至出现讲讲重要,做做次要,矛盾大时不要的情况。比如谈到教育投入时,就会听到如下说法:"经济要上,教育要让,不把经济搞上去,哪来的钱搞教育""我有钱第一个就投资教育,现在百废待兴,经费实在增加不出了"。事情十分清楚,当然不能饿着肚子发展教育,问题在以小生产者的观念来看待现代教育,认识不到教育须与经济协调发展的重要性,就会制约教育的发展。

如今,《教育法》第四条第一款明确规定:"教育是社会主义现代化建设的基础,国家保障教育事业优先发展。"教育的超前性和教育的滞后效益往往不易被人深刻理解,而目光短视和急功近利者更是不愿花精力研究。现在作为法律条文规定,不仅充分反映了人民的利益、国家的意志,而且具有规范性和强制性,每个公民都要学法知法,自觉遵守。这对教育工作者是极大的鼓舞,对教育事业的发展也具有强大的推动力。

二、对教育全方位进行规范

《教育法》不仅规范了各级各类学校教育,而且从正规学校教育扩展到学校教育以外的广阔领域,从根本上摒弃了学校教育的封闭性,明确了全社会支持教育的责任。

作为教师,作为一校之长,经常碰到的苦恼事是学校教育与社会教育、家庭教育的不协调乃至冲撞。学校教育的权威性常受到光怪陆离的某些社会现象的冲击,在有些学生身上,负面影响超过正面教育的效果,有历史使命感和责任感的教师常为此而焦虑。

《教育法》第六章"教育与社会"中若干条文从大教育观念出发,对儿童、青少年成长的方方面面的环境作了规范,就教育的社会性、开放性而言,有突破性的进展。现时代,儿童、青少年的成长不可能只依靠学校教育。由于信息渠道的多种多样,传播媒介的日益现代化,作用于学生耳目的,不仅信息量大,而且五花八门,有高尚的、健康的、积极的、向上的,也有低级的、庸俗的、消极的,乃至丑恶的。环境对儿童、青少年的成长起着潜移默化的作用,因而社会的方方面面有责任,有义务优化环境、净化环境,给学生以良好的影响。《教育法》第四十五条规定:"国家机关、军队、企业事业组织,社会团体及其他社会组织和个人,应当依法为儿童、青少年的身心健康成长创造良好的社会环境。"以法律的形式对社会环境作规范,势必对儿童、青少年的健康成长起极大的保护作用。《教育法》第五十条规定:"社会公共文化体育设施以及历史文化古迹和革命纪念馆(地),应为受教育者接受教育提供便利;广播、电视台(站)应开设教育节目,促进受教育者思想品德、文化和科学技术素质的提高。"以法律条文作为原则性的规定,使学校教育与社会教育紧密相连,有机结合,既充分适应学生成长的需要,又能充分发挥各种设施的社会效益。学生的成长需要良好的文化氛围、科学技术氛围。尽管我国人口众多,经济尚不富裕,但毕竟有相当的文化资源。只要认识到教育的战略地位,真正关心学生的培养,就会千方百计让图书馆、博物馆、科技馆、文化馆等设施发挥其教育功能。把文化、科技送到学生心中,使学生耳濡目染,受到良好的熏陶,其育人的积极作用是难以用数据来衡量的。

《教育法》为全社会关心教育、支持教育提供保障,它不仅具有重要的现实意义,而且具有深远的历史意义。全社会支持教育是社会主义精神文明建设极其重要的组成部分,各行各业想到教育后代,以实际行动为培养后代成为社会主义事业的建设者和接班人做贡献,就会产生向心力、凝聚力，就会提高社会的责任感，提高文明的程度，提高思想道德素质和科学文化素质。从这个意义上说，支持教育和提高自身素质相辅相成，相互促进，积极推动社会向前发展。

三、为保证学校教育质量提供法律依据

学校教育是培养学生健康成长的主渠道，它的质量高低影响一代人的素质，影响跨世纪人才的培养，以法律条文对学校教育的方方面面进行规范，必然促进学校教育沿着正确的轨道健康发展。

《教育法》第二十九条学校应当履行义务的第二款规定："贯彻国家的教育方针，执行国家教育教学标准，保证教育教学质量。"这就给办学者的指导思想、办学行为作了规范。"教育必须为社会主义现代化建设服务，必须与生产劳动相结合，培养德、智、体等方面全面发展的社会主义事业的建设者和接班人"，教育方针极其明确，学校应坚定不移地贯彻。然而，由于考试指挥棒等诸多因素的影响，相当数量的中小学难以切实地全面贯彻教育方针、全面提高教学质量。由于忙于应试，往往重才轻德、轻体，由于追求高的或较高的升学率，大纲规定的标准常被突破，教材超大纲，教学内容超教材，层层加码，层层拔高，学生难以承受。中小学教育是基础教育，应着力于受教育者思想道德素质和科学文化素质的提高，应高扬爱国主义、集体主义、社会主义教育的主旋律，强化高尚人格的塑造。基础教育要使受教育者学会做人，学会求知，学会办事，学会健体，如果只重智，以偏概全，学生不可能德智体全面发展，更何况连篇累牍的机械操练并不是真正的智。学习《教育法》，以法治校，转变观念，切实采取有效措施，就能保证教育质量的提高。

学校教育的质量说到底就是教师的质量。教师德才兼备，责任心强，教学业务水平高，学生就如沐春风，深受其益。《教育法》第三十四条规定："国家实行教师资格、职务、聘任制度，通过考核、奖励、培养和

培训,提高教师素质,加强教师队伍建设。"别的且不说,单是"培养和培训"用法律条文保障就很有意义。当前,科学技术日新月异,社会生活急剧变化,要保证教育教学质量,教师从教育观念、知识结构到教学方法都须更新。不学习就不可能除旧布新,不可能适应时代发展的需要。学历水平不等于岗位水平,学历合格,具有一定的知识与教学能力,不等于能用一辈子。今日的教师特别需要源头活水,否则,就不可能引导学生在知识的海洋中扬帆远航。因此,教师要培养,要培训,接受终身教育。这方面付诸实施,讲求实效,教师素质提高必能取得良好效果。

教职工是学校的主人,学校办学要有成效,须组织教职工参与管理,进行监督,充分发挥他们的积极性。《教育法》第三十条第三款规定:"学校及其他教育机构应当按照国家有关规定,通过以教师为主体的教职工代表大会等组织形式,保障教职工参与民主管理和监督。"学校要办出质量,须方向正、目标明、责任清,须群策群力,为实现目标共同奋斗。学校的大事不应由校长个人专断,而应通过教职工代表会议广泛听取意见,商讨有效做法。这样,既能集思广益,又能实行监督。《教育法》把教职工参加管理的行之有效的经验上升到用法律条文固定下来,使学校的管理更为规范。

《教育法》是全面依法治教的基本法律依据,涉及面很宽,内容非常丰富。有了它,教育的进一步改革与发展就有法可依。为今之计,在于宣传、学习《教育法》,使《教育法》的原则与精神深入人心,并花大气力督促贯彻实施。尤为重要的是须持续不断地组织执法检查,保障《教育法》的高度权威,一步一个脚印,创造教育的新辉煌。

1995 年

基础教育，本中之本[①]

我国的基础教育面向数以亿计的儿童、少年、青年，面广量大，属世界之最。努力深化基础教育改革，切实提高基础教育质量，对提高全民族素质，促进祖国繁荣富强起不可估量的作用。

一、办教育须有制高点

办教育必须确立制高点。在改革开放的条件下，要把基础教育办得生机勃勃，质量优异，须站在相当的高度来思考问题，须在宏观上有较为科学的总体设想，对教育的外部环境和内部条件作实事求是的分析。

首先，要站在时代的制高点上。一个中心，两个基本点，建设有中国特色的社会主义，是一切工作，当然也是教育工作的指路明灯。办教育的人要有相当程度的职业敏感，适应时代的发展，应该而且必须主动迎接改革开放给社会带来的新变化、新气象的挑战，坚定地抵制社会上

[①] 本文撰写于1999年。长期以来，社会上有一部分人看不起基础教育，认为基础教育不过是传授一般性的文化，缺少学术性，没有什么战略可言。作者认为，正是由于一部分人对基础教育战略地位的重要性存在认识上的偏差，因此在培养目标的落实上往往就不到位。作者强调，基础教育的培养目标是为21世纪培养社会主义事业的建设者和接班人，是"育人"，而不是"育分"。基础教育的质量直接关系到全民族素质的高低，关系到能否形成人力资源的优势，关系到国家经济发展是否有后劲，关系到国力的强弱，其战略地位、战略意义不可小视。她提出了"办教育须有制高点、牢固树立育人大目标、课程教材须改革、花大力气抓好学校的建设、关键在抓好教师队伍建设"等五个方面的行动指向，就基础教育存在的问题坦率直言，并给予有力的拨正。

不良风气对学校教育的浸染，建设良好的育人环境。

其次，要站在战略的制高点上。众所周知，面临新世纪来临的各种挑战，作为新科技革命的基础和动力的教育被推到各国的前沿阵地，具有越来越重要的战略意义。在未来的信息社会里，人们注意的是未来，把知识和信息看作是最重要的战略资源。一个民族要想在未来的世界里取得政治和经济的优势，就必须大力发展教育。有一种误解，认为基础教育不过是传授一般性的文化，没有惊人的创造发明，没有脍炙人口的灿烂辉煌，有什么战略可言？其实，邓小平同志早在《把教育工作认真抓起来》一文中就已极其深刻地指出："我们国家，国力的强弱，经济发展后劲的大小，越来越取决于劳动者的素质，取决于知识分子的数量和质量。一个十亿人口的大国，教育搞上去了，人才资源的巨大优势是任何国家比不了的。""现在小学一年级的娃娃，经过十几年的学校教育，将成为开创二十一世纪大业的生力军。中央提出要以极大的努力抓教育，并且从中小学抓起，这是有战略眼光的一着。"我们的基础教育的对象是浩浩荡荡的大军，他们的素质如何关系到能不能形成人才资源的巨大优势，关系到今后经济发展后劲的大小，关系到国力的强弱，其战略地位、战略意义还能小视或熟视无睹吗？1998年世界银行的一份报告提出：知识就是发展。有研究表明，一个国家若普及小学教育可对该国国民经济的发展起到58%的作用。这也说明了基础教育的战略意义。

再次，要站在与基础教育发达国家竞争的制高点上。教育之争是世纪之争，人才之争，国力之争。我国的基础教育有良好的传统，质量比较好，和发达国家比，在很多方面并不逊色。但在培养目标、教育效益、课程设置、教育手段、科学管理、考核评价等方面却颇有需借鉴他人之处，学人之长，丰富自己，供自己立于不败之地。我们要树立与基础教育发达国家竞争的意识，争民族的志气、民族的自尊，争在基础教育领域显示社会主义精神文明的威力。

登高才能望远,居高才能临下。站在世纪之交的门槛上办教育,既要继承我国基础教育的优良传统,又要有所突破,有所发展,有所创新,攀上办教育指导思想的新高峰。

二、牢固树立育人大目标

教育,就是培养人,提高人的素质。通过悉心培养,使青少年获得有效的发展,成人,成才。培养人就得精心研究人,研究今日的学生,研究明日建设者的形象。育人不是泛泛而谈,而是应放在特定的历史条件和社会环境中认识,有针对性,有时代的特征。教在今天,想到明天,以明日建设者所需要的素质与能力,促进今日的教育实践和教育改革。总揽我们基础教育的准绳不是别的,正是培养目标。

现今的中小学生是21世纪各个建设领域的后备军,培养塑造他们,不仅须研究他们今日的心理特点、学习能力,而且要认真考虑他们明日应具备怎样的思想道德素质、科学文化素质才能适应现代化建设的需要。肩负物质文明和精神文明建设重任的建设者,无论是专门人才还是一般劳动者,都必须有理想、有道德、有文化、有纪律。基础教育就是给"四有"新人打扎实的基础。具体地说,应该是思想活跃,富于理想,有良好的习惯、奋发的精神,热爱祖国,热爱人民,有追求真知的旺盛的求知欲,有克服困难、锲而不舍的意志与毅力,自学能力强,有创新意识。也就是说,须德智体美全面发展,品德优良,人格健全,体魄健康,文化基础扎实。

在对培养目标的认识上常有两种干扰。一是在共性与个性的问题上,比较重视共性的要求,甚至在许多方面"一刀切",而忽视个性的发展。十个手指都不可能一样齐,更何况人的培养?重视学生的个性差异,多角度、多层次、多模式地因势利导,长善救失,大大有利于学生的成长。二是教育全面质量观与教育片面质量观的矛盾。评价教育质量的尺度应是对学生是否进行全面性的素质教育，而不是以"智"代"德""体""美"，更不是"以考试分数论智"。考试的砝码越来越重，学生得不到全面的培养。

要切实树立育人大目标，须真正按教育要面向现代化、面向世界、面向未来的指导方针办事，在教育观念上进行革命。"面向现代化"揭示了教育发展的立足点；"面向世界"提供了一种开放视野和新的参照系；"面向未来"强调了教育的长周期和必须具有的超前意识。"三个面向"的核心是面向现代化，其中包括相互联系的两个侧面：一方面，教育必须与社会主义现代化建设相适应，并为之服务；另一方面，教育系统自身必须加速走向现代化。总而言之，要站在战略高度，面向现在，着眼未来，想得深一点，想得远一点。基础教育培养在人生长河中虽仅十多年，可往往影响人一辈子的生活道路。基础教育是人打基础的阶段，在德智体美等方面进行基本建设，基础打得正、打得牢固、打得厚实，对做人，对今后一辈子的发展都起作用。只看眼前的考试分数、竞赛率、升学率，就有意无意地偏离了育人的大目标。

三、课程、教材须改革

以课程与教材改革为核心的基础教育改革，已经成为世界性的潮流。1949年以来，我国中小学的课程、教材建设是有成绩的，特别是改革开放以来，课程、教材改革教育行政部门工作中被放在十分重要的位置，组织队伍调查研究，制定改革方案，开展教材编写，取得了可喜的进步。然而，以培养目标来衡量，与国外基础教育课程结构比较，须改进、改革的方面还不少。

课程、教材要注意整体性。必须系统设计，总体把握。小学阶段、初中阶段、高中阶段各自的教育任务是什么，三者之间怎样贯通，怎样穿插，必须通盘考虑。不能今天社会上需要这个就加这门课，明天社会需要那个就加那门课。不断做"加法"，课程多而杂，教材小薄本子一本又一本，学生书包越来越膨胀，对基础教育质量的提高不利。课程结构有它的科学性和严肃性，教材也不是应景应急的文章，教育的随意性易导致质量的下降。有些社会上需要的，确实应对学生进行教育，但可以通过其他渠道，不一定立即进入课程、教材。

课程、教材要注意基础性。基础的教育内容要加强，而不是削弱。基础教育让学生掌握的应是知识的"核"，应培养的是最基本的能力，如读写能力、动手能力、自学能力等。热爱祖国是各族人民的优良传统，各门课程中要始终不渝地进行生动形象的爱国主义教育。有些国家历史短暂，但很注意对后代进行历史教育，激发他们热爱自己国家的感情。这种做法值得我们深思。献身祖国的责任感和诚挚的感情，并不是听几次报告，参加几次活动就能具备的，靠的是一门门课程，长年累月的熏陶、镌刻，春风化雨。有些课程、教材内容偏深偏难，特别是数学、物理、化学，其深度、难度在世界上也是少见的。基础教育就是打基础，过深过难的内容并不利于学生的成长。其实，最基础的知识、能力应根基十分扎实，如果半生不熟，漏洞不少，对日后的进一步提高极为不利。上面已经说过，课程结构必须注意整体性，各个学科不仅纵向安排须合理、科学、循序渐进，而且应左顾右盼，注意横向之间的关系协调。深度、难度过大必然影响其他学科的教学任务的落实。其中有个教学质量观的问题，有人认为深、难就是质量高，其实不然。一定的年龄阶段完成一定的学习任务，难易要适度，贵在扎实。

课程、教材要注意先进性。讲先进性，不是把传统教学内容抛开，而是要根据培养目标，根据现代社会的需要认真严格地加以审视，进行更合理的组合。对新的知识，如环境科学、信息科学、人口学等要有计划地加以填补。课程结构要符合培养现代人的要求，教材要有实用性，要理论联系实际,联系生产实际、生活实际、大自然的实际和国内外的社会实际。必修课的内容要少而精,选修课要拓展视野,课外活动应真正让学生放开手脚,动脑、动手,充分发挥兴趣爱好,发挥创造性,发挥特长,再不要用教材来"规范"他们的手脚。

课程、教材改革既要继承与发扬重视打做人基础、打文化基础的优良传统,又要切实改变薄弱环节,大力抓能力的培养,特别是动手能力、独立思考能力、创造能力的培养。课程的制定、教材的编写,要给师生留适当的空间与时间。如果塞得满满的,没有余地,缺少弹性,师生往往苦于应付,难以有创造性地教,有创造性地学。

四、花大气力抓好学校建设

学校是教育的细胞,中小学是基础教育的细胞。每所中小学办得有声有色,质量上乘,基础教育就光芒四射,为社会做大贡献。为此,在依法治教的前提下,各级教育行政部门要花大气力抓好学校的建设。

学校的校舍、设备等物质条件除靠依法的教育投入外,还应积极开辟渠道,争取社会上的支持。目的在改善办学条件,提高育人质量,合法、合理、合情,绝不是办学店,作为谋利手段。经费问题这里不赘言,主要谈教育质量问题。

教育质量是学校的生命。质量要讲究全面,学生德智体美全面发展。如果德育、体育、美育虚晃一枪,只围着考试、围着分数转,那就办不好学校。学校是培育儿童、青少年成长的场所,学生可塑性很大,学校环境对他们思想道德的形成起极其重要的作用。学生走进学校,接受培养,应有一种步入神圣殿堂的感觉,随着年龄的增长,知识的增进,不断加深自己对社会对国家的责任感,提高自我塑造的热情与自觉要求。为此,学校要抓好"三风"建设,即抓好校风、教风、学风的建设。

办学要有精神支柱,精神支柱能起灵魂作用,有强大的凝聚力。一所名校必有良好的校风为精神支柱。良好的校风绝非一两个人所能形成，需要全校师生统一认识，统一步调。各所学校的校风在表达上尽管有区别，但有两点应是共同的：一是树立坚强的建设有中国特色社会主义的信念，这是建设良好校风的原动力；二是自始至终高悬育人的大目标。学校最大的事就是把学生培养成为合格的建设后备军，学校一切工作都为这个大目标服务，教师和学生都为实现这个大目标而在各自的岗位上奋斗。坚持这两点，就能树正气，抵制社会上不良风气对学校的侵袭。既要开门办学，又要建设学校的良好环境。学校风气有其独特的育人要求，不能降低到社会上的一般水平，它要代表正气，代表主流，代表精神文明的威力。社会上允许的，学校不能都允许；社会上流行的，学校不一定都提倡。

没有规矩，不成方圆。应努力做到教有教规，学有学规，使管理规格化、制度化、经常化。教育教学工作要上规格、定岗位、定任务、定职责，事事有人管，处处有人抓，克服随意性，克服表面化。教师备课、教课、批改作业、试卷命题等都规格化，创建良好的教风，保证教育质量逐步提高。学有学规。良好的思想道德、行为规范的培养，不可能一蹴而就，靠的是思想先行，说清道理；靠的是管理到位，坚持不懈地训练；靠的是自我教育，督促检查。要创造良好的学风，须根据培养目标，从学生实际出发，制定校规校纪，如学规、食规、宿规、会规、劳动规章等，让学生懂得在集体生活中要健康成长，须有自我约束力，自觉遵守纪律，须积极向上，努力进取。良好的校风、教风、学风看来是无形的，但它们却如春雨一般，给学生以熏陶感染，促使他们在短短几年的学习生涯中耳濡目染，提高素质，增强内在前进的动力。

学校要努力创自己的特色，有鲜明的个性，形成优良的传统。特色要有浓郁的中华文化的内涵，民族意识的内涵，育人长足发展的内涵，不是浅层的、表层的搞一些立竿见影的活动。一所名校应该有特色，有优良的传统。学校相对要有稳定性,尤其是好学校,有名望的学校。多变必然导致质量的下降,再好的经验也无法形成优良的传统。放眼看世界,百年老校,甚至数百年的老校,在培养学生方面都有自己独特的做法,都有自己的传统。形成传统是艰难的精神文明建设,需要一代代校长带领全校师生员工倾注心血,继承精华,又根据时代的要求加以发展。有优良传统的学校犹如大树,植根于深土中,枝繁叶茂,给人以力量。学校多变,如在水上漂,很难在社会上办出声誉。

虽然同是中小学,但由于地区、历史、现状、师资、生源的不同,学校质量确有差异。但只要方向明,措施实,花气力抓薄弱环节,各个层面的学校都会在原有的基础上明显提高。办好每一所学校,是实施基础教育的责任与义务。

五、关键在抓好教师队伍建设

学校的质量说到底就是教师的质量。教师的师风、师德、师表、师魂,无时无刻不对学生起潜移默化的作用。教师的德、才、识、能,尤其是事业心、责任感应成为学生的榜样。教师如能在学生心目中形成高大的形象,教育教学效果必然良好。

要认真抓好教师个体自身素质的培养。素质修养离不开三个字,那就是:爱,钻,学。教师的事业是爱的事业,只有真心实意地爱学生,才能收到春风化雨、昭苏万物的实效。对学生有没有爱心,是满腔热情满腔爱,还是半心半意,敷衍了事,教育效果迥然不同。把心贴在学生身上,就会慧眼独具,发现学生身上潜在的积极因素,点燃他们智慧的火花;就会理解和体会他们学习的难处,发现各种类型、不同层次学生的特点,千方百计寻找培养他们的有效方法;就会觉得自己学识不够,水平不高,更执着追求,毫不懈怠。爱学生,就要精心上好每一堂课,教到学生身上,教到学生心中。教师要了解学生,研究他们,洞悉他们的内心世界，把握他们在成长过程中的发展与变化，把自己的教育教学工作建立在科学的基础之上，使每个学生在原有的基础上获得充分发展。教师要有钻研精神。要把课上好，功夫在课外。要有钻研教材不明底里不罢休的那股劲儿，要求准、求深、求有自己独特的发现。准确，是教的前提，不准确，含糊其词，必贻误学生。求深，不是难倒学生，而是为了居高临下，游刃有余。教学不能人云亦云，跟着教学参考书转，要独立思考，有所发现，有所创造。要研究学生，研究怎样教学生才能掌握才能发展的方法。孜孜矻矻，不断进取，教学就能进入佳境。学，教师要有拼命吸取知识营养的素质与本领，犹如树木，把根须伸展到泥土中，吸取氮、磷、钾，直至微量元素。只有自己知识富有，言传身教，才能不断激发学生求知的欲望。理论学习应放在相当的位置。理论上的模糊必然导致实践中的盲目，教学中的无效劳动往往是由于理论上认识不清、理解上偏颇所致。业务学习应毫不懈怠，深入学，广泛学，视野开阔，功底厚实，才有教好学生的实力。作为一名教师，在学生心目中应该是既"师风可学"，又"学风可师"。教师爱得深，钻得精，学得勤，德、识、能、绩必能全面长进。

要抓教师群体的团队精神。教育工作的特点之一是：教师的个体劳动与教师群体效益相结合。要教好学生，取得教育高质量，不仅教师个体的劳动质量要高，主动性积极性要强，而且群体要拧成一股绳，团结协作精神好。学科之间的互相照应，有机渗透，工作中的相互支持，主动协作，均能产生良好的教育效果。一个班级能实现理想的目标，除了有一名好的班主任外，各任课教师必须个体劳动强，团结协作精神好。一个班级如此，一所学校更是如此。紧密团结，一切以学校大局为重，以事业得到发展为重，以千方百计教好学生为重，教师集体就能形成，就能创造教育效益。

要满腔热忱地培养青年教师，创造机会让他们显露聪明才智。一般地说,当今青年教师的学历水平比较高,但学历水平不等于岗位水平。岗位上的综合能力要靠实践中锻炼,要靠有计划地培养。人不可能自然成才,青年教师也不可能自然成为优秀教师,要在事业心、责任感方面加强锻炼,在业务上、教学能力方面精心培养,要鼓励他们勤奋刻苦,追求卓越,追求在教育这块热土上出类拔萃。青年教师岗位培训应充分发挥中老年骨干教师的作用。中老年教师良好的工作习惯,对学生认真负责的态度是长期磨炼而形成的,是学校的宝贵财富,应在教育、教学、教研中充分发挥作用。青年教师是学校事业发展的后劲与希望,不仅须使用得当,更须悉心培养。

百年大计,教育为本。基础教育可说是本中之本。基础教育质量优异,全民族素质就能明显提高,社会上各行各业的建设就能因人才的优势而蓬勃发展。

校长应努力成为教育家

在谈论中小学教育质量时,有人说,一所学校的水平实质上就是校长的水平,学校一把手水平有多高,学校的教育质量就有多高。这种说法有一定的道理。要有效地创造性地实施基础教育,使各个层面的学校在原有的基础上明显或显著提高,关键在抓好校长队伍的建设。要慧眼识人才,挑选德、才、识、能兼备的教育工作者进入校长岗位。

校长应该成为学校的脊梁,教师的榜样,应该努力成为培养学生具有扎实基础、健全人格、创新精神的教育家。现在管理一所学校,任务繁重,头绪繁多,要驾驭自如,出质量、出经验、出人才,确实不易。正因如此,校长须高悬奋斗的目标,加强自我素质修养。有成为教育家的奋斗目标,就能自觉地严格要求自己,不断提高自己的素质,就能在办学实践中方向明,方法对,带领全校师生员工艰苦奋斗,创教育业绩。

一身正气,为人师表,是校长应具备的基本素质。校长要加强自我修养,"养吾浩然之气"。在当今,就是要有坚定的社会主义信念,对党的教育事业赤胆忠心,有高度的使命感和责任感,堂堂正正,光明正大,按党的方针、政策办事。正气并非虚空,而是看得见,摸得着,在思想、品德、气质、言行上均有所表现。市场经济对学校有冲击,有影响,校长要冷静对待,辨明是非正误,洁身自好。放眼看世界,市场经济十分发达的国家,实施基础教育的中小学仍然力求不让市侩气侵染,以维护教育学生特殊使命的神圣和纯净。学校是育人的场所,一校之长的一言一行对师生都起着作用,而行动更是无声的命令,所以,要求师生做到的,自己应率先垂范,处处以身作则,言行一致,表里如一。校长是学校教育教学工作的组织者和指挥者,要能做到运筹帷幄,指挥若定,发挥人格的魅力,一身正气,为人师表必不可缺。

校长应具有相当程度的职业敏感,跟随时代奋力前进。人类社会已经跨越了19世纪的蒸汽机动力时代,又跨越了20世纪初期、中期的内燃机动力时代,今天,科学技术已经发展到了一个全新的时代,即信息时代,电子计算机以空前的规模和速度应用于生产、生活,使社会的各个领域发生日新月异的变化,知识经济发展迅猛,令人目不暇接。面对社会的发展变化,校长要有历史的眼光,敏锐的思想,学会认识时代的特征,懂得时代对教育提出的新的要求,善于及时地捕捉来自各方面,尤其是教育、科学、技术等方面的信息,最大限度地消化吸收新鲜事物,使自己思考问题,从事教育实践具有鲜明的时代特征。要敢于从思考问题的习惯轨道上解放出来,真正面向现代化、面向世界、面向未来。"面向现代化"揭示了教育发展的立足点;"面向世界"提供了开放的视野和新的参照系;"面向未来"强调了教育的长周期和必须具有超前意识。核心是面向现代化。如果面向升学率、竞赛率、创收率,就难以看得远,想得深,办学方向、教育内容都会受到影响。教育的效益往往是滞后的,但校长的认识必须与时代同步前进,甚至要走在时代的前面。

教育思想关系到学校的全局。办学方向、治校方案、组织怎样的教师队伍、把学生培养成为怎样的人等,无不以教育思想总绾。因而,校长必须具备正确的教育思想,努力探索并力求通晓基础教育的规律。比如教育单一功能价值观应转换为新技术革命所要求的教育多功能价值观;又如教育个体发展过分注重对谋生的浅层次价值,忽视或轻视个性充分发展、高尚精神境界形成的深层次价值,二者应结合起来思考;再如教育全面质量观与教育片面质量观的矛盾,应怎样选择,怎样处理,等等。基础教育的定位,小学、初中、高中,各个阶段的定位均要认真把握。教育内容要注意基础性、整体性、先进性。基础的教育内容要加强,基础教育让学生掌握的应是知识的"核",应培养的是最基本的能力。基础教育就是打基础,过深过难的内容并不利于学生成长。最基础的知识、能力应根基十分扎实,如果半生不熟,漏洞不少,对日后的进一步提高很为不利。课程结构须注意整体性,各个学科不仅纵向安排须合理、科学,而且应左顾右盼,横向关系须协调好,不能因偏爱某个学科而加大深度、难度、力度,影响其他学科教学任务的落实。领导教学必须有一盘棋的全局思想。必修课的内容要少而精,选修课要拓展视野,课外活动要真正让学生放开手脚,动脑、动手,充分发挥兴趣爱好,培养创造性,发挥特长。教育是一个循序渐进的过程。看不到学生潜在的力量,会抑制学生的求知欲和创造思维的发展;超越学生生理与心理的承受能力,拔苗助长,其结果是早萎,不可能茁壮成长。办学校不能急于求成,浮躁浮夸,期盼立竿见影,轰动效应。教育过程就是培养人的过程,不能只重眼前的考试、分数、竞赛、得奖的"结果",而忽视艰苦、细致的"过程"。学生的素质、智力、能力都靠教育过程中的精心雕塑,有效培养。教育思想是一本内容极其丰富的科学的大书,艺术的大书,要潜心钻研,不断联系实际独立思考,才能深入其中,领悟育人的真谛。

  校长应具有管理的才能,具有民主作风,善于调动全校师生员工的积极性,推进学校事业健康、持续地发展。学校须严格管理,办学须有精神支柱。严格管理能创建良好的校风、教风、学风,而精神支柱可起灵魂作用,有强大的凝聚力。一所名校必然有良好的校风作为精神支柱,良好的校风绝非一两个人所能形成,需要全校师生统一认识,统一步调,共同创造,而校长的精神状态、管理水平在其中起决定性作用。"严"不是束缚师生的手脚,而是严格要求,以理服人。教育教学工作讲究科学管理，环环相扣。学校是育人的场所，学生进学校有进入神圣殿堂的感觉，就会有自我约束、自觉学习、期盼成才的积极性、主动性。因而，学校须教有教规，学有学规，使管理规格化、制度化、经常化。教育教学工作要上规格，定岗位、定任务、定职责，事事有人管，处处有人抓，克服随意性，克服表面化。管理要讲究艺术，用人之长，避人之短，把每个教工放在最合适的位置上，充分调动他们的主动性、创造性。要善于听取来自各方面的意见，博采众长。集思广益有利于了解情况，提高决策的正确性，有利于做好学校各方面的工作。发扬民主，尊重别人，才能真正团结一班人。学校班子里每个成员各司其职，一校之长就不会陷入事务堆里，就能腾出时间多思考，腾出手来抓关键、抓典型、抓经验、抓创造。

校长要成为教育家，须是文化人，文明人，身上有书卷气，有丰富的智力生活，学而不厌。苏联教育家苏霍姆林斯基在《给教师的建议》一书中曾这样说："如果教师的智力生活就是停滞的、贫乏的，在他身上就会明显地在教育教学工作中反映出来……教师不尊重'思想'，学生就不尊重教师。然而，更加危险的是，学生也像教师一样地不愿意思考。"这段话精辟地道出了教师智力生活的重要。对教师的要求尚且如此，对一校之长更不用说。校长思维要十分活跃，所谓"活跃"，不是花样翻新、表面文章、形式主义，而是审时度势，因势辨势，遵循教育规律，独立思考，努力创新。比如听课、评课，与教师讨论班级教育工作，实施教育科研项目，总要有自己的见解，从理论与实践结合的高度给教师以指导，为师生做榜样。学习要长流水，学而不厌，不断增进自己的知识，更新知识结构，加强教育教学研究，提高学术水平。

校长在教育教学领域执着追求，宏观上能打开视野，居高临下，微观上能扎扎实实，一丝不苟，在实践中积累和创造行之有效的经验，又能从理论高度阐述和揭示基础教育育人的规律，就能成为办学的行家里手，成为师生崇敬的献身教育的教育家。基础教育呼唤这样的校长，校长队伍中这样的人才大量涌现，基础教育必展现万花争春的动人场景。

1999 年

真难忘却[1]

打开记忆的闸门,眼前立即浮现出市人大常委会进行社会主义民主法制建设的生动情景。为了制定地方性法规,审议决定本市重大事项,参与者一次次开展调查研究,一次次广泛听取来自各方面的意见,一次次协商协调、统一认识,一次次推敲文字、反复斟酌,可谓倾注心血,高度负责。每参加一次会议,自己就深感对上海的国民经济和社会发展增添了新的认识;每参加一次会议,都受到了深刻的民主与法制的教育。

最难忘却的是1988年市第九届人民代表大会第一次会议上提交关于教育经费方案的往事。这一年,政府预算报告中教育经费增幅为5.7%,而事实上,由于大批知识青年返沪后成家立业,所生孩子正好到入学年龄,因而小学生骤增,有些区增幅高达百分之十几。学生增长与经费增长差距很大,而经费匮乏又必然导致小学要改成上下午两部制,即半天在学校求学,半天在家。两部制不可行,弊病甚多,于是60多名

---

[1] 本文发表于《上海人大》2000年第1期。自1977年起,作者连续5届当选上海市人大代表,担任市人大常委会第七、八、九届委员,1985年起担任市人大教科文卫委员会副主任委员,不辞辛苦到全市各区县远郊进行基础调研、积极参与制定地方性法规、审议决定本市重大事项等活动,对提高教育经费预算、改善基础教育办学条件发挥了重要作用。依法治教是作者教育思想的重要内涵。1995年《中华人民共和国教育法》颁布,她又发表《实施〈教育法〉,创造新辉煌》一文,阐释依法治教的重要性,充分表达了一个教师的法治情怀。

人大代表联名提出增加教育经费的议案。提交议案的法律依据是1986年全国人大常委会颁布的《中华人民共和国义务教育法》和1985年市人大常委会制定的《上海市义务教育条例》，这些法律和法规中明确规定，教育经费要做到两个"增长"，即教育经费的增长"应当高于财政经常性收入的增长比例，并使按在校学生人数平均的教育费用逐步增长"。提议案的事实根据是我们访问了教育部门的领导，访问了不少学校的校长和教师，对学校设备、校舍以及生源增长情况有了进一步的了解，并核实了一些数据。那年上海财政收入增幅8%，高于教育经费增幅5.7%，因而，我们普教的、高教的许多人大代表写了要求增加教育经费的议案，谈家桢和李家镐等人大常委会副主任也签了名，表示支持。

在人代会主席团会议中，大家就这个问题立不立为议案展开了讨论。那时，人们对教育在兴国中的战略地位的认识没有现在这么深刻，再说，上海要做的事太多，可说是百业待举，而教育经费增长的幅度已经高于卫生与科技。然而，法是"准绳"，立了法就必须依法行事。我是教师，对学生有特殊的感情。如果儿童半天读书半天在家，那安全有很大问题；孩子在家无人照管，家长上班绝对不会放心；各行各业都碰到这个问题，社会的稳定会受到影响。出于对事业的负责，我慷慨陈词，说清利弊，以求得不从事教育工作的同志对教育的了解与理解。会上各抒己见，讨论热烈，民主气氛极浓。当时担任中共上海市委书记的江泽民同志在仔细听取大家意见的基础上，最后发表意见：立为议案，修改教育预算，增幅改为8%。这一意见获得绝大多数与会同志的赞同。如果不是在开会，我一定会高兴得叫喊起来。依法行政，市政府作出了榜样。那年教育预算执行的结果，增长幅度达13%，所有小学生都在全日制学校就读，承受党的阳光雨露的哺育。从这件事以后，我更加感受到人大代表肩负的千钧重担，因为他们享有参与立法、依法监督的神圣权利。

树立精神风范,引领教育现代化[①]

各位同志均为上海市区县普教系统的领导,市示范性实验性高中的领军人物,有丰富的办教育的经验,有比较开阔的视野,今天能有机会进行思想交流,深感荣幸。

一、教育现代化是历史发展的必然

1. 三次全球性学校教育改革的启示

回顾 200 年前,传统教育为少数人所占有,讲究培养人的儒雅,培养骑士风度。到了 20 世纪初至 30 年代,全球掀起了学校教育改革的第一次高潮。这次改革以教育的平民化与功利性为主导倾向,促进了传统教育向现代教育的根本转变。20 世纪五六十年代,学校教育掀起第二次改革高潮。其主要内容是强调科学教育,加大资金投入,对教育的内容体系、教学的组织方式、教育规模、发展速度都产生了影响。20 世纪 70 年代至今,全球性学校教育掀起第三次改革。其特点是从未来国际竞争和整个社会问题的高度来思考教育的现实与走向,改革的重点指向教育制度、教育结构等宏观问题,并且突出了基础教育改革的地位。

三次教育改革的动力均来自社会的现实需要。科学技术的发展加

[①] 2000 年 8 月在上海市区县普教系统领导和市示范性实验性高中校长学习班上的讲话。

速向前,据统计,人类的科学知识19世纪是每50年增加1倍,到了20世纪末则是每3年至5年增加1倍,增长的数量与速度令人震惊。面对这样的形势,如何适应?显然,教育必须从内容到组织形式、教学方法作一系列改革,这是历史发展的必然,不是以人的主观意志为转移的。

2. 当前面临的挑战更是前所未有

科技高度分化,又高度综合。科技迅速转化为生产力,比如,摄影技术的发明,转化为生产力,经历了一个多世纪,而今晶体管、太阳能电池等科技知识转化为生产力,只用了两三年,这样的迅速发展挑战教育。

资源浪费,环境失衡的困难,挑战教育;环境污染,土地沙漠化,生态失去平衡,求助于教育。享乐主义滋生,道德水准下降,求助于有针对性的道德教育、法制教育。

综合国力的激烈竞争,挑战教育。20世纪80年代以后,世界格局急剧变化,竞争内容转入经济,转入综合国力。综合国力的竞争,实际上是高科技的竞争,教育的竞争,说到底是人才的竞争。今日的教育,就是明日的科技,后日的经济。1983年美国高质量教育委员会就发布了《国家处在危险之中,教育改革势在必行》的报告,阐述本国处于险境,世界各国的竞争者正在赶上。面对激烈竞争,超级大国尚且如此,我们发展中国家更应有危机意识和忧患意识。所有的挑战都聚焦在人的培养上。全世界,尤其是发达国家的教育,都在研究培养怎样的人,才能适应现代化社会发展的要求。这一点,我们必须有清醒的认识。

综上所述,人类经历了农业社会、工业社会,现在有些国家是后工业社会、信息社会,或叫知识经济社会。随着社会发展,教育现代化是历史发展的必然。我国以经济建设为中心,建立和谐社会,加速进行工业化,教育现代化当然是发展的必然。

二、教育现代化聚焦在人的现代化培养上

人的现代化是社会现代化要求的反映,也是社会现代化的根本保证。

英格尔斯在《人的现代化》一书中有精彩的论述,"一个国家可以从国外引进作为现代化最显著标志的科学技术,移植先进国家卓有成效的工业管理方法、政府经济形式、教育制度以至全部课程内容",但"那些完善的现代制度,以及伴随而来的指导大纲、管理守则,本身就是一些空的躯壳。如果一个国家的人民缺乏赋予这些制度以真实生命力的广泛的现代心理基础,如果执行和运用这些制度的人,自身还没有从心理、思想、态度和行为方式上都经历一个向现代化的转变,失败和畸形发展的悲剧是不可避免的。再完美的现代制度和管理方式,再先进的技术工艺,也会在一群传统人的手中变为一堆废纸"。这仅是从引进、借鉴而言。我们立足于自力更生,艰苦奋斗,更要在人的现代化上下功夫。

现代化的人具有许多特征,简要言之有:具有自主性、进取心;心态开放,乐于接受新事物;有创造性,敢于挑战,敢于创造物质财富和精神财富,体现自身价值;对社会有信任感、责任感,能正确对待自己、对待别人。

未来社会将更加开放,更加国际化。我们的教育培养的人必须全面提高素质方能适应,方能立于不败之地。说得具体一点,就是须具有高尚的人格和道德观念,宽厚的自然科学、社会人文科学知识基础和自主求索、运用知识、发展创新、服务社会的观念和能力。如果用20个字来概括,就是:基础宽厚、勇于发展、敢于创新、人格完善、造福社会。也就是人格、知识、能力全面培养,全面提高素质。

个体现代化的发展,离不开教育;人的成长受到各种因素的影响,在这些因素中,教育是一种更主要更直接的不可忽视的因素,其他方面

难以替代。

我国走在建设小康社会的途中,向现代化跨越。走向现代化的中国,迫切需要现代人去发展去创造,而现代人又须依靠现代教育去培养去造就,因而,教育自身现代化就极为迫切,极为重要。教育可以培养人的现代化,但也可能使传统中消极的东西更为巩固,因此,只有现代化的教育才能培养现代化的人。

教育现代化包括三个层面:一是教育在数量、规范上的发展;二是办学条件如校舍、设备、技术手段、教育经费等方面的先进程度;三是教育价值、教育思想、教育观念等方面的现代化。

这些年来,我们的教育硬件有很大提高,几乎是跨越式的发展,但软件却相对滞后。教育现代化的核心是教育思想的现代化,教育现代化的灵魂是教育思想的转变,而绝不仅是计算机、外语或校园、校舍的物质存在。

一个人的现代化程度如何,不仅取决于这个人成年后的社会经历,还取决于他早年的家庭生活、教育经历。教育对于一个人的价值观念、行为方式等人格因素十分重要,学校教育构成个人现代化的重要基础。当前,如何通过教育来实现人的现代化的目标,是各国教育面临的共同课题,我们当然应充分重视,努力走在前列。

三、引导教育现代化的诸多追求

1. 树立精神风范,发挥人格力量

教育事业是具有理想性的事业,没有理想的教育是不存在的。理想是一种追求,是一个不断变化发展的过程。教育现代化是一种目标,一种方向,一种使命。现代化教育应体现当代文明社会的价值与品质。

作为基础教育的领军人物,应该有一种气象,有一种境界,是时代的良知,智能的火把,是教育精神的代表。在多元经济并存、多样文化

碰撞的十分复杂的情况下,教育要坚持育人的正确方向,拒绝急功近利的诱惑,维护社会公正,彰显社会良知,远离陈腐文化,是极其不易的。要有坚定的信念,深邃的思想,远大的目光,坚忍不拔的毅力。必须做到:

坚定不移地弘扬科学精神。"求真"是科学精神的重要内容。不为假象所迷惑,不带主观偏见,不把偶然性当必然性,不把局部当作全部,不把在一定条件下的结论无条件扩充、夸大,没有经过实验条件下的反复论证,不轻易相信,更不贸然下结论。真善美,真是基础,失"真"的"善"就是伪善,失"真"的"美"就是假美。韩国的黄禹锡,交通大学的陈某吹嘘的"汉芯"就是例子。一切教育成果的精髓、灵魂在于"真"。陶行知先生告诫我们,"千教万教,教人求真",要求青年人"追求真理做真人"。美国哈佛大学校训是:"与亚里士多德为友,与柏拉图为友,但更重要的是与真理为友。"这是很有道理的。在诚信存在问题的世俗风气中,敢于高举求真的崇尚科学的旗帜,实事求是,去除耀眼的包装,挤去教育质量的泡沫,教育现代化必然向前跨越。

坚定不移地弘扬人文精神。人要有精神支柱,否则,立不直,立不正。支柱的核心是人文精神。在人生基本问题的思考中,如:人生意义、历史与现实、传统与变革、物质与精神、个人与集体、道德与审美、光荣与耻辱、人生观、世界观、价值观,等等,要有清醒的认识,正确的见解,并付之于行动。一个民族没有现代科学就会落后,落后就要挨打;一个民族没有人文文化,精神就会迷失,民族就会异化;一个社会没有人文精神,就是一个病态的社会,难以和谐,难以发展;一个人没有人文精神,就是一个残缺的人,丧失理想,丧失信念,丧失奋斗目标,在个人荣辱得失中浮沉,为金钱至上所左右,就会迷失方向。中华民族具有五千年丰厚的人文文化积累,是我们宝贵的精神财富,尽心尽力地传承、发扬,就能恩泽师生。

坚持这一条十分不易，要敢于说"不"，有些事要敢于"不为"，守护社会正义、守护良心、守护社会的道德、历史的使命，一句话，守护教育者的尊严。

教育工作不仅以书教人，以客观规律教人，更重要的是以人格培养人格，以人教人。鲁迅曾说："我们从古就有埋头苦干的人，有拼命硬干的人，有为民请命的人，有舍身求法的人，这就是中国的脊梁。"教育方面的领导、校长当然应该力争成为中国的脊梁，有民族气节、民族精神、民族气派、民族感情，以自己的人格魅力教育师生，影响师生。

2. 树立先进的教育理念

教育理念在教育工作中起灵魂作用，它影响教育的全局，影响教育的质量。教育理念十分丰富，就我们办学的人来说，最为重要的是以促进学生发展为本。

21世纪教育价值观强调：教育应为社会发展和学生终身发展服务；学校应开发每个学生的潜能，促使他们个性的健康发展，形成自我教育、终身学习的意识与习惯，确立为祖国为人民奉献与创造的志向。

确立了以促进学生发展为本的教育理念，人才观、质量观、学生观、评价观等均会有新的认识、新的内容，培养目标、课程设置、教育评价、资源配置、现代教育技术应用等也都会有新的内容。以促进学生的发展为本绝不是停留在口头与书面的口号，它必须落实到教育的全过程中。为此，以下一些要点须深入思考：

（1）定位。办教育办学校必须定位于教育的本质。"教育"一词起源于拉丁文的词根：引出。古今中外教育名家无不认为教育是对人的培养，引导学生增强精神力量。也就是引导学生确立良好的人生态度，提升精神境界。离开了对学生精神力量的培养，还谈什么教育？

（2）全面质量观的呼唤。社会文明程度越高，越需要全面发展的人。教育不能停留在浅层次的价值观，只讲功利，只是考学、求职的敲门砖。必须思考深层次的价值观和人的全面发展。片面的质量观就会有意无意地使学生在成长过程中形成某些残缺，如做人的基本道德素质、奋斗的精神、体质的羸弱，等等，与培养目标相距甚远。知识和能力是获取精神力量的阶梯，不是精神力量的全部，更不能醉心于机械操练，把学生练傻。

（3）珍视每个学生的生命价值。尊重和爱护学生是21世纪教育改革的新起点，尊重学生的个体性、独特性、多样性。基础教育是大众教育，必须面向全体学生。大众教育不排斥英才教育，但不能只当英才教育的配角。人是有多元智能的，各有所长，各有所短。基础教育着眼于全体学生，为全民族素质的提高奠基。还必须清醒地看到，有时有些受教育者并非真"英才"，而是拔苗助长的对象，无后劲。要倾听每个生命的呼唤，生命本没有名字。

（4）具备可持续发展的素质。学校教育不仅要培养学生今日健康成长，而且要明日能长足发展，一个不会发展、不能发展的人，生存空间就会越来越小。因而，在教育过程中，须千方百计引导学生学会学习、学会做事、学会共同生活、学会发展。不能迷信分数挂帅，立竿见影，即使"见影"，也是瘦瘦的一条，不能长效。

思想素质指确立服务祖国服务人民的志向，是人生的方向；智能素质是基础，是生存、发展的内部依据；人文素质是催化剂，是人生前进的推动力，三者是不可分割的整体，互相渗透，互相融合，互相贯通。抓好素质的基础，本固才能枝繁叶茂。

学校应该是学生的精神家园，有良好的文化氛围、道德氛围，有中华文化的底蕴，有人类进步文化的融合，校长就是精神家园的守护神。

3. 树立自强不息、办好有中国特色基础教育的信心与勇气

社会形态的变化，利益格局的变化，人们生活方式的变化，对教育提出了严峻的挑战。面临中华人民共和国成立以来从未有过的挑战，

我们特别需要《易经》中所说的"天行健,君子以自强不息"的精神;面临教育领域的许多新情况新问题,特别需要立足于本土实际,革故鼎新,创造业绩。有些情况确实须冷静思考,不追风,不盲从,坚定不移走中国自己的路。

(1)与国际教育接轨问题。有个阶段,与国际教育接轨的口号叫得比较响,认为国外的种种做法都是好的,自己都是落后的、不科学的,于是新名词术语一连串,于是全国一流、国际一流的目标提出来炫人耳目。这个口号的内涵究竟是什么?国外教育根据各自国情的差别、培养人的不同需要,千种万种,各有利弊,各有优势与不足,对中外教育我们作过多少深入细致、实事求是的比较研究?结论如何?哪些经验与理论具有普适性?哪些只具有个体特征,有其特殊性?一个"国际"就能简单囊括吗?"接轨",跟谁"接"呢?跟国际中所有的国家吗?"轨"又是哪些内容?喊口号容易,口号的实质性内涵、科学依据要弄清楚,就绝非一日之功了。

学习外国,以他山之石攻我教育之玉,绝对没错,而且应该拓宽视野,认认真真虚心地做。盲目追求与国际接轨是另外一回事,是缺乏判断力和创造力的表现,也是缺乏民族自信心的表现。

教育从来就是国家的、民族的事业。任何国家的教育特别是基础教育必须传承本民族的优秀文化传统,弘扬民族精神,培养为本民族、本国家、本地区建设服务的人才,必须眼睛向内,而不是只朝外。

教育民族化、本土化,就是教育及其改革最终要解决本民族、本国家、本地区的实际问题。眼睛向内,并不是排斥国外,也不是妄自菲薄,而是立足于本国,以我为主。20世纪50年代"苏化",至今让人记忆犹新。"西化""欧化"不能再发生。有识之士一再告诫"教育不能盲目西化",要"以我为主,吸纳融合,提高质量"。不说别的,有的国家教育经费占GDP的18%以上,你"接轨"接得了吗?它国家小,人口少,而我们的中小学生浩浩荡荡2亿多。考虑问题必须站在地上,不能飘到半空中。更何况西方不少国家对自己教育的某些方面正进行自我批判,我们没有必要把人家丢弃的东西当作宝贝捡起来用。理论上的清醒是办教育必不可少的重要条件。

(2)训练与创造的问题。看起来十分可笑,"训练"与"创造"根本不在一个层面上,放在一起岂不滑稽?我们贯彻教育方针,培养学生要抓住一个核心,两个重点:以德育为核心,以实践能力、创新精神为重点。提出这样的要求是教育改革的现实需要,为社会的发展培养人才的需要。

创新能力是一个人能力的最高表现形式,是能力的最高境界。富有创新能力的人总是把世界上一切事物看作是一种运动的过程,而不是静止不变的。不执守过去,总是规划当今,展望未来。创新能力在各行各业均有根本性的需求。这种能力不是与生俱来的,要靠引导、培养、激发,从青少年学生开始,就要培养他们的创新意识和创新精神。学生具备了这种意识与精神,将来在合适的条件下,就能迸发出创造的火花,结出创造的果实。这种意识的培养、精神的培育须让学生发挥学习的主体作用,在学习生活中有思考、探究、发展的空间。而目前,学生的学习空间几乎被各种各样的习题训练塞满,一课一练、课课练、周周练、题海、题库,用"一刀切"的办法画地为牢,把生动、活泼、多样的学生圈在其中,把同一性发挥到极致。有些学生资质较优,发展潜能较大,无须那样机械训练,但也不得不拘囿其中,创造意识受到抑制,创造精神未得到培养。训练是学科学习中的必需环节,要理解、巩固、熟练,某些要转化为能力,离不开训练。但要有"度",练什么,怎么练,其中有大学问,绝非信手拈来、随意处置,弄得不好,贻误学生青春。

"教育的核心是人格心灵的唤醒,教育的最终目的不是传授已有的东西,而是要把人的创造力量诱导出来,将生命感、价值感唤醒。"德国教育家斯普朗克这段论述很有道理,值得深思。

上海基础教育要实现教育现代化,这是我们的期盼,我们的光荣。日本哲人说过:对自己应做的事,要燃烧起满腔热情。对现在应当做的事不全力以赴的人,没有资格谈未来。只有切实地站稳脚跟,才会有接着的大飞跃。

同志们站立在队伍的前列,智者有勇,勇者前行,行者无畏。树立精神风范,引领队伍前进,必能开创教育闪光的未来。

素质教育要在形成合力上下功夫[①]

对学生实施素质教育绝非权宜之计,而是关系学生能否健康成长,国民素质能否明显提高的具有战略意义的大事。因而,今日素质教育落实的程度如何,取得的效果如何,将直接影响明日国家的经济建设和社会发展的面貌。

实施素质教育是项系统工程。纵向看,从幼儿到研究生,均要注意良好素质的培养;横向看,学校当然要竭尽全力对学生进行素质教育,而家庭、社会同样责无旁贷。从当前情况来看,对学生应当进行素质教育,口头上似乎没有任何疑义,说得都比较响亮,但做起来却往往步履维艰,效果不尽理想。推究起来,原因甚多,主要是认识上存有误区,做法上各行其是,不注意形成合力。

教育是以受教育者为本位的。蔡元培先生早就指出:"教育是帮助被教育的人,给他发展自己的能力,完成他的人格,于人类文化上能尽一分子的责任。"今天,我们的教育方针强调使学生德智体美全面发展,课程、教材、教法改革强调以学生为本,以促进学生发展为本,都是以把人本身当人来培养为目的。教育的根本目的是完善人的自身人格,促进他的全面发展,为社会提供和造就合格的成员。但由于受功利、实利等思想的影响,"重术轻人""重利轻人",甚至目中无人的现象到处蔓

[①] 本文发表于《探索与争鸣》2002年第5期。

延,使对学生良好素质的培养与提高,难以有效地落到实处。时下,有相当数量的学校为了立身,为了扬名,为了取得家长认可,为了求得好生源,不得不押宝在追求升学率上。其表现往往是在对学生知识与技能的掌握上,措施具体又具体,实在又实在;而在对人的良知的培养、素质的整体提高上,就比较"虚",或者将某些活动、某些做法误认为是素质教育的全部,以偏概全,以偏代全。家庭对孩子的教育也多半是重知识重技能,把成绩、分数看成是命根子,至于思想、品德、情操、习惯的培养,往往掉以轻心、极少潜心思考,更不用说悉心培育。学生当然要学知识学技能,知识技能也是人的素质的有机部分,问题是不重视品格、道德的培养,就不可能真正驱除愚昧,提升做人的气质。

如今在学校、家庭流行这些看法与做法,是教育的浅层次价值观在起作用。认为教育只是谋生的手段,谋取功名利禄的手段,没有或极少考虑教育深层次的价值观:教育要促使受教育者道德完善,人格完善,潜力发挥,成为有文化教养的人。如果只考虑前者,不考虑后者,那么教育就有极大的缺失。事实上,一个不能自我发展、长足发展的人,生存能力就会越来越弱。

至于社会上如何重视对学生良好素质的培养,更是令人担忧。一些单位、个人由于受利益的驱动,只注重机械训练,这个册那个册铺天盖地如潮涌,消耗学生的青春。网吧通宵达旦,诱惑无自制力的学生沉湎其中,受影响严重的就毁了前程。

对学生进行素质教育,一定要把"人"放在首要地位。只有在这一点上取得共识,才能走出"重术轻人""重利轻人"的误区,形成育人的合力。在实施素质教育的过程中,学校、家庭、社会可各司其职,各有重点。我的意见如下:

第一,学校抓素质教育,就目前而言,有两点很值得重视。一是要抓根本,抓灵魂的建设。管头管脚样样管,琐碎繁杂,学生自制、自律的意识与能力仍然薄弱。教育虽千头万绪,但要抓在要害处。学生要真正懂得做人的道理,按照全面发展的要求自我塑造,理想教育、志向教育须牢牢抓住不放。有理想、有志向、有追求,人就能不断上进,不断克服不足,不断提升气质与境界。主宰灵魂的东西要常抓不懈,常抓常新。这种教育要有民族特色、时代气息,要从学生的生理、心理实际出发,真正拨动学生的心弦,而不是空洞地说教。二是要把素质教育融合在各种教学之中。所有学科的大目标都是育人,把学生培养成国家的有用之才。学科教学中应蕴含世界观、人生观、价值观的教育,学科教学只讲技能技巧,就失落了灵魂,失去了它存在的应有价值。教学中的育人,不是外加,装点门面,而是盐溶于水中,虽不见痕迹,但喝者口感更好,更能得益。

第二,家庭抓子女的素质教育,家长以身作则必不可少。家庭教育是基础的基础,家长是子女最具体、最有影响的老师。家长的思想言行,哪怕是一些细节,在子女身上都会起不可磨灭的作用。"随风潜入夜,润物细无声",教育就是在不知不觉中起作用的。譬如,家长带着孩子骑摩托车在狭窄的人行道上逆行飞驶,这就在做坏榜样,这就告诉孩子心目中不要有别人,交通规则可以随意违反。此类事情不胜枚举。要对下一代进行良好的素质教育,家长提高自身素质极为重要。

第三,社会方方面面都要想到学生的健康成长,在追求经济效益的同时,千万不能忽视社会效益。社会良好的文化、道德氛围不是靠几个单位、几名有识之士就能创造的,各行各业,每个单位都要为国家的未来负起责任。多想一点后代,多想一点义务和责任,对社会主义精神文明建设大有益处。

总之,要有效地对学生实施素质教育,关键是认识要一致,做法要协调,千万不要互相掣肘。如《吕氏春秋》中一则寓言所说,一人写字,另一人不断地在旁牵制,字当然就无法写好。学校、家庭、社会形成合力,素质教育才会大见成效。

追求高尚的教育境界①

只要选择了教育这个职业,就一定要追求高尚。

社会上不是什么人都可以做教师的。韩婴在《韩诗外传》中说:"智如泉涌,行可以为表仪者,人师也。"智慧如泉水奔涌而出,思想言行各个方面都能做榜样的,才可做育人的教师。一名校长就是一所学校,他反映学校的面貌、内涵、办学水平,理应成为学校的脊梁,教师的榜样,因而更要追求高尚。

一、追求高尚教育境界的必要性

高尚教育境界的追求不是玄虚的、无依据的,而是源于对教育的深刻理解,对人生的执着追求,并落实于一切教育活动之中。

1. 教育本质的呼唤

教育事业是具有理想性的事业,没有理想的教育是不存在的。理想是一种追求,这个过程是不断发展的。"真正的教育"是引导人的灵

---

① 本文发表于《思想理论教育》2003年第1期。针对社会上一部分人把教育当作获取物质利益、博取功名的手段的错误认识,作者指出,"真正的教育"最终必然指向人的精神生活,是学生健康成长的需要,是时代发展的要求,也是对国家、民族的未来负责。作者强调,教师肩负着造就新一代高素质的劳动者、建设者、管理者和领导者的重任,必须树立正确的教育价值观念,全面贯彻教育方针。作者将"追求高尚的教育境界"与依法办学、以德立校、创造良好的育人氛围、提升教师队伍素质及校长自身的努力结合起来,强调办学校不是百米冲刺,而是万米赛跑,要有勇气,有毅力,向着理想的目标奔跑。

魂达到高处的真实之境,是人生境界的提升。柏拉图在《理想国》中借苏格拉底之口用"洞穴中的囚徒"隐喻,说出了教育的真正含义。教育是把人的灵魂、精神用力往上拉,引向真理世界;知识、技能是帮助灵魂攀升的阶梯。我国的《大学》一书开宗明义这样说:"大学之道,在明明德,在亲民,在止于至善。"学习的目的,在于彰明内心美善的德性,在于使人自新,在于使人处于最美善的道德境界。陶行知的"千教万教,教人求真",学做"真人",也就是追求人的精神世界的高尚。英国史学家汤因比和日本的池田大作在关于21世纪的对话中谈到当代教育时,认为教育的本质不应该以谋实利为动机,而是寻求存在于宇宙背后的"精神存在"之间的心灵交流,开启人的心灵与富有的大脑。显然,古今中外研究教育的大家都认为教育的本质是完善人的精神世界。

现代教育使教育对象受教育的长度增加,即实施终身教育,与此同时,不能忘记教育的深度,教育最终为人的精神生活服务。教育本质呼唤我们办学者必须对学生的成长负责,追求高尚的教育境界。

2. 全面贯彻教育方针的现实需要

在科学技术向现实生产力迅速转化的过程中,教育是十分重要的中介环节。教育是培养人才和创新能力的基础,它在现代化建设中居于全局性的战略地位,要造就新一代高素质的劳动者、建设者、管理者和领导者,必须树立正确的教育价值观念,全面贯彻教育方针。教育的浅层次价值观是教育个体发展过分注重对谋生、谋取物质利益、博取功名的追求,忽视或轻视个性充分发展及高尚精神境界形成的深层次价值。办学者千万不能把教育只看作是求学者谋生的手段,不能停留在浅层次的教育价值观,要同时树立深层次的教育价值观。

要使每个学生都得到比较全面的发展。全面发展是教育方针所规定的,也是实施素质教育最本质的反映。人的生命体本身蕴含着多方面发展的潜能,教育的任务就是把学生的潜能变成发展的现实。学生都能得到发展,不仅是民主的基本理念,而且是每个学生的基本权利,要保护并尊重这种权利,并创造条件实现这个权利。当前,重智育轻德育、体育、美育的观念及做法对学校教育有很大的干扰,这种片面的教育质量观影响教育的发展,影响学生的健康成长。要办真正的教育,确实要花大气力全面贯彻教育方针,这是现实的需要。

3. 时代发展的迫切要求

知识经济的发展对教育提出了严峻的挑战。社会不是以某种能运用的技术为基础,而是以整个知识进步为基础。对人才的评价标准,主要不是看某一方面的技能运用,而是看人才的整个知识的结构、容量、水平和知识积聚与更新的能力。显然,人的培养不以获取传统的知识体系为唯一目的,而是要求学生全面发展,以提高自身的综合素质。社会要求学校向学生提供优质教育,使学生全面发展。而只有全面发展,学生才懂得在未来社会怎样求知和创新,怎样与他人合作,怎样保持身体和心理的健康,成为现代化的人。

人的现代化是时代发展的迫切要求,是社会现代化的根本保证。一个国家可以从国外引进作为现代化最显著标志的科学技术,移植卓有成效的管理方式、教育制度以及课程内容等,但这些毕竟是一些空的躯壳,关键在于执行和运用这些制度的人。要使这些制度有生命力,并在自己的土地上生根发芽、开花结果,人自身的心理、思想、行为方式都须经历一个向现代化的转变。只有提高人的综合素质,有创新能力,有人才优势,才能保证社会现代化的实现。

为此,学校校长要追求高尚的教育境界,坚持以德立校,把全部智慧和教育艺术、教育理想和教育价值体现在对高尚的教育境界的追求上。

二、与依法办学紧密结合

追求高尚的教育境界,以德立校,必须与依法办学紧密结合。

1. 教育法对教育全方位进行规范，为保证学校教育质量提供法律依据

《中华人民共和国教育法》是我国教育工作的根本大法，对落实教育优先发展的战略地位，保障教育改革和发展的目标与任务的实现，维护教育关系主体的合法权益，提供了基本法律保障。办学者要学法、知法、守法。学校教育是培养学生健康成长的主渠道，它的质量高低影响一代人的素质，影响新世纪人才的培养，以法律条文对学校教育的方方面面进行规范，必然促进学校教育沿着正确的轨道健康发展。例如《教育法》第二十九条学校应当履行义务的第二款规定："贯彻国家的教育方针，执行国家教育教学标准，保证教育教学质量。"这就给办学者的指导思想、办学行为作了规范。"教育必须为社会主义现代化建设服务，必须与生产劳动相结合，培养德、智、体等方面全面发展的社会主义事业的建设者和接班人。"教育方针极其明确，学校应坚定不移地贯彻。

教育有一系列的法规，如《中华人民共和国义务教育法》《中华人民共和国教师法》等，均要认真学习，作为办学的依据，依法治校。

2. 法治的源头与基础是德治，依法办学的奏效说到底根源于师生的内心认同

我们讲的德治，是指社会公德、职业道德和家庭及个人伦理道德的提倡与约束，指提倡一个人内心的反省、自责与外部舆论教育的约束。绝大多数法律规范都是从道德规范中提炼出来的，良好的法律源于良好的美德。例如《教育法》中规定教师应当履行的义务中"关心、爱护全体学生，尊重学生人格，促进学生品德、智力、体质等方面全面发展"的条款，就是从众多优秀教师长期师德规范中提炼而出的。它得到师生的内心认同，如果不遵守，就是违法，就要受到指责乃至处罚。法律如果不被信仰，那就徒具形式了。

3. 法律只能涉及人的外部行为,德治涉及人的内心世界,遵守道德自愿、自律,就能更自觉地守法

法律,是具有强制性的他律,是一种刚性的惩戒。法律只能调整人的某些行为,而非全部行为,企图把人的一切行为纳入法的调整范围之中,这是不可能的。道德规范是一种导向,一种教育,一种警示,在一定的舆论氛围中,强调自制意识,强调公众压力,强调认识自己的责任与义务。由于重启发、重自律,因而是温性的,具有比较长效的作用。能自律的人,道德规范好,守法就更自觉。

4. 依法办学与以德立校相辅相成,相互促进

依法办学,尊重《教育法》等法律的强制作用,保障学校事业在正确的轨道上健康发展,保障良好的教育秩序。在必须这样做,不能那样做的同时,学校还要在应当怎么做,倡导怎么做上下功夫。对青少年学生来说,尤其要强调德教为先。大量正确的、健康的、向上的思想言行在学校起主导作用,依法办学就更能落到实处。

三、弘扬正气,创造育人的良好氛围

学校是育人的神圣殿堂,理应是一方净土,摒弃邪恶、污浊和庸俗,营造高尚的氛围,才会使育人工作生机勃勃。

1. 牢固树立育人的大目标

学校最大的事就是教育、培养学生。现代教育的变革要求校长和教师必须深刻反思两个问题,即教什么知识,培养什么人。时代前进了,教育必须与时俱进。今天应给学生什么样的知识,是单纯的现成结论,还是更注意探究知识的过程?哪些是基础教育非学不可的,是知识的"核",给一辈子做人打基础的?哪些是须删减、割爱的?学生在新世纪将扮演什么样的角色?须接受怎样的教育才能成为未来社会所需要

的人才？

反思育人的目标，有助于把握育人的准绳。培养学生成为怎样的人，非根据主观意图，标尺只有一个，就是我们的培养目标，德智体美全面发展，成为现代化的人。如果重术轻人，重技能技巧的落实，轻人的整体素质的培养，见分不见人，见局部不见整体，见眼前不见长远，就有意无意地背离了育人的大目标，偏离了办学的准绳。

要牢固树立育人的大目标，就要研究和深入到学生成长中的三个世界——生活世界、知识世界、心灵世界。在他们金色年华时代，要以德育为核心，促进他们生活上健康、开朗、自理、自立，促进他们爱学乐学，善于求知，勇于探索，促进他们丰富心灵，提升思想，奋发向上。三个世界要和谐发展，不能只重其一，不重其二，要坚持全面质量的提高。

2. 确立办学的精神支柱

人有脊梁骨才能直立行走，一所学校要成为育人的神圣殿堂，取得家长的信任，社会的认可，必须有精神支柱。良好的校风是办学的精神支柱。精神支柱是无形的，但有强大的凝聚力，能创造追求高尚、追求真善美的氛围，引导师生积极向上。

在社会转型时期，泥沙俱下，鱼龙混杂，本不足怪，关键在于办学者要有火眼金睛，提倡什么，允许什么，抵制什么，心中要一清二楚。学校不是真空地带，金钱拜物、实惠思想、不诚信、西方文化的不良价值取向等均会侵蚀学校肌体，侵蚀师生心灵。校长要敢于弘扬正气，抵制社会上不良风气对学校的侵袭，不能把学校文明水平降低到社会上的一般水平，学校不一定提倡社会上流行的事物。学校是创建和撒播精神文明的场所，应代表社会上主流的先进文化，给涉世未深的中学生以良好的熏陶感染。强内才能御外，自己一身正气，为人师表，对歪邪的东西就有识别力、抵制力和免疫力。

弘扬正气，不是关起门来办学，而是要切实遵循"三个面向"方针，解放思想。既要纵向继承，又要横向开拓，要认真学习国外先进的教育思想、教学内容、管理方法，从学校实际出发，拿来为我所用，让师生在借鉴、辨别中感受时代气息。学习要有主心骨，不照抄照搬，更不照单全收。

3. 聚焦于对学生的培养

每所学校的校风总会用一定的文字表达，重要的不在于文字的美观、醒目，而在于千方百计把文字表达的校风内化为师生的认知、情感和自觉的行动。让师生懂得其中蕴含的道理，感情上愉快地接受，并引起共鸣，从而化为自觉的行动。全校教职员工对育人的大事要统一认识，统一步调，齐抓共管，各司其职。

要做到教书育人、管理育人、服务育人、环境育人，教师要循循善诱，伴随着知识的传授和能力的培养，撒播做人的良种，而不是做传授技能的匠人；管理要思想先行，制度到位，要让学生懂得为何要订制度，为何要遵守制度，学有学规，食有食规，宿有宿规，做广播操还有做操的规矩。规矩一旦订出，就要明内容、督遵守，否则就是一纸空文。每个服务部门的职工都要以育人为先，尊重学生，讲述道理，学校公物除自然损坏外，把人为造成的损失降到最低。学生在优美的校园里活动能受环境熏陶，滋长爱心，养成文明习惯。优美的环境不是花钱买的，一草一木都是师生栽种、施肥、养护，培养了学生绿化祖国的好思想、热爱劳动的好习惯。办学者对自由与纪律、保守与开放、改革与放任要严格区别，把全校教职工精力聚拢到教育学生的事业中，克服教育的随意性，克服无能为力、无所作为的思想。

四、关键在于抓好教师队伍建设

学校的质量说到底是教师的质量，要办好学校，追求高尚的教育境界，关键在于抓好教师队伍建设。

1. 切实抓好教师个体自身素质的培养

教师所从事的劳动是个体脑力劳动,特点是单兵作战。教师的课堂教学的质量,与学生谈话的水平,组织学生活动的能力,开展教学改革的自觉性,进行教研科研的积极性,无不打上个体的烙印,教育质量的高低不是靠某些规定就能实现的。校长要认清教师劳动的特点,因势利导,在提高每个个体的德、才、识、能的综合素质上下功夫。

要向教师反复宣传加强自身修养的必要性和重要性。任何人不可能把自己没有的东西奉献给别人,要撒播阳光到别人心中,首先自己心中要有阳光。要培养学生成为思想道德素质、科学文化素质、身心素质良好的劳动者、建设者,教师自己就要堂堂正正,光明正大,一言一行成为学生的榜样。要敢于弘扬正气,发扬先进,强调塑造在学生心目中的值得尊敬的高大形象。教师成为学生心目中的"偶像",教育效果就比较理想;教师有成为学生"偶像"的自我追求,就能重视自我教育、自我修养,在思想情操上不断攀升。

治标与治本要并重,治标只能管一时,管局部,多约束、强制,治本更为重要。师德是根本,"职业"与"事业"仅一字之差,内涵却迥然不同,要引导教师把育人的职业提升到当事业来对待,教师蕴藏的潜能、智慧就会大放异彩。因而,在多种场合要不断激励教师加强责任心、使命感,增强自我发展的动力,与学生一起成长。教师对学生的作用不可能是"零",不是正面作用,就是负面作用。校长要善于防微杜渐,对有损师德的言行,对工作懈怠不负责任、家教成风的现象要敢于批评与制止。

学校是培养教师的基地,上好每一堂课是教师应尽的本职。学科教学是素质教育的主渠道,课堂教学是素质教育的主阵地,一个连课都上不好的教师怎可能说师德高尚?而课堂教学质量的提高又靠在教学实践中摸爬滚打,体验、感悟,长善救失。在实践中经常有人指点,就能目标明确,进步飞速。面对当前教改实际,校长要深入教学第一线,与教师一起研究如何以学生发展为本,如何面向全体学生,如何开发学科教学、课堂教学的多功能。较长时期以来,灌输加训练的教学方式笼罩课堂,抑制学生的自主学习,更谈不上发展思维,培养创新意识。要改变这种状况,单讲理论,单口头上说,是无济于事的。须对一节节具体的课,从实践与理论结合的高度评析、指导、研究,促进教师教育理念的转变、育人功能的落实和教学水平的提高。任何学科的教学都应是德育、智育、体育、美育的融合,在对学生进行智育的同时,价值取向、审美情趣等应有意识地水乳交融地糅合其中。这不是外加,而是深寓其中的内涵得以阐发。单一的训练功能是低层次的技术化;开发多功能,让学生在学习知识技能的同时,智力、潜能、个性获得发展,思想情操受到熏陶感染。求知与求真、求善、求美统一,学生就深受其益。有责任感、上进心的教师特别喜欢校长这样做,因为这是活的教育学,是教育方针在课堂教学中贯彻的生动体现,是引导自己一步一个脚印往前迈。

2. 认真抓好教师群体的团队精神

教育工作特点之一是教师的个体劳动与教师群体效益相结合。教师个体劳动质量高,群体又能拧成一股绳,团队精神好,学校教育质量就高。

有人就有矛盾,就有人际关系的处理。抓团队精神,就要抓凝聚力,抓弘扬正气,提倡以学校大局为重,以千方百计教好学生为重,反对保守、封闭,反对不正当的竞争。教研成果、科研成果、考题习题研究等应视为集体财富,不应保密、封闭,更不能因一分半分之差而相互掣肘。

目前提倡研究性学习,它是不同分科课程的有机综合。在学校工作这盘棋中,特别要重视各学科之间的相互照应,有机渗透。提倡工作中相互尊重,相互支持,主动协作,反对各自为政,各搞一套。经常开通气会,有利于工作上协调,感情上沟通。

特别要抓紧青年教师的锻炼与培养。学历水平不等于岗位水平，要真心实意鼓励他们追求卓越，岗位成才。要使用与培养并重，扬长避短，成长成熟。除校外学习进修外，校内建立学校、处室、教研组三级培训网络，老、中、青教师结合，在教育、教学、读书、实践等方面全面培养，激励青年教师冒尖，在培养青年教师的同时，中老年教师也加强了团结，得到了提高。以德治校，让每位教师深切体会到自己应是良好教风的积极创建者与努力实践者。

五、校长应努力成为教育家

校长是学校的无字之书，要以人格的力量教育教师志存高远、敬岗爱业，教育学生健康成长。

1. 不懈追求，创造理想的教育境界

袁振国在《教育新理念》中说："一切教育都是理想的教育，都是为了理想、追求理想的教育。"办新世纪的基础教育是全新的事业，须不懈追求，努力创造。办学校不是百米冲刺，而是万米赛跑，要有勇气，有毅力，向着理想的目标奔跑。"依法办学，以德立校"，是科学，也是艺术，既要抓好法律规范，又要在师生精神世界中撒播做人的良种，辛勤耕耘，执着追求，相互促进，寻求全方位的育人规律，不断推动学校工作跃上新台阶。创造理想的、高尚的教育境界，实际上是一种人生追求，把心血、智慧和忠诚奉献给事业，奉献给祖国的希望——我们的青少年学生。

校长顶住学校一片天，要对师生有感染力、辐射力，必须注重自我人格的塑造。人格是思想、道德、行为、举止、气质、风度、知识、能力、心理的、生理的众多因素的综合。俄罗斯教育家乌申斯基强调，在教育工作中，一切都应以教师的人格为依据。因为，教育力量只能从人格的活的源泉中产生出来，任何规章制度，任何人为的机关，无论设想得如何

巧妙,都不能代替教育事业中教师人格的力量。校长是学校工作的组织者、领导者,引领教师前进的人,在人格方面更应具有魅力,闪闪发光。校长视学校质量为生命,生命与使命结伴同行,教育就会出现蓬勃发展的新境界。

2. 有丰富的智力生活,学而不厌,勇于创新

真正的学校应当是一个积极思考、勇于创新的王国,而积极思考、勇于创新来源于教师学而不厌,有丰富的智力生活。苏联教育家苏霍姆林斯基曾这样说:"如果教师的智力生活是停滞的、贫乏的,在他身上就会明显地在教育教学工作中反映出来。教师不尊重'思想',学生也就不尊重教师,然而,更加危险的是,学生也像教师一样地不愿意思考。"校长是师生的领路人,更应重视积极思考。要把学校办得有时代气息,就必须用历史的眼光把握现在,着眼于未来;思想敏锐,认识有前瞻性;要独立思考,从学校实际出发,不人云亦云,不随风,不浮躁;要审时度势,因时辨势,遵循教育规律,创造条件,办出特色。办学要有自己的个性,自己独有的特色,自己独有的精神文明内涵。

校长应做到身上有正气,师风可学,抵制鄙俗的市侩习气,还应做到学风可师,身上有书卷气,是文化人,文明人,学者型的人。二者结合,与时俱进,就能成为教育改革的探索者、推进者,就能使学校出现高质量、高境界,泽被莘莘学子。

校长队伍中人才辈出,基础教育必会展现万花争春的动人场景。

教育,为了民族的振兴[1]

光阴似流水。1951年夏,新中国成立后大学毕业生第一次全国统一分配的热烈情景仍历历如在眼前。上海的全体大学毕业生集中在交大校园里学习,真是恰同学少年,风华正茂,书生意气,"为建设新中国服务",一个个满怀豪情,奔赴天南地北各自的工作岗位。转瞬间,半个世纪飞逝,我被分配到学校工作已有50余年。

50余年从教生涯曲折起伏、坎坎坷坷,支撑我数十年如一日执着追求、永不懈怠的精神支柱是母校省立镇江中学的校训——"一切为民族"。这五个大字掷地铿锵,镌刻在我心中,成为我铸造师魂的基因。

"求学为什么?从愚昧走向文明,就要立志为解救苦难的民族于水深火热之中……"老师激昂的话语撒播在我的心田,萦绕在我的脑际,我是抱着培育中华之才、拯救中华苦难的凌云壮志走上教师岗位的。

我学教育专业,实习学科是心理学。由于工作需要,先改行教历史,再改行教语文。隔行如隔山,要站在课堂上对得起学生,自己非下苦功不可。我从背诵年代、熟记历史事件开始;从学汉语拼音、汉语语法入手,天天明灯伴我过半夜。在党的教育下,我深深体会到教师的活儿是良心的活儿,一个学生只有一次青春,青春是无价宝,耽误不起,自

---

[1] 本文发表于《新民晚报》2003年9月7日。

己"昏昏",不可能使学生"昭昭"。于是,边干边学,边学边干。尽管学校不断翻牌子,我坚持勤于学习,勇于实践,把休息、聊天的时间都用上。

教好课,不是自己荣辱得失的小事,而是关系民族后代素质高低的大事。刚改行教语文,老组长听了我的课说:"语文教学的大门在哪儿,你还没摸着呢!"话是够刺人的,但我没气馁,也不服输。我孜孜矻矻,独立钻研,力求自己有独特的体验,把握住教学的规律,不仅要找到门,而且要登堂入室。为了把课教得一清如水,学生学有所得,备一节课要花几小时乃至几十小时。为了让学生学有兴趣,学得快乐,我广泛学习他人他校先进经验,尤其是20世纪60年代育才中学的教改经验,尊重学生的学习权利,引领我的教学跃上新台阶。从此,公开课成了家常饭。

"十年动乱",我这个"修正主义教育路线吹鼓手"少不了挨斗挨批挨打,但"一切为民族"的教育信念支撑着我挺过来了。也许是惩罚,也许是信任,让我带乱班乱年级,我有幸与各种类型各个层面的学生打交道,学到了活生生的教育学、心理学、生理学,也和不少家长、学生成了忘年交。我懂得了:"长善救失"是教师的天职,要讲科学,讲艺术。一教就会,要我们教师干什么?

由于培养小学教师的需要,20世纪80年代中期,我从中学又转轨到师范学校。学校工作乱如麻,"十年动乱"的派性,后十年余波纠缠,人心涣散。我钟爱语文业务,不喜欢搞管理,尤其不愿意被错综复杂的人际关系捆住前进的手脚。为了学校的振兴,一切为民族,我硬着头皮做了校长。学校最大的事就是一心为学生,全校教职工都要把精力和智慧集中到培养每一个学生,促进他们德智体美全面发展的崇高事业之中。用正确的教育思想凝聚教师;树"一身正气,为人师表"的教师形象;学生是明日教师,今日做起,两代师表一起抓。经过三年的群策群力,艰苦奋斗,学校面貌大变样,一跃成为市文明单位,全国师范先进单位。风气正,人心齐,管理出了质量。

50多年的教坛生涯,充满了遗憾与不足。急切期盼的是年轻教师续写振兴民族的篇章,创造教育的辉煌。

为基础教育鼓与呼①

《新教育论坛》问世了，这是值得庆贺的事。它为从事中小学教育的校长和教师搭建了施展才华的平台。在这个平台上，可以讨论教育的理念，发表办学的见解；可以研究课程教材改革，交流教育教学经验；可以探讨学生健康成长的诸多因素，探寻教师长足发展的条件与轨迹。

基础教育，本中之本。和以往比较，科教兴国的思想已深入人心。今日的教育，就是明日的科技，就是后天的经济。教育在社会主义现代化建设中占有重要的战略地位，这已是不争的事实。但是，今天基础教育是不是应该给予足够的重视，把它放在应有的战略地位来认识，来对待，就值得研究了。谈教育，往往只与科技、高科技联系起来，与建设人才联系起来，与发明、创造、杰出贡献等联系起来，因为这些东西看得见，摸得着，效果显著。而中小学教育与这些距离甚远，不能马上见效果，出成绩，只不过是教教娃娃们的，于是有意无意地使认识天平的一端往下滑。其实，"为学贵慎始"，人的培养起始阶段十分重要。基础教育是从事人的基本生理的、心理的、思想的、道德的、科学的、文化的教育，基础扎实规范，才能促进学生终身持续发展。学生能不能健康成

---

① 本文发表于《新教育论坛》2004年第1期。《新教育论坛》并非名刊，但在其问世之际，作者仍然撰写了本文，以示祝贺并寄予厚望。因为在作者看来，它为从事基础教育的广大教师和校长搭建了一个讨论、交流、研究、发展的平台，这将有利于基础教育向扎实、稳健、富有活力的方向发展。

长,能不能将来有后劲,终身获得发展,相当程度取决于接受的基础教育的质量。简单地说,今日上海基础教育的质量就是明日上海市民素质的质量,就是明日上海城市的建设质量。放眼看全国,我国的基础教育面向数以亿计的儿童、少年、青年,面广量大,属世界之最。充分认识基础教育乃本中之本的战略地位,从物质到精神关心、呵护基础教育,切实提高基础教育质量,对提高全民族素质,促进祖国繁荣富强会起到不可估量的作用。

从全国来说,新中国成立以来第八次课程教材改革旨在真正实现从应试教育到素质教育的转型,它所提出的一系列"概念重建""队伍重组""文化重塑"课题所形成的冲击波为历次课改所无。上海的课改为适应时代的需要也在不断完善和深化,迈开了新的步伐。课程改革对教育界带来的最大挑战,莫过于对教师提出了更高的要求。先进的教育理念,新型的教学方式,富有时代气息的教学内容,多元的评价体系等,均要通过教师的创造性劳动才可能转化为实践的现实。所以,课程改革的成功与否归根到底取决于教师。正因如此,教师培训、教师素养、教师专业化必然成为课改中的热门话题。思想碰撞,排忧解难,精彩案例,开拓创新,展现在论坛这个平台上,不仅能帮助教师活跃思维,打开视野,增长智慧,而且能为课改精神的具体落实创造浓郁的气氛。

搭建这样一个平台,可以开展专题调查研究,反映和报道基础教育中种种真实情况,让社会了解学校,支持学校教育工作。比如眼下有一种误解,认为教师工资高,奖金高,都很富有,人人都家教,都赚钱。这种看法与实际情况距离很大。教师究竟有多少收入,小学的,初中的,高中的,搞点调查研究就一目了然。我国是发展中国家,用有限的教育经费支撑着世界上最大规模的基础教育,落实到每所学校,尤其是初中、小学,经费有限得很。与过去相比,教师待遇确实提高了不少,但说实在的,离真正"富有"还有一定的距离。选择当教师,就选择了高尚,教师绝不是以"富有""大款"为奋斗的目标,教育学生健康成长,引导他们成人、成才,才是教师人生的真谛,因而,教师崇尚的是奉献精神。至于家教,本是教师应尽的责任,帮助学生弥补学习不足,改进学习方法,提高学习效果,无可非议。可是如果课堂教学不下功夫,马虎敷衍,以家教为谋利手段,这就背离了教师应有的道德。但是,被金钱污染了良心的教师只是极少数,不能因极少数而影响对教师队伍整体形象的看法。学校要办好,绝不只是校长的事,教育要办好,也绝不只是教育部门的事。学校、家庭、社会要沟通,要相互理解,相互支持,要聚集育人的力量,提高育人的实效。要做到这一点,讲真话、说实情,是必不可少的前提。相信在这个论坛上大家都会这样做。

  根深,叶才繁茂,果实才会累累。愿论坛为基础教育鼓与呼,眼睛向下,扎扎实实地做植根的工作,鼓出干劲,呼出育人的高质量。

奠基，"奠"怎样的"基"？[①]

众所周知，基础教育在人的成长、成人、成才中起至关重要的奠基作用。

从一个人的成长过程来看，基础教育从事的是人的基本建设，给人的思想道德、行为习惯、科学文化打基础。根子扎得正，扎得实，懂得做人的基本准则，日后在社会风雨中锻炼，就能枝繁叶茂，果实累累。个人有发展后劲，对社会就能多做贡献。基础教育面广量大，仅从义务教育而言，我国学生就以"亿"计算，学生人口之多在世界上首屈一指。基础教育不是着眼于少数学生、部分学生的提高，而是面向全体学生，着力于全体学生素质的提高。今日的学生素质，就是明日的国民素质。在进行社会主义现代化建设的过程中，人的素质越高，建设所取得的成就越显著越卓越。而全民族素质的提高，必须眼睛向下，从人的学生时代抓起，奠定良好的素质基础。

面向全体学生，全面贯彻教育方针，教育工作会议上提出的"两全"

[①] 本文发表于《上海师范大学学报》2004年第1期。针对课程改革过程中出现的学校教育重"术"轻"人"的技术化倾向，作者指出，基础教育担负的是为学生终生发展奠基的重任，要给学生打好科学文化素质和思想道德素质的基础。学校教育忽视心灵世界的培养，学生就会缺少精神支柱。学科教学应融合智育、德育、美育，为学生的发展全面奠基。教在今天，要想到明天，一切工作应聚焦在培养中国的合格公民上。课程教材改革把育人放在首位，就是教育方针进学科、进课堂。这不是外加的，而是与知识、能力的有机融合，是学科内涵的深入阐发。

要求,可以说,教育工作者对此耳熟能详,但只要认真地考查实际,就可发现偏离准星,距离相当远。

首先,是"术"和"人"的问题。教育,说到底是培养人。中国教育,不管是哪类学校,哪个学年段,都应聚焦在培养中国的合格公民,为合格公民打基础。这不是口头说说、纸上写写就能实现的,而是要身体力行,下大功夫,下苦功夫的。这些年来,学校教育对"术"的重视,远远超过对"人"的重视。对知识和解题技能技巧的追求笼罩师生,实际上成了学校工作的中心,放在学校工作的首位。学校不是真空地带,学校的种种做法都离不开社会环境的影响。社会上急功近利、浮躁心理的浸染,学生家长浅层次教育价值观的期盼,选拔考试指挥棒的威力,众多因素形成拉力,把学校工作往"术"的路上拽。"术"的培养是具体的,实在的,"人"的培养重在口头,比较空泛。

学校教育无形中成为学生谋取进高一级学校的工具,成为谋求生存,获取高薪职位的垫脚石,育人的理想色彩、神圣内涵淡化了。考试是检测教与学的手段,是选拔的手段,其重要性不容贬低,但错把手段当目标,必然造成基础教育实施中不应有的损害。

撒什么种子开什么花,哪个地方着力哪个地方就见成效。放眼看全国,此次课程改革的前期工作,有一项是对学生、教师、家长、校长作了大量的调查研究。调研表明,学校课程在学生身上体现的情况和学校实际关注的目标都是基本知识和基本技能,批判性思考、责任感和道德、自主获取知识的能力、创新意识等均较差。而校长与教师都认为,学生应具有终身发展的素质,要具备这样的素质,首先是责任感和道德,其次是价值判断,然后是传统美德和创新精神。主观愿望和客观效果如此大相径庭,不得不令人反思。

现实生活中基本道德流失的情况已是见怪不怪。只要别人为自己服务,不肯为别人出一点力。祖辈、父辈对孩子关怀备至,进学校起早摸黑,接、送、拎书包,精细地料理生活,而孩子不仅不体会,不尊重长辈,不感受亲情、恩情,还要颐指气使、动辄发怒。谈到公德心,有位校长痛心地说:学校刚修的新操场,借给人家开运动会,一天对绿化的破坏超过一年。学生吃零食落下的种种垃圾弄得学校满地狼藉,自己不断弯腰捡拾,学生却不屑一顾,无动于衷。有人认为这只是小事,无伤大雅。其实不然,三岁孩童映八十,从小无自律意识,不养成良好的行为习惯,缺乏责任心,不懂得尊重别人,将来又如何"大雅"得起来呢?人的奠基工作缺失了做人的基本准则,或基本准则不牢靠,就会思想上残缺,道德上残缺,行为习惯上残疾,怎能健康发展、全面发展?又怎能长足发展?

  教育的本质是增强人的精神力量,真正的教育是引导人的灵魂、精神达到真实之境,知识、技能是帮助提升精神世界的阶梯。《大学》一书开宗明义指出"大学之道,在明明德,在亲民,在止于至善"。学习的目的,在于彰明内心美善的德性,在于使人自新,使人处于最美善的道德境界。古人如此,今人同样强调育人。陶行知的"千教万教,教人求真",也就是追求人的精神世界的高尚。英国史学家汤因比和日本的池田大作在关于21世纪的对话中谈到当代教育时,认为教育的本质不应该以谋实利为动机,而是寻求存在于宇宙背后的"精神存在"之间的心灵交流,开启人的心灵与富有的大脑。显然,古今中外研究教育的大家都认为教育的本质是完善人的精神世界。贯彻教育方针以德育为核心,姑且不去说时代的要求,社会发展的需要,仅以教育本质来审视,就有着丰厚的内涵和现实的意义。教育的本质呼唤基础教育必须对学生的健康成长负责。

  知识的传授和技能的培养在基础教育中当然占有重要位置。基础教育阶段传授的知识,许多是知识的"核",不因时间推移而老化,因而,这个时期学生学到的知识、培养的能力往往陪伴终身,一辈子都起作用。然而,知识与技能只是人的素养的一部分,不是人的全部。正好像手、足是人的"局部","局部"不是"整体","手""足"不是人的全部,也无法代替人的全部。重"术"轻"人",忽视心灵世界的培养,学生就会缺少精神支柱的支撑,落入"技术主义"的桎梏。

其次,是"主渠道"与"点缀"的问题。教育方针中说的德育、智育、体育应该是有机整体,既有各自的内涵,又相互渗透与交融,绝不是割裂开来,互不相干,各自为政。

全面贯彻教育方针、实施素质教育的主渠道是课堂。学生日复一日、月复一月、年复一年,进学校求学,每天好几节课,大量时间是在课堂里度过的。课堂教学是片面质量观主宰,还是全面质量观指导,育人的质量就会迥然有异。任何学科的教学都应发挥它特有的多重功能。比如语文学科,语文课当然要引导学生学习祖国的语言文字,如何正确理解,如何规范地使用,这是实用功能,因为它是人们最重要的交际工具。与此同时,它还具有发展功能。语言和思维、情感同时发生,语言的发展能很好地促进人的观察力、记忆力、想象力、思维力、创造力的发展。教学生学语言,就要注意促进学生智力的发展,尤其是思想力的发展。语言还应发挥教育功能、审美功能,把握语言文字的表现力、生命力,推敲内含的情和意,给学生以熏陶感染。学科教学发挥多重功能,不是人为杜撰,而是学科性质所决定。语文的基本特点是工具性和人文性的统一,教材选文大都文质兼美。深邃的思想,精辟的见解,非凡的智慧,高尚的情操都是通过精当、美妙、生动的语言跨越时空传递给学生的,知识、能力与思想、情感是糅合在一起的,只是由于我们认识不到位,或者是受急功近利等思想的影响,进行教学时常常有意或无意地把它们剥离,取知识、技能而使精神养料流失。

语文学科如此,其他学科又何尝不是这样?每个学科均有其各自的性质,各自的个性,深入探讨,把握规律,均可发挥多重功能。学科教学应以本学科的智育为核心，整合德育和美育，给学生打科学文化素质和思想道德素质的基础，相互融合，全面奠基。当前进行的课程教材改革，强调以促进学生的发展为本，以知识与能力、过程与方法、情感态度与价值观为实现教学目标的三根支柱，其实质就是把育人放在首位，就是教育方针思想进学科教学，进课堂。在这种新的教育价值观指导下，学生在求知的过程中，在学到知识、获得能力的同时，情感受到熏陶，精神受到哺育，价值判断力得到提高。这种教育不是外加，而是与知识、能力的有机结合，是学科内涵的深入阐发。这种立体化施教，发挥学科的多重功能，春风化雨，润物无声，持之以恒，学生必深受其益。

  基础教育部门、学校，对德育不算不重视，机构健全，措施不少，时间也花得不少，但实效性不理想。原因当然有很多，但有两点在学校工作中特别值得探讨。一是对当今学生现状研究得远远不够，对学生的知识世界关心多，对他们的生活世界、心灵世界知之不多。他们追求什么，信奉什么，有哪些困惑，哪些烦恼，共性怎样，不同层面的学生又怎样，往往只知大概，有时连"大概"都说不准。教育的实效性与教育的针对性紧密相连，实际情况若明若暗，教育就常流于空泛，不能真正起到育人育心的作用。二是学生主体作用的确立。教师不能代替学生成长，用"纪律"管头管脚，总不能成事。大至为国为民、忧国忧民的理想信念，小到不糟蹋粮食、爱护公物、爱卫生等行为习惯，总要靠引导、启发、唤醒、激励，形成积极向上的内驱动力，提高"自律"的自觉性。特别是高中学生，如果还用抱着走、牵着走的办法，学生自尊、自信、自立、自强、自律的主动性、积极性就得不到锻炼与培养，一旦没有具体管束的条条框框，有些人就会方向模糊，放任自流。育人不是停在口头，更不是花样翻新，而是要落到实处。既要激励学生树立高远的志向，又要"千里之行，始于足下"，从一点一滴做起。再好的做法，不落到实处，没有实际效果，往往就成为摆设，成为"点缀"。

基础教育为学生奠基,让每名学生打下扎实的知识技能基础,良好的做人基础,日后能与时俱进,长足发展,这是从事基础教育全员的大事,从教育理念到具体操作,内容十分丰富,难度极大,是极其宏伟的巨著,须静下心来,去除浮躁,排除干扰,一步一步攀登。

不说自明,当今世界综合国力之争,说到底是人才之争,而人才之争就是人的素质的竞争。基础教育为学生的素质奠基,任务光荣而艰巨,责无旁贷。

与时俱进,构建学校价值取向[1]

我是一个普通的退休教师,主要是来学习的,感谢杨浦区教育局的领导给了我这次学习的机会。我听了各位校长的发言,看了辽阳和昆明中小学的书面发言,感慨颇多,同志们面对的现状要比我过去碰到的难得多。校长们所讲的具有闪光点的东西非常多,尽管都是重点学校,但是学校的具体情况不完全一样。

我觉得第一个非常突出的优点是:都是扎根于自己学校的土壤,这一点非常重要,因为小平同志讲我们建国的方略、指导思想就是实事求是,就是一切从实际出发。六位校长的发言和两位校长的书面发言,都是扎根于杨浦区本学校的土壤,这是最有发言权,也是最能感动人的;如果离开了自己脚踏的实地,讲得再好,也只是飘荡的。因为这些理念都扎根于本上,所以有生命力,它是鲜花,鲜花是有生命的。

第二,我有一个强烈的感觉,就是我们优良的文化传统和我们现代学校的实际生活是紧密融合的。每位校长的发言都谈到了,不认识过去,也就无法了解现在,更无法创建未来,每个学校各有特点,但是都有优良的传统。谢校长讲的境界很高,"无为而治",就中国的哲学而言,这是最高境界,用到学校里来,寓于教化之中,那只有复旦附中,在我们杨高就可能不行,生源差了一截。无为而治,当然不是无政府主义,是

---

[1] 本文发表于《新绿》2004年第3期。是作者在杨浦区校长论坛上的发言。

有为有不为。各校有各校的优良传统,如控江中学确实是"玩在控江",我有个学生的孩子在控江中学,三点半就放学了,作业不多,但高考时从来都名列前茅,不知道到底有什么经验,高考状元怎么出来的,这里面必有丰富经验,而且是文化的传统一脉相承。各所学校有各所学校的文化积淀、优良传统。如谢校长所说,过去的校长确实没有什么荣誉的,你只要当校长,或者当官,你就不能参加任何有荣誉的评定,没有的。现在思路、看法不一样了。但是,我想光环不代表水平,如果头上的光环代表水平的话,那就做几个光环套一套好了。过去是怎么走过来的,确实有一个历史的传统,我们这些校长都能够回顾过去,清醒地认识自己这所学校闪光点的东西究竟是什么,怎样创造的,很是重要。交大附中徐校长讲到:"交大附中是名校,当时何以是名校?今天会不会名存实亡"这个问题是震撼人心的。为什么会成为名校,今日如何继续,须认真思考。因此一定要和现代实际生活相融合,也就是一定要与时俱进。

  与现代生活相融合,这是一篇大文章,很不容易做。我谈两点看法。第一,现在做校长比我当时难得多了,我从 20 世纪 80 年代到 90 年代初做校长,那时刚刚改革开放,社会刚刚转型,和今日的改革开放,市场经济基本形成,面貌是不一样的。现在办学校难在哪里呢?我觉得最难的一点,办学校要以德兴校,依法治校。在不同学校怎么来以德兴校,怎么来依法治校,要各显神通。这里涉及一个重要问题,就是学校的价值观,学校的价值取向。因为我们整个社会处在转型时期,从计划经济转到社会主义市场经济,这是极大的变革。这样一个转型时期对我们每一所学校都提出了严峻的挑战,我们现在的社会价值观和过去是完全不同的,我们做学生和老师的时候,是重"义"轻"利",强调的是无私奉献。现在社会的价值观变了,利益放在一定的位置,这是我们的主流价值观,非主流价值观的干扰和影响就不谈了。社会的主流价值观是把利益放在一定的位置上，因此对学校来讲要重构学校的价值观。今天如果用20世纪50年代的那套来做校长，就行不通。因此今天须重构学校的价值取向，"义"和"利"如何摆位置，就需要认真思考。我们既要讲"义"，又要讲"利"，如果有钱就能办好学校，那就太容易了，有钱是买不来现代化的，有钱也不完全能够办好学校。因此，既要把"利"放在一定位置，比如用"利"激励一些教师，但是，全局如何把握，教职工队伍如何协调，才能形成一个有实力的团队，"利"和"义"的价值取向就非常重要。如果"利"第一的话，那就会见利忘义、唯利是图，在资本主义国家里的学校也不都是这样。今日办学校仍要有"义"，有制度的约束，有人格的提升和思想的教化。所以我觉得重构学校的价值取向，是我们面临现代社会挑战的很重要的问题，关系到教师队伍的建设、学生队伍的培养。为什么这样说？我有时听到这样的话很伤心，那就是学生追求的目标，只是追求"白领"。我们的教育方针是培养德智体美全面发展的人，全面发展的程度越好，将来越能担当起重任，培养目标绝对不是有丰厚待遇的"白领"，距离太大了。因此学校价值取向在教师队伍建设、在学生的培养中，是一个必须严肃考虑的大问题。学校"义"和"利"的问题，究竟怎么把握，怎样协调，怎样队伍才和谐，要考虑，要探索。我们的社会价值观也须不断完善，我指的是主流的社会价值观。这是我想到的第一点。

第二，就是学校究竟干什么。我们的教育专家、老领导都在，当然要说很多话。我很简单，什么是教育？教育就是培养人；什么是中国教育？就是培养有中国心的人。我们从事基础教育，可以说是含辛茹苦，教师靠什么，无权无势，只靠四个字：以身作则，这是我们的法宝。

最近，我看了一套翻译的教材，叫《美国语文》，看了感触很多。他们的教材一打开，我以为是历史资料教科书，都是宣扬美国历史。众所周知，美国的历史很短。但整个教材都是标榜美国历史，美国文化。这本教材在美国有权威性，是培养地地道道的美国人，地地道道地在培养有强烈的民族自信心、民族自豪感、傲视世界的美国人，这与我小时候了解的美国人不一样。以前美国人讲HAPPY，追求享乐，现在不是，教材中培养的是他们的创造能力、应变能力，要傲视世界。因此我就想到，美国民主党人爱德华兹竞争时曾大言不惭地说，要选出一个能领导世界的总统，就毫不奇怪了。我们的教育是干什么的？我们的教育经费比别人少多了。国家强了，才能在世界上有发言权。所以我想我们含辛茹苦地培养什么人？绝对不是只给外国人打工的，要培养有中国志气、中国自尊的，能放眼世界，为世界和平做贡献的人，也就是真正能够站立于世界和民族之林的中国人。如果我们学校只重技能、技巧，而忽视了大目标，就会失掉我们的子孙。一个13亿人口的大国如果没有民族自尊，没有把民族优秀传统融合进我们的现代生活，在学生的心中撒播，那我们岂不是白辛苦了吗？中学是育人的沃土，千万不能"重术轻人"。教师专业化的第一条是树根立魂。没有热爱祖国、执着追求的精神哪会有过硬的业务？有了业务又为谁服务啊？我想我们中国是有希望的，希望在于我们有许多有志办好教育的校长和老师，因为我们生长在这块多情的土地上，这是我们的精神家园。

语文教学与民族精神教育[①]

昨天下午中央教育电视台来上海,访问了华师大的瞿保奎教授和我,谈到中央8号文件的贯彻,谈到了怎样进行德育、家庭、未成年人的教育。上海非常重视,根据中央8号文件制定了《上海市学生民族精神教育纲要》,是大、中、小学全部囊括的;第二个是《生命教育纲要》,这些教育都是通过主渠道和主阵地来进行的。一块是课内,一块是课外。过去我们的教育在这一方面往往是课外思考得比较多。其实在我们的课内主阵地,如何德智体美相结合地培养学生,到目前为止仍然是重要的话题。民族精神教育要在各个学科、主渠道贯彻实施。青语会走在前面,将语文教学、民族精神教育结合起来。这不是书面的表述概念,而是需要我们广大青年语文教师贯彻实施,要学习,要领悟,要实践,要开创。

我对青语会非常关注,因为青年语文教师是教育的未来,青语会这

[①] 本文发表于《上海青语》2005年第3期。是作者在上海市教师学研究会青年教师专业委员会组织的浦东新区专场活动上的讲话。为了深入贯彻《中共中央国务院关于进一步加强和改进未成年人思想道德建设的若干意见》(简称中央8号文件),2005年3月14日,上海市科教党委和市教委联合颁布了《上海市学生民族精神教育指导纲要》和《上海市中小学生生命教育指导纲要》(简称"两纲")。在落实"两纲"教育过程中,作者不仅勇当旗手,鼓呼呐喊,而且带领语文学科先试一步,亲临各区县学校听课、评课,作指导,在各教研现场作报告,发现并培养优秀青年教师,为他们做培训,搭平台。经过多渠道、多方位的努力,在学科教学实践中将"语文教学与民族精神教育"有机融合,对学生进行知识与能力、过程与方法、情感态度与价值观三位一体的教育,已成为广大语文教师的共识。

一活动非常好。今天两堂课所选的教材都是显性的,比如《向中国人脱帽致敬》完全是显性的德育教材。有的隐性的怎么办呢?是不是不要实施民族精神教育了?当然不是。显性的也不好教。比如,乡愁有个"根"的问题,其实是非常不容易讲的。我们的孩子现在是没有乡愁的,因此老师要教乡愁很难,昔日平常的事情在我们今日老师的教育教学中都是难题。看起来是显性的,实际上显不了。青语会出的题好,语文教学和民族精神教育究竟是什么关系?为什么要在语文教学活动中实施民族精神教育?如果只看成是教学的技能技巧,一个操作层面的事情,那就比较被动了。我们究竟为什么从事语文教育,是为了教书育人。20 世纪 70 年代,我就提出,我教的是语文,最终的目的是实现人的培养,是让孩子健康成长,长足发展。我从事的是基础教育,健康成长就是德智体美全面发展,如果只顾其一不顾其二,就不是全面的。现在笼罩我们教育层面很大的一个网就是应试教育,非常可怕。

教育的问题就是社会的问题。如果教育的问题教育本身就能够说清楚的话,教育就太方便了。每个班级就是小社会。我过去在复旦大学读教育系的时候,老师经常说儿童是一张白纸,现在哪个孩子的思想是一张白纸?连幼儿园的小朋友也不是白纸。各种正确的、错误的,高级的、低级的,雅的、俗的,什么东西都有,这给我们的教育带来极大的困难。这是前所未有的挑战,我们年轻的时候做老师只要苦干就是了,没有像现在这个样子。过去的学生很简单,包括高中学生,思想还是比较纯朴、单一的。现在不是这样,学生有时候想的比你复杂得多,因此教育就不是那么容易。但是我们语文教师必须育人,要培养现代文明人。只有现代文明人才能适应现代社会的发展,而现代文明人要热爱祖国,既要有民族自尊、民族自信,又要有宽广的世界目光。如果我们培养出来的人崇洋媚外,我们的教育就是极大的失败。所有的教育目标,所有的语文教学行为最终都有一个这样的大目标。有时我们只看到枝节，看不到大的目标。所以语文教学要和民族精神教育紧密融合在一起，这是育人的需要，是育现代中国人、现代中国文明人的需要。

而我们现在的第一目的是知识，其实也没有做到知识第一，而是分数第一。如果真是知识第一的话，我们的学生应该是求知欲非常旺盛的，但现在我们有的小学生就想退休了，因为他太累了。粗粗统计一下，现在包括很多市重点中学，大概百分之四五十的孩子厌学。如果我们培养出一个厌学的人，他将来怎么终身发展？学校不可能让他把将来社会上所需要的各种才能都学会，他要一辈子学习，终身学习。我们必须对这种片面的做法有充分的认识，要树立全面教育质量观。有了全面教育质量观，你就觉得语文教学中实施民族精神教育是责任，是义务，而不是外加的。你就会自觉自愿培养人，培养中华民族的后代。要倾注心血，把民族精神撒播到孩子的心里，所以在学科中实施民族精神教育是育人的需要。

第二是上海"二期课改"的需要。大家对"二期课改"有种种说法，我总觉得凡是改革无不步履维艰，但是我觉得非改不可。新中国成立以来经历过八次课程教材改革，这第八次跟前七次教材改革有很大不同。过去语文教学大纲、教材都是以知识为本，以知识体系为本，而教育部的第八次教材改革提出以学生为本，以促进学生的发展为本。这是一个翻天覆地的变化。本来在这条路上走惯了的轻车熟路的人一下子要接受这些新的理念当然就有很多困难。

21世纪当然应该以人为本，以前农民眷恋土地，因此他们的根在土地上，总是怀念故土、总是恋乡，而21世纪是信息社会、知识经济社会。我们知道世界首富比尔·盖茨的财富绝不亚于美国的钢铁大王卡耐基，他的软件覆盖天下，靠的是知识。超前的软件可以支撑美国的经济，可以冲向世界。因此，21世纪之争不是过去的农田之争、耕牛之争，当然也不仅仅是能源之争、材料之争,它是知识之争。什么叫知识经济社会? 知识经济社会、信息社会就是以知识的生产、知识的交换、知识的分配、知识的使用和知识的消费为特征的社会。知识是最重要的生产力,比尔·盖茨有软件,谁走在前边谁就能将知识变成生产力。为什么讲科技是第一生产力? 科技的基础是教育,没有教育哪来的科技? 教育的底子好,科技才能发明创造,才能够走在前面。所以知识是重要的生产力,而教育是生产知识的生产力。我们过去没有这个概念。一是传承,学生没有知识,经过老师的教育,经过他自己的阅读,有了知识。二是创新,过去没有的现在来创新。所以教育是知识的生产力,有了知识就有了许许多多的财富。因此21世纪是科技之争、人才之争。全国第八次课程教材改革和上海"二期课改"的理念完全适应时代的需要。

这和我开始做老师的时候有很大的不同。我扎着小辫子上讲台做老师时,最熟悉的是教材,把课备熟,脑子里只有教材没有人。而"二期课改"要求我们树立人的观念,以促进学生发展为本。我们很清楚,同样一所学校出来,由于班级不一样,授课老师不一样,有的学生没有后劲,有的学生后劲很足。为什么? 底子打得好后劲就足,基础教育底子打得越扎实就越有后劲。

浦东是新开垦的处女地,是大家向往的。我在川沙、南汇劳动过,过去浦东的房子都是矮平房,不需要什么地基。现在88层楼高的金茂大厦是什么地基? 没有坚实的地基是盖不起来的。于是就要求我们学科主渠道一定要给学生打下极好的地基。扎得正、扎得深就有后劲,就能充分发展,所以要以学生的发展为本。再好的老师也没有办法让你自己教的班级所有的学生都得一百分,这是天方夜谭。学生是有差别的,所以归根到底是促进他的发展。

"二期课改"提出三个维度:第一个维度是"知识与能力"。从20世纪60年代开始批判了"大跃进""浮夸风"后,提出来要抓基础知识,基本能力,这是对的,那个时候的学生基础最扎实,几年下来,65届高中、66届高中,基础非常扎实。但时至今日这个就不够了,尽管我们对这个驾轻就熟。

第二个维度是"过程与方法"。我们中国的教育应该说是了不起的,是用发展中国家有限的经费支撑着世界上最大规模的基础教育,一两亿的学生,比欧洲、澳洲的人口还多,但是我们基础教育的质量还是比较好的。怎么好呢?统一要求方面是比较好的,但是我们往往只重视结论,其实教育本身就是一个过程。现在对课程的认识跟我们年轻时有很大的变化。过去对课程的认识就是教材,而现在的课程不仅是教材,还有学生,所以提出以学生为本。此外还有教学设备、教学环境,学校的文化环境、社会环境。因此现在思考问题是多维的、立体的,不是单一的。课程的实施不仅是个结论,还有个过程,教育本身就是过程。刚才两堂课对学生而言,就是一个过程,在这个过程里学生读、学生讲、教师指点,过去这方面我们不够重视。

还有就是方法。教师是不能代替学生学习的,再高明的教师也无法代替,只能是指导学生学习,学生不仅要学会学习,而且要会学习。因为他们一辈子要发展,要不断地学习新知识。长期以来我们重视教法,打开教育的论述,讲来讲去是教法,很少讲学法。我们总认为名师出高徒,实际上名师绝对不是代替学生,而是指导学生。这是第二个支柱。

第三个维度是"情感态度与价值观",民族精神教育寓含其中。"情感态度与价值观"看起来是相对独立的,实际上它是心灵的连锁体。所谓情感就是学生学习与生活的热情。记得过去教学时,一首好歌,一个好消息,学生就激动万分。我记得《人民日报》记者穆青等人写的《县委书记的榜样——焦裕禄》,在高三学生的早读课上一读,有些男孩子感动得流下眼泪,现在是绝对不会出现这种情况的。什么道理?有很多复杂的因素。现在的孩子看看是小孩,人长得又高又大,可却是半成人的思想,甚至是老年人的思想。他好像已经经历了沧海桑田,实际上他还没有步入社会,就已经看破红尘了。我们怎么教?因此我们现在的教育就要把他心里的这盆火点着。一个情感贫乏的人怎么会在事业上有成就?民族精神教育就是要让学生对中华民族充满满腔热情。

态度也是。不仅是科学的学习态度,还有积极的人生态度和生活态度。我们现在有的孩子要让他有恻隐之心是很难的。我听过一堂高中的课,课文讲了一件过去我们非常激动的事情,结果课堂里却哈哈一笑,不以为然。故而,我们应该用心培养孩子正确的、宽容的人生态度。

还有价值观。现在有一点价值观学生是很重视的,那就是个人的价值观。但个人的价值观如何和社会的价值观结合起来,科学的价值观如何和人文的价值观结合起来,人类的价值观如何和自然的价值观结合起来?都要和谐发展。"情感态度与价值观"也是我们"二期课改"一个重要维度,现在学生缺的正好是这些东西。

我们提倡的是主旋律,因为学生在成长的过程中,需要有营养的东西,蛋白质、维生素,当然不能把有污染的东西给他。语文教学贯彻实施民族精神教育不是什么附加的任务,它是"二期课改"的三个支柱的需要。现在我们所有的学科都强调综合素养,那么综合素养是由哪几个部分组成的呢?现在学生的实际情况和时代对于我们的要求有距离,这三个支柱交融起来,支撑着我们学科的总体素养。语文的综合素养在小学、初中是形成,到了高中还要提高。

育人的需要必须贯彻实施,那么究竟怎么贯彻实施呢?刚才步根海老师讲,我们语文教学贯彻实施民族精神要牢牢抓住语文学科的特点、个性,这是千万不能放弃的。我们不是上政治课,不是上思品课,语文就是语文，就是教语言文字，语言文字的背后是情，所以我们是随文教育。语文本身就是文化，语言文字是表情达意的，表和达是工具，而情和义是内涵。表和情、达和意怎么分得开来？分不开，是融合在一起的。我觉得谈语文教学和民族精神教育时要特别注意几点。

第一，千万不能穿靴戴帽、添油加醋，不是说我的课教语文知识以后讲一段政治、讲一段民族精神，可能是好心，其结果却适得其反，因为那不是语文。再精彩的语言，再良好的愿望，不是语文就没有生命力。

第二，一定要深挖教材内涵。语言文字本身就是民族的，因为语言文字是民族文化的根。一个民族的组成有民族精神、民族政治、民族文化、民族风俗习惯和民族语言。民族语言是民族文化的根，让我们的孩子热爱祖国的语言文字，让他们对祖国的语言文字一见钟情，孜孜以求地学好，这事本身就是民族精神教育。一个民族被打败，即使军事上被占领，只要民族文化很深，齐心反抗，那就打不烂。语言对外是屏障，对内是黏合剂。过去我们讲"老乡见老乡，两眼泪汪汪"，为什么呢？就有个民族情结在里面。所以我觉得教语文先要让学生热爱祖国的语言文字，跟我们的语言文字有不解的情结，这样他们的民族文化、民族精神和民族思维方式就随着语言文字的教学点点滴滴地形成。语言表达的是什么情和义？这就要靠教师备课的深入。现在学生经常是浅阅读，浅阅读跟不求甚解是两回事，陶渊明讲的不求甚解和我们现在的浅阅读、浮光掠影是两回事。浅阅读和浮光掠影是把文字符号看一下，粗枝大叶就可以了，这是不行的。浏览可以粗枝大叶，但作为教材必须有精彩的语言文字、深邃的思想、精辟的见解和浓烈的感情渗透到学生的心里。学生首先是喜欢，然后跟教师有共鸣，然后他心灵震撼，这个时候才是真正进入了阅读，是和作者心灵沟通，产生共鸣。这就要靠教师深入备课。

比如刚才上的《向中国人脱帽致敬》,20世纪90年代初我一看到这篇文章,心里一震,觉得改革开放要有拿来主义,但是有时改革开放了,自己就不以自我为主了,而这篇文章写的场景是截取生活的一个横断面,用十分精彩的对话来揭示记者的心灵世界。话不多,但语言的分量很重,刚才有个男生读得特别好,大家都给他鼓掌。我觉得王老师的整个设计是好的。比如说,维护尊严,这个维护尊严里边的内涵是什么?它不仅是人格,而且是国格。可以让学生考虑一下,这样一个教授刁钻古怪,他这样的对话只是想了解一个普普通通的中国人对你的国家是怎样的看法。这是一个什么样的命题?这个命题是值得我们中国每一个青少年来思考,并且身体力行来回答的。脱离了文本说这个是可以的,那个是不可以的,最苍白无力。什么叫教育?循循善诱,尽在不言中。因此要深入挖掘教材,首先感动自己才能感动学生。你感动了自己,就会想到充分运用祖国语言文字的生命力、表现力、辐射力,就能够把语言文字的魅力发挥出来,民族精神教育也就深寓其中。

第三,深入备教材以后要把语言文字与民族精神二者融合起来,一而二,二而一,你中有我,我中有你,在教学实践中应该是无缝焊接,有缝了就是外加的。你是教语文,语文就是语文。整个过程,课文中记者一点都没有设问,有的时候是反诘,有的时候是很巧妙的幽默,尽在其中,所以要无缝焊接。

第四,对于初中生来讲,更多的是感情的激荡,但是感情的激荡在适当的时候可以提升到理性的思辨,感情的激荡和理性的思辨可以很好地结合起来。比如,让他们去思考最后一个问题,这实际上是理性的思辨,等到真正从感情的激荡到理性的思辨的时候,学生的理想信念就是通过这一节课树立的。而且,语文教学和民族精神教育是有天然联系的。

教师生涯当中最大的事情就是一心为学生,这样做的时候就会心地宽广,不仅有学生、有学校,而且有中国,有走向世界的中华民族。登高才能望远,居高才能临下。我们的教育理念要站在高处,看着远处。如果教在今天,想到明天,以明日建设者的要求指导今日的教育教学,我们的老师就会更聪明,就会有各种各样的行之有效的教法,我们的学生就能够更加受益,健康成长。将来是桃李芬芳,事业灿烂辉煌。

增强文化自觉,提升办学水平[①]

办学有多种多样的思路,多种多样方法,只要认准学生成长、成人、成才的目标,遵循教育方针的要求,从学校本土实际出发,皆可办出特色、办出水平。尤其当今时代,改革开放深入,思维活跃,可运用的社会资源丰富,更能办得异彩纷呈,独树一帜。

然而,学校不管采用怎样的思路办,有一点切不可小视,那就是学校的文化建设。对学校文化建设重视不重视,建设到怎样的程度,影响乃至决定学校的形象、质量和生命力。

纵观国内近百年来学校办学情况,横观国外历史名校,从总体上说,学校文化建设当今尚未被放到应有的重要位置,重视得不够,措施的落实更有欠缺。要提升办学水平,促进学校长足发展,须在学校文化建设上下功夫。

[①] 本文发表于《教育参考》2005年第4期。针对学校文化建设的两个误区:一是重学校的有形成果,轻学校无形的文化氛围;重学校的量化数据,轻学校工作的文化构成、文化含量和文化质地。二是"跟风"办学,一味跟着形势走,认为过去的做法都是陈旧的、不合时宜的,作者指出,学校文化建设当今尚未被放到应有的重要位置,落实措施更有欠缺。而要提升办学水平,必须在学校文化建设上下功夫。对此,作者从三个方面提出了行动指向:一是要增强文化自觉,培育精神动力;二是要处理好学校文化传承和创新的关系;三是要纵横开阖与聚意点睛。这对办学者追求学校无形的文化建设,形成学校的精神支柱、精神动力、思想保证、智力支撑,提高师生的精神生活质量,提升办学水平具有深远的指导意义。

一、增强文化自觉,培育精神动力

学校是育人场所,从事的是文化的传承、积累和创新工作。学校一时一刻离不开文化,文化因学校的传播而长盛不衰,学校与文化有如胶似漆解不开的情结。文化是什么?文化是人生,是群体人生物质与精神的结晶,反映在物质文明和精神文明上。学校文化主要指学校群体的精神文明。学校文化是学校的灵魂,是凝聚全校师生的黏合剂,是学校发展活力的源泉。如果小视、弱化学校文化,学校大厦就缺了"顶梁柱",难以昂首阔步前进。

对这个问题,认识上有不少误区,干扰着办学者的视线,干扰着学校的文化自觉,影响了文化建设在学校发展中的地位与作用。最常见的是重学校的有形成果,轻学校无形的文化氛围;重学校的量化数据,轻学校工作的文化构成、文化含量和文化质地。硬件看得见,摸得着;文化是软件,基本无形,是一种情操,一种精神,一种智慧。文化外显在"形"上,一般来说,学校容易做到。如校园环境布置,张贴科学家、艺术家画像,教室里、走廊里张贴名人名言,校园绿化等,稍加注意,就可做到,对学生起良好的熏陶作用。难就难在无形的精神的建设。这种具有学校个性的精神要经过较长时期的积累和锤炼,获得全校师生的认可。这种无形的文化建设是学校的精神支柱、精神动力、思想保证、智力支撑,有巨大的凝聚力、感染力和辐射力,能提升师生精神生活的质量,提高办学水平。一所学校如果见物不见人,见物质不见精神,队伍必然散沙一盘,育人质量堪忧;反之,必精神抖擞,积极进取,学校发展充满希望。

当今社会飞速发展,多元经济并存,多样文化碰撞,学校要真正发挥培育学生健康成长的强势功能,须弘扬民族精神,抵御不规范的市场经济的冲击和垃圾文化、低俗文化的侵蚀,更要加强学校文化建设,树立正气,促进学校持续发展,如此,才能立于不败之地。

众所周知，西南联大是现代教育史上引为自豪的优秀教育群体，培养了众多世界顶级、全国顶级的专门人才。这所大学的学子素质良好，文化底蕴扎实。能够取得卓越成绩的原因甚多，从学生中流行的一些常用语也可窥见学校文化氛围和学生文化追求之一二。评人、谈文、论艺，是那时学生生活中的常事，评论时常夹用 Vanity（虚荣心）和 Taste（趣味）。如看到有人矫饰、卖弄、出风头，同学就脱口而出"Vanity"；谈论文化艺术时，有人见解卑琐，趣味低下，就会说"Taste 不高"。学生在不知不觉中形成了一种氛围，一种导向，以追求高尚文化为荣。这从一个侧面反映了学校文化建设的威力。

二、学校文化的传承与创新

一所学校在社会上得到认可，享有经久的声誉，一定有某种精神的支撑。校长、教师可以更替，学生一届届毕业，但某种精神的积淀仍然凝聚着在校师生和广大校友，继续散发光芒。师生也好，校友也好，尤其是校友，提到学校，就会有无限的眷念，并为此感到自豪。这种眷念，这种感恩的心情，显然不是对校舍、对设备，而是对哺育他们成长的科学精神、人文精神，哺育他们的文化乳汁。而这些精神，这些文化，是通过全校教职工撒播到他们心中的。

有一种误解，认为现在办学只要跟着形势走，而过去的都是陈旧的，不合时宜的。其实，了解过去、承认过去，目的就在于创造未来。任何一所学校办学都不可能在"零"的基础上，其中总有前人的经验。有些做法、想法可能是速朽的，而有些思想、精神经过时间检验，能振奋人心，激励师生积极进取，就仍然有旺盛的生命力。有些学校办学时间不算短，也有过辉煌的历史，然而由于重砌炉灶或其他种种原因，好的传统出现了断裂，精神财富流失，学校也就淹没了。放眼看世界，有些几百年的老校，仍然凸显个性化的优秀传统，在时代潮流中毫不逊色。企业产品中任何享有声誉的品牌,都是经过长期培育、根据社会需求创出特色的。一蹴而就,急于求成,效果往往适得其反。办学又何尝不是如此?

忽视传统,丢弃优秀传统,是悲哀;一切照传统办,亦步亦趋,是盲从。对学校的传统,对学校的本土文化,要以科学的态度进行梳理,有的要继承,有的要扬弃,根据时代发展的要求,取其中精要的丰富内涵,加以发展,加以创新。

每所学校的精神支柱可以迥然有异,但都必须紧扣育人的宗旨,代表先进的文化,它应该是社会文化中最主流、最健康、最奋发向上,符合教育规律、符合师生身心发展的。要研究教育理想与教育现实之间的差距、问题、热点、焦点,师生最需要怎样的精神世界,又最缺失怎样的精神支撑,从学校本土的实际出发,倡导有针对性的、具有时代气息的精神,在传承的基础上创新,使之成为全校师生追求的目标,思想言行的准绳,情感、态度、价值观判断的标尺。举起这样一面精神文化建设的旗帜,覆盖到教师队伍、职工队伍、学生队伍之中,覆盖到学校工作的方方面面。精神落到实处,形成众星捧月之势,心往一处想,劲往一处使。

学校文化建设中的精神不是空洞的口号,贵在落实到全校师生的心中,是学校的灵魂。它应该具有先进性、开放性,有震撼的力量、感染的力量,能拨动师生心弦,经常在师生心灵深处弹奏。师生以自己的思想言行丰富它的内涵,又从中不断汲取力量。

三、纵横开阖与聚意点睛

学校文化建设内容十分丰富,尤其在改革开放、深入进行教育改革的形势下,包括建设怎样的文化,确定哪些方面,考虑怎样的规模,意图实现怎样的目的,等等。既要纵向垂直思维,摸清学校本土的优势和资源,又要横向开拓,创建哪些新的文化,争取哪些社会资源,拿来为我所用。

当前进行课程教材改革,课程文化建设在学校占十分重要的地位。今日的课程安排就是明日的国民素质,它不只是技术层面操作的问题,重要的在于育人的理念。究竟把学生培养成为怎样的人,不是口头的、表面的,而是行动的、实在的。统一的课程实施有文化含量的问题,有强化与剪裁的问题;校本课程的建设更是有选择与创新的空间。不是填空当,不是草率从事,要分析人力资源状况,开设一些激发学生旺盛求知欲、打下扎实的文化底蕴、开阔学生眼界的有质量的课,提高学生学习生活质量。不能搞花架子,搞凑数。成熟一门开一门,不成熟的创造条件逐步开设。其中有本校教师岗位培养的问题,有争取外校教师包括高校教师智力支援的问题,也有其他社会资源引进的问题。课程建设既然是文化建设,就要讲究实效,切不可捡到篮里就是菜,装点门面。

学校文化建设制度必不可少。正常的教学秩序需要一系列制度保证,如学有学规,教有教规,食有食规,宿有宿规,考有考规,劳动有劳动规则,等等,这也可说是学校的"法治"措施。然而,这方面常可见到两种毛病。一是烦琐不堪,有些规则、条例多达数十条,学生哪里记得住?这不禁使我联想到小学一年级教汉字笔画。以往是"永"字八法,掌握了,基本会写汉字;现在多到"横撇""横撇弯钩""竖折折钩""横折折钩"等28种,其实都是由"永"字八法组合而成。人是万物之灵,有这个必要搞得这么烦琐吗?硬记硬背,学会了部首查字典,背诵的笔画也就忘了,丢了。规划也是如此,抓住最重要的,便于入耳入心,无须巨细皆备。二是对人的主动性、积极性考虑不够,约束大大超过倡导。从精神文化着眼,让师生真切领悟到制订这些制度的缘由和目的,大家就能自觉遵守,自主维护,保证学校的教育质量,促进学校的发展。

学校网络文化建设是现代学校的新课题,要花气力引导。既要渗透到课程之中,与课程整合,扩大信息资源,探究解决问题的途径与方法,又要进行科学道德、科学精神、科学态度的教育,不能随便抄袭,不劳而获。还要注意严格把关,道德失范、诚信缺失、欺骗欺诈、封建迷信、拜金主义、黄赌毒等社会丑恶现象也会通过信息手段腐蚀未成年人的心灵,须清醒地识别和抵制,千万不可掉以轻心。

　　学校的文化建设涉及方方面面,这里不一一列举。但不管是哪个方面、哪个层面的建设,都既要放得开,有开放性,又要聚得拢,聚意点睛,聚焦在提高师生的精神境界,提高学校生活的质量,促进学校的持续发展上。全校师生有文化自觉意识,上上下下对文化建设达成共识和合力,文化气氛浓郁,学校的发展就能获得源源不断的内在动力。

用优秀经典文化滋养心灵[①]

教育的本质是提升人的精神世界,古今中外研究教育的大家无不如此认识。教师培养学生,最为重要的是抓住教育本质,立德树人。

立德树人相当程度上依靠经典文化滋养,而我们中华传统文化中的优秀精粹犹如醍醐,充满智慧;犹如琼浆,甘醇醒脑。在学生成长时期,引导他们吮吸这些精神养料,懂得立人、修身的道理,一辈子受益不尽。

中国文化研究很早就把重心转到人文上,春秋战国时期成就已很大,形成文化灿烂时期。至圣先贤研究人、研究人生、研究人类社会,从众多方面做了极其深刻的思考,阐述得深邃透辟,那种认识人生、认识社会的穿透力至今令人震撼,这种民族传统文化经历了绵长时间的检验、淘洗,留下了极其丰富的宝藏,这种大智大慧的思想结晶彪炳千秋,照耀人寰。

就拿价值取向来说,传统文化精粹的价值取向看似离我们遥远,实质上与现代人很贴近,血脉相通,其中许多仍然是今日做人的基本参照。比如,我经常考虑做人的道德底线究竟是什么,年轻时壮怀激烈,

---

[①] 本文是作者2005年5月在青年教师阅读交流会上的讲话。随着中国改革开放不断走向深入,西语霸权无孔不入地渗透进社会生活的方方面面,对青少年造成诸多影响。对此作者深感忧虑,于是撰文呼吁优秀经典文化,尤其是中华优秀传统文化对于提升人的精神世界,彰显教育立德树人价值取向的重要性。

不知天高地厚，"己欲立而立人，己欲达而达人"，凭自己的水平做不到，是努力的方向，底线不在这里。于是想到在多元经济并存、多元文化碰撞的情况下，首先要把牢做好人、做善人、做社会的好公民的关，自己不想干的事，不要强迫别人干，不要给别人造成伤害。这是道德的底线。其实，孔子早就说了。子贡问孔子："有一言而可以终身行之者乎？"使自己终身实践、永久受益的是哪个字？"其恕乎！"什么是"恕"？"己所不欲，勿施于人。"两千多年前的人文智慧、价值取向，在今天仍散发光彩，是做人的道德底线。学问家季羡林先生说得好，一个人有百分之六十想到别人，就是好人了。凡事都想想别人，社会当然就和谐了。

如何才能使民族文化精粹的价值取向与现代人相通？我认为，一要知道，二要喜欢，三要学习研究。知道是前提，对民族传统优秀文化一无所知，还"通"什么呢？"通"对青年学生而言是有困难的，时代久远，阅读会产生障碍，那就要在深入浅出上下功夫，讲得有情有趣，让学生喜欢。我在中学教语文，原本学生对庄子知之极少，学了他的《秋水》（节选），学生说"庄子很有意思，文章写得那么好"，这就引到学习的门口了。一本经典著作，可多角度多层面地研究解读，关键要看读者对象、听众基础。

比如研究《庄子》，可从文体、语言、文学、艺术、哲学等不同角度不同层面去进行。研究本身有浅有深，最浅的是梳理文字讲故事，最深的莫过于阐述哲学思想。《庄子》里寓言特别多，初中经常选这方面内容。如《庄子·天运》中"丑妇效颦"这个故事，读后知道了这个故事，学生就懂得不可做不深究根本、胡乱仿效别人的蠢人，思想上受到熏陶。经典著作中即使只是一句话，研究的重点也可不同，应用时也可择其需要。如《庄子·大宗师》中"泉涸鱼相与处于陆，相吻以湿，相濡以沫，不如相忘于江湖"，后人用得最多的是"相濡以沫"，用来描写在困境中相互救助，情深意笃，多么生动感人。这是从文学层面来理解应用。如果做哲学研究,必须达到"相忘于江湖"的层面。再如,国画家常喜引述庄子的话。"解衣般礴",一看就懂,宋元君认为作画人真潇洒,才是"真画者",才画得出好画。人们评画,爱用"超乎象外,得其环中"一语,"环中"一词出自《庄子》,实在不好懂。但我坚信,真正的画家一辈子实践,必能体会出其中的真谛。当然,对经典进行专门的哲学思想研究最根本,意义也最大,影响也最深远。

今日,弘扬民族优秀文化,对青少年的健康成长、国民素质的提高,促进和谐社会的形成,有着十分重要的作用。如果我们的专家和各方面各层次的研究者、传播者通力合作,全力以赴,定能取得优异的成果。

学科德育重在融合[①]

在学科中进行德育，本就是上海市"二期课改"的要求。课程方案中先后提出要"丰富德育内涵""改进德育方式，拓宽德育渠道，突出各学习领域的德育作用"；在学科课程标准中强调全面提高学生的素养。如语文学科就是"开发语言潜能，全面提高学生的语文素养"。素养的形式与提高靠三根支柱的支撑——知识与能力，过程与方法，情感态度与价值观，也就是通常说的"三个维度"的统一。三个维度不能割裂，不能分解开来，各行其是，而应交融在一起，发挥传承知识、发展能力、塑造优美心灵、完善人格培养的多重功能。

学科德育显然不是知识教学之外的"穿靴戴帽"，而是与知识教学融为一体的情感、态度、价值观。学科德育重在融合，是水乳交融，而不是油与水的关系。比如语文学科教学，教师在指导学生学习语文知识，提高语文能力的同时，培养学生高尚的道德情操和健康的审美情趣，形成正确的价值观和积极的人生态度。后者同样是语文学科教学的重要内容。一般地说，知识与能力的教育是显性的，后者则是隐性的，注重熏陶感染和潜移默化，看似不见痕迹，但点点滴滴在心头，有春风化雨、润物无声的效果。

要做到融合，就要对所教学科的个性特征深入研究，准确把握，然

[①] 本文发表于《现代教学》2005年7—8期。

后对某个章节、某个内容反复推敲,找到知识传承与思想情操熏陶感染的最佳结合点,进行"无缝焊接"。当然,教师在教学时应该满怀激情,只有自己感动,才能感动学生。如果冷若冰霜,采取旁观者的态度指手画脚,文本中再好的内容、再精彩的语言也会因教学实践的降温而凝固,降低生动、鲜活的育人功能。例如语文教材中的经典课文朱自清先生的《春》,犹如水彩画,不仅满纸淋漓润湿,而且不少地方细笔细描,十分传神。一般教法,常让学生欣赏春天的美景,积累一些美词美句,学习抓住特征描写景物的方法。这当然可以,但文章的灵魂并没有被挖掘,没有震撼学生的心灵。春山春水、春草春花、春风春雨,春天的画面无不生机盎然;生命的可贵、生命的灿烂似锦,洋溢在字里行间。抓住一些关键词句,引导学生咀嚼其中的深味,面对一幅幅春日美景,联系自己的学习、生活经验展开想象,不仅会感受到无声的文字已站立起来,自己已置身于形象、色彩、音响交织的美景之中,享受美的熏陶、美的愉悦,而且倾听到生命的跃动,体悟到生命的珍贵与灿烂。文字用来表情达意,当学生透过文字的"表""达",触摸到作者的"情""意",就会与作者心灵沟通、交流,乃至产生共鸣,受到教育与感染。进入文本,与作者融为一体,这才是真正的阅读。伴随着文章结构、语言、写作方法的探讨、咀嚼、研究,思想道德教育、情感教育也就流入学生的心田,使学生振奋,使学生追求美好,无形中提升了学生的认识,净化了学生的感情。学科知识教育与德育,你中有我,我中有你,融合在一起,密不可分。

学科德育最忌东拉西扯,无限拔高。教材本身的内涵是德育的家园,也是进行德育的依据,离开对教材、文本的深入钻研,随意延伸,无限发挥,那就成了空洞的说教。说教必定浮游无根,在空中飘,最无力量,也最易招来学生的反感。求真,是从事教育的人必须遵循的原则。唯其真,才能实事求是,才有教育的力量。教材里包含着怎样的思想、精神、情感、价值观的内涵,就深入底里,挖掘出来,因学生的具体情况,如知识基础、理解能力、认识水平而有的放矢地施教。德育有其自身的规律,要立竿见影,毕其功于一役是不可能的;需要的是细心、精心、耐心,更重要的是需要爱心,对学生满腔热情满腔爱。持之以恒地在学科教学中实施心灵的培育和塑造,学生不仅能今日健康成长,而且能终身受益。

"二期课改"的深层理解[1]

以往,我们的教材以知识体系为主线,没有真正体现德、智、体全面发展的要求。上海的"一期课改"率先提出面向全体学生,注意个性健康发展,这在当时是很先进的。正在进行的"二期课改"强调以学生发展为本,坚持面向全体学生的全面发展,关注学生的个性健康发展和可持续发展,这个理念立足于全方位育人的高度,显然是更先进的。教育就是培养人,中国的教育就是要培养具有良好综合素质、有中国心的现代文明人。这一理念体现了时代发展的要求和教育的本质。

以语文学科为例分析,"二期课改"切实抓住了一个核心,三根支柱。

一个核心就是语文素养的全面提高。很多人认为语文教学的重点就是语文知识和语文能力。其实,一个人更重要的是具有语文素养,正确理解祖国的语言和文字,这是工作和学习的基础,是全面发展的基础。

第一根支柱是知识与能力。对知识与能力的认识,应该与时俱进。我教了几十年语文,发现许多教材内容是大学学科的"压缩饼干"。比如,语法就是语法学的"压缩饼干",逻辑则是形式逻辑的"压缩饼干"。教师教起来非常困难,学生学起来消化不良。"二期课改"本着以学生

---

[1] 本文发表于《上海教育》2005年第18期。

为本的理念,对知识和能力重新整合,强主干,削枝叶,重能力。这样教得不吃力,学得更有效。

第二根支柱是过程与方法。东方的教育比较讲究结论,西方的教育讲究过程,"二期课改"则把两者的优势结合了起来。"二期课改"的理念告诉我们,学习不是靠外塑,而要靠内发,因此过程培养非常重要。此外,教师大多讲究教法,这也使得学法成为传统教育教学的薄弱点。"二期课改"提倡研究学生学法,这就要求教师在教学当中自觉实施,不断完善。

第三根支柱是情感态度与价值观。在语文教学中,在传授知识和能力的同时要关注学生心灵的塑造和道德的培养。现在我们没有强调孩子对母语的感情,我认为这个问题亟待重视。母语教育,这不只是一门学科的问题,而是关系到对民族文化的认同。母语蕴藏着民族精神、民族情结、民族智慧,母语是中国文化的根。所以,所有学科都要培养对母语的感情。另外,要从小培养孩子既要有认真的学习态度,还要有求实的科学态度。良好的习惯形成良好的素质,良好的素质能够完善人格。我们强调个人价值,但不能忽略一个前提,即个人价值要和社会价值和谐发展,自然价值要和人文价值和谐发展。从横向角度看,情感、态度与价值观是相对独立的;从纵向角度看,三者具有递进关系,是从低级向高级发展的心灵连续体。

总之,学生综合素质的培养,由这一个核心、三根支柱组成。如果我们切实推进"二期课改",素质教育一定会有突破性进展。

关键在教师[1]

在探讨与实践"两纲"的过程中,有三个明显的特点。

一是强化了教师的育人意识。教书教做人,做人先铸魂。在向学生传授知识、培养能力的同时,研究如何立民族精神之根,树爱国主义之魂,这就抓住了教育的本质。任何学科教学都应具有教育性,有教育性的教学才能赋予知识以意义、以灵魂,促进学生的健康发展。

二是促进"二期课改"的先进理念落到实处。要落实学生发展之本,必须有三个维度支撑。其中,情感、态度与价值观是课堂教学中最薄弱的环节,研究如何贯彻"两纲",如何和知识与能力、过程与方法这两个维度融合在一起,把先进理念转化为教学行为,对学生进行全面培养,形成良好的思想道德素质和科学文化素质。

三是促进教师深入钻研文本,向专业化发展。要在课堂教学中准确有效地融合三个维度,教师必须深入钻研教材,与作品对话,与作者深入交流,须有业务和文化的底蕴。

"两纲"的出台并非加重教师的课业负担。其实,在学科教学中贯彻《纲要》,不过是变无意为有意,变不自觉为自觉,因为教师平时教课也对学生进行教育,但往往是零碎的,就事论事的。将《纲要》贯彻学科,语文课还是语文课,数学课还是数学课,只是课的内涵更为厚实,教

---

[1] 本文发表于《上海教育》2005年第20期。

师不是只教知识的教书匠,而是发挥学科教学的多种功能,融合三个维度的教书育人的"心灵工程师"。

同时,教师的业务功底和教学能力更显重要,有待进一步提高。贯彻《纲要》不是另起炉灶,各学科教材均有落实《纲要》的丰富资源。有的是显性的,有的是隐性的,关键在教师要有一双慧眼,把教材隐含的、固有的育人内容挖掘出来,与知识传授、能力培养无缝衔接,点点滴滴渗入学生心头。也就是说,德育再不是少数人的事,育人是每个教师应负的责任,学科教学是进行德育的重要载体。知识、能力、思想、道德、情操融为一体,教师钻研教材必须深入其中,熟读精思,把握精要。就语文教材而言,不仅要读懂字、词、句,而且要读懂其中蕴含的精、气、神,要努力提高驾驭教材、驾驭课堂的能力。

"八荣八耻"：青少年成长的道德标杆[①]

胡锦涛总书记提出的"八荣八耻"，内涵丰厚，概括精辟，意义深远，是中华民族传统美德与时代发展要求的完美结合，体现了社会主义荣辱观的核心要求，是启迪青少年健康成长的指路明灯。"八荣八耻"树立起了科学发展观与社会主义和谐社会的道德新标杆和文明新指针。它引导人们尤其是青少年知荣辱、辨是非、明行止，追求真善美，憎恶假恶丑，对提升国民的基本素质、推动社会发展，将起到巨大的作用。

半个多世纪的从教经历让我感受到，青少年的健康成长离不开一个良好的教育环境。中学生年龄多在12岁至18岁之间，他们往往生活经历较少，文化底蕴较浅，文化判断力和道德判断力也较弱。随着社会的全方位开放，社会上各种思潮、文化、风气通过多种渠道，对青少年的思想观念产生了巨大影响，其中既有正面的，也有负面的。青少年与社会的多方位接触，给青少年教育带来了前所未有的严峻挑战。如何让未成年的孩子明确做人的方向，树立正确的价值观，增强思想抵御力，享受教育带来的福祉，需要教育界与全社会共同努力。胡锦涛总书记提出的"八荣八耻"具有很强的针对性，无疑是一帖清醒剂，让人清醒头脑，擦亮眼睛，规范行为。

育人最重要的是爱国。"八荣八耻"首先提出"以热爱祖国为荣，以

[①] 本文发表于《解放日报》2006年3月17日。

危害祖国为耻"，铿锵有力，掷地有声。中华民族几千年来历尽内忧外患，今日仍能屹立于世界民族之林并且不断发展、壮大，很重要的一个原因，就在于一代代志士仁人不懈奋斗，甚至为国献身，在于"苟利国家生死以，岂因祸福避趋之"的爱国精神和民族气节不断传承。当前，不少孩子不知道五星红旗的来历，不清楚对国旗应该怀有怎样的感情，不少人国家意识淡薄，这是令人担忧的。为了中国社会主义现代化事业能够行之久远，包括教育界在内的整个社会，要把热爱祖国的光荣感和民族"魂"，扎根在青少年以及成人心中，将他们培养、教育成为具有"中国心"的现代文明人。

育人要倡导诚信。"诚信"是做人的基本素养，是社会文明程度的标志。"人而无信，不知其可也"，不守信，如何交往，人与人之间又怎么可能有正常的关系，社会又怎么可能有正常的秩序？"诚"即不欺，诚信的人不会选择欺诈。"诚则明，明则诚"，心里亮堂就会诚信，诚信的人心里亮堂，而心里黑暗、满布灰尘的人，就不可能诚实守信。"以诚实守信为荣，以见利忘义为耻"，就是要让青少年心中明亮，在全社会确立诚实守信的文明风尚。

我们还要教育青少年，要做到知耻、洁身，同时对危害祖国、背离人民、损人利己、见利忘义等思想言行，不能视而不见，绕道走开，而是要充分认识它们败坏人心、瓦解社会、危害事业前进的腐蚀作用，更要对此形成"老鼠过街，人人喊打"之势，从知耻、洁身开始，端正社会风气。

社会主义荣辱观在青少年中间的培养与树立，学校责无旁贷，同时也需要全社会的合力。所有行业、部门、单位、家庭、学校，所有的未成年人、成年人，都应以"八荣八耻"为道德规范，人人身体力行，努力实践。只有社会环境、道德文明得到改善与提升，学生成长的环境才能大大优化。

在学生心灵深处滴灌生命之魂[①]

我一直在教学第一线跌打滚爬,对语文教学的感情真是难以言表。首先我是中国人,中国人必须学好母语。今天来的大多是中青年同志,中青年教师是语文教学的希望所在。我在学校里担任过各种角色,我觉得最难的莫过于上课。学校里每节课上得有质量,学校教育就天下无敌。但是把每节课上好谈何容易!教师是站三尺讲台的,三尺讲台联系着学生的青春,一个人只有一次青春,青春年华是无价之宝。记得在中学读书时,老师教诗词,教完了我也就背出来了。刚才康士凯校长讲,他依然记得初中老师教的王之涣、李白的诗词,可见,语言文字撒播到学生心中,可以刻骨铭心,终身受益。所以说,三尺讲台联系着学生的青春,因为每堂课的质量影响到学生的思想道德素质和科学文化素质的形成。

我觉得现在课改最难改的是上课。有些老师说课时可以头头是道,但一上就不一样了,因此说和教还是有很大的距离。我做了几十年的教师,悟出学校工作最艰难的就是上课,追求的目标是每节课都是高质量的,因为课的质量高低影响学生成长、成人乃至成才。特别是语文学科,它影响孩子的终生,陪伴他们一辈子,它是长效的,不衰的。正因为是这样的学科,所以引起社会广泛的注意。语文成为热点,大家都可

[①] 本文发表于《教育参考》2006年第6期。

以批评,语文教师的日子不好过。但再不好过也要过,因为母语影响民族素质的提高,影响的是孩子的一辈子,再艰苦也要迎难而上,否则要语文老师干什么。语文老师就是为了传承和弘扬祖国的语言文字、中华文化而努力奋进的。这次圆桌论坛的主题是"诗歌的个性化教学"。中国是诗歌的王国,好的诗歌从泥土里迸发出来以后,它的芳香有的会延续几千年,长久地弥漫大地,形成民族精神的精华。但由于社会的功利思想作祟,人们的语言粗俗化,文化趣味降低,诗歌教学受到的冲击也很大,但我们要直面现实。我提三个问题,与同志们共同探讨。

一、如何坚守语文精神家园

海德格尔讲过,"语言是存在的家"。人的思想情操都寄存于语言当中。语言本身是富有诗意的,只要思想深刻流畅,表达出来的就有诗意。母语是精神家园。世界上有6 000多种语言,现在面临消亡的大概有2 000多种。中国的语言——汉语,是非常优秀的语言,它是双脑文字,对孩子智力开发非常有益,而且还是联合国用语的六种工作语言之一。我国人口众多,汉语的历史悠久,应该说语文的地位是不成问题的,但由于种种原因,语文的地位、价值日益下降。我从报上看到:某地举行翻译大赛,一等奖空缺,二等奖是一位土生土长的新加坡人,原因在于他流畅、优美的中文表达。复旦大学历年来的母语比赛都是中国人第一名,而今年的结果,却也是外国人说汉语得一等奖。现在社会天外奇谈多,我居然还看到有人用标点符号写小说,14个标点符号写成文学小说,说这是"创新"。究竟是"创新"还是猜谜语?标点符号只是语言的辅助工具。更有甚者,从小学、幼儿园开始,人为地把外语提得莫名其妙的高。不是不要外语,马克思讲过,学会一门外语可以认识一个世界,可以多一种思维。但外语和母语位置该怎么摆?有次开会,谈到语文教学的艰难,一位著名大学的中文系副主任讲,担忧没有必要,现在外国人学汉语不是也很多吗？我是不敢苟同这个观点的。为什么？中国人学母语和外国人学汉语完全是两回事。外国人学汉语是要和中国做生意，赚中国人的钱，当然也有极少数的人搞研究。中国人学母语是传承民族精神、民族文化，形成中华民族独特的思维方式、心理结构，这两者是不能等同的。我讲这些，是说明圈内圈外对语文教学的认识都有误区，谁能正本清源呢？我觉得主干力量是我们中学的语文教师，我们是正本清源的中坚力量！因为教师最理解母语对孩子整个人格完善的重要性，对民族素质提高的重要性。今日的教育质量就是明日的民族素质。这个重任就落在语文教师身上，特别是中青年教师身上，因为中青年教师要顶起语文教学的一片天。

母语是我们民族文化的根。战争侵略是看得见的，而文化的侵略是在不知不觉中的，文化无孔不入。犹太人厉害的是文化，打不烂，它的财富就在脑中。因此，一个民族有民族经济、民族政治、民族文化，而民族语言是民族文化的根。对一个国家的侵略，第一是军事，第二就是语言。想当初，日本蹂躏我大好河山时，第一是烧杀抢掠，第二就是中小学马上学日语。香港推广普通话为什么比较困难，因为它曾是一百多年的英国殖民地，所以这个问题不可小看。一个民族，语言没有了，它就消亡了。我们教过都德的《最后一课》，为什么把它作为世界少年教材？因为它将语言对民族的重要性阐述得是那么深刻。法国的语言规范是总统办公室直接管的，它要弘扬法国的语言。所以，不能只把语言看成是技能技巧。有人曾说，语言就是思想的博物馆，一个人语言的丰富就是他思想的丰富。我们中国语言的精细程度，运用的宽广程度，这在世界上是非常罕见的，因为它反映的是几千年丰富的民族文化。现在要发展孩子的思维能力，要培养创新的能力，离开了语言的发展，离开了语言能力的培养，创新思维从何而来？语言就像空气一样在我们周围，它形成了人的气质、品格、感知的方式、思维的方式。所以语言发展绝不能只看成是字、词、句、篇。

正因如此,语文教师要坚守语文的精神家园。怎么坚守?要以出色的语文教学质量坚守这个阵地!坚守阵地就要打仗,打仗就要凭实力,实力是从精神到物质的。我们要让学生热爱祖国的语言文字,单靠说是不行的,要把课教得情趣盎然,让他们感到这里面是宝库,就好像是九重之渊的骊龙颔下的明珠,要进去把这颗明珠采到。把课上得左右逢源,使学生学得欲罢不能,我想这就是语文教师的实力。以精彩的课堂教学来感染、教育学生热爱我们的母语,学好母语,会学母语,只有用这样的办法才能守住我们的精神家园。

当然,要做到这一点是十分不易的。有人问我做语文教师有什么深刻体会,我说了八个字:含辛茹苦,艰苦备尝。语文教学内容丰富,古今中外无所不包。现在媒体如此发达,怎么知道学生会问你什么问题?如果课上学生经常将你的"军",我觉得这是极大的成功。为什么?因为学生的积极性、主动性充分发挥了。我长期教高中,有一段时间领导安排我教初中,我就被初中的学生将过"军"。《木兰诗》一课结束时,我说范文澜先生说过,乐府诗中有双璧——两块美玉——《孔雀东南飞》和《木兰诗》,《木兰诗》反映古代女子的刚健风格,这类反映古代女子刚健风格的诗很少见。这时一个叫张××的女孩子扑哧一笑,很不以为然。我觉得自己没讲错,就请她站起来发表意见。她说:"好是好,不过全是吹牛。你想啊,同行十二年,不知木兰是女郎。军队里的人都是傻子啊?"一下子教室里开了锅,大家七嘴八舌。"古代女子是裹小脚的,战争间隙的时候洗脚,鞋子一脱就出洋相了……"我顺口回答了一句:"那时候还没裹小脚。"学生就问:"那么中国古代女子是从什么时候开始裹小脚的呢?"我从来没研究过,我备课没有想到从《木兰诗》要备到中国古代女子裹小脚的起源,我就说回去查资料。老师应知之为知之,不知为不知,千万不能强不知以为知。教师不是万能博士,一名老师,当学生的主动性、积极性被调动起来后，你能回答出 70% 的问题，你就是个超超级教师。要欢迎学生"将"住自己，难住自己，逼迫你进步，这才叫教学相长，这也是教师的实力。因为我不怕，你成长，我和你共同成长。

二、语文学科的性别是什么

现在语文学科的性别发生差异。本来文科是文科，理科是理科，文理可以渗透，但并不是都要用理科的思路来处理文科。现在有些课搞不清楚是语文课、政治课，还是电视课、杂耍课。男女性别有异，学科性别也有异，现在有些语文课的性别发生混乱了。语文课就是语言文字的课！你是教孩子语言文字和语言文字的内涵，它的思想内涵、文化内涵，离不开语言文字；离开语言文字，语文学科将支离破碎。乱拓展，乱发挥，这是什么课？我就弄不清楚。我们现在讲得很多的是人文，人文是什么？人文是一种思想、一种理念，绝不是教学环节，教学步骤，它不是胡椒粉。正如我们讲素质教育，素质教育是没有标准答案的，它是一种指向，不是讲这所学校是素质教育，所有学校都要按照它这样做。人文是要通过语言文字的工具加以表达的，我们现在有些做法是把语言文字抽掉空谈，语文课离开了语言文字的含英咀华、篇章结构的探讨，教什么？现在有些课用量化的办法调动学生的积极性，语文有多少可以量化的？我也做过很多傻事，20 世纪七八十年代，对学生的品德进行量化，于是乎很多学生写捡到皮夹，量化以后都不像人了。在课上用量化的办法美其名曰调动学生的积极性，但是语言怎么量化？这可能与我们的科学研究有些关系。

我最近参加论文的评审，比如专门研究语文教师的教学知识，论文里全是洋人。我不反对洋人，我们的数理化知识基本上是洋人的，研究语文，所有的理论根据都是洋人的，这大概就是毛主席讲的"言必称希腊",中国人不会说中国话了。中国人要说洋话来表示时髦、时尚、有水平。其实理科与文科是不一样的。古代祖冲之、《九章算术》都是了不起的、领先的,但与今日的数理化相比,现在的进展是一日千里。而人文领域有几个超过孔子、庄子?没有。"修身齐家治国平天下",语言之精练,从社会到家庭细胞每个层次用这么精练的语言加以表达,这就是人文,这就是文化的结晶,是我们祖祖辈辈认识社会的智慧的结晶。这能用数量来衡量吗?为什么要弘扬民族文化?这里面是宝库啊!

语文的性别一定要搞清楚,它是语文,是文科。培根讲过,"物质是以它感性的诗意光辉向着整个人类微笑"。语言文字也是如此,它应该是以"诗意的光辉"向着学生微笑,来感染影响学生,但是我们现在忘了。卢森堡讲得非常好,有些人"为了他伟大的事业,没心没肝地把孩子撞倒了"。我们现在为了伟大的应试事业把孩子撞倒了。语言文字本身是有表现力、生命力、充满诗意的。有老师告诉我:小学生在刚拿到彩色的课本时很高兴,但学了一两个月就讨厌了。其实,我们的语言文字真是漂亮,"山"就是一座大山,"川"是流动的水,我们的文字如诗如画。所以我觉得,教课能把诗情画意都教出来,孩子一定受感染。老师备课,深入钻研教材,备到文字一个个站在纸上和你对话,和你交流了,你就会享受到人文的乐趣。我们的语文千万要让它姓语言文字,恢复它的本性,而不是去搞花里胡哨的东西。

三、教学泡沫问题

现在教学中的泡沫很多。我听了些课,泡沫多的第一个表现是过滥地使用信息技术。多媒体作为信息手段进入课堂教学是一大进步,可以开阔学生视野,但任何事情都有个度,要弄清楚为什么而用。某地有节加以推广的小学语文课,上"远上寒山石径斜,白云生处有人家。停车坐爱枫林晚,霜叶红于二月花",整节课就是用多媒体上一幅国画。

这首脍炙人口的诗,对发展、培养学生的想象力是多好啊!"白云生处有人家",房子画好了,地方固定了,不要再发挥想象了。用多媒体本来是件好事,现在却适得其反。比如说,余光中的《乡愁四韵》,现在上课大多是用多媒体上4幅大的画。对于学生耳熟能详的事物还要去做多媒体干什么?当课非常缺知识时,用多媒体,这是营养,是养料;当不需要出现时就是赘疣。语文对孩子的空间想象很重要,空间想象并不是数学的专有权利,语文的空间想象真是思接千载,视通万里。没有想象能力如何去创新?无本之木,无源之水。所有教学手段都应是为教学目标的实现服务的,离开了为教学目标的实现而服务,就是多余的,这就是泡沫。

　　第二个表现是讨论。讨论当然好,可以集思广益。课改有几个要点,核心是:以学生发展为本,三根支柱是一个亮点。我们的课从线性的知识传授到立体的三个维度的支撑,这是一大进步。"以学生发展为本"有三个维度的支撑,就是:知识和能力、过程和方法、情感态度与价值观。其实,过程和结论应是统一的,而过程更重要,因为教育本身是一个过程,一堂课就是一个过程,一学期就是一个过程。在过程里学生能学到知识,培养能力,发展智力,思想情操受到熏陶,所以这是一个亮点。第二个亮点,是学生学习方式的改变。从前把学生当容器,现在正如古希腊哲人柏拉图讲的,头脑不是一个要被填满的容器,而是一支需被点燃的火把。现在倡导自主、合作、探究,这应是一个过程,一下子从容器到自主,没这么简单,要一步步醒悟过来,逐步具备这样的能力,所以讨论是必不可少的。但是有的讨论,对教材的一度开发都没有,教材讲什么,为什么这么讲,这些都没搞清楚。在学生对教材文本还没有产生文化认同的时候,就已经讨论了,游离了文本,抓住一丁点儿的问题无限地拔高,学生能有多少收益?对语言文字表达的思想感情,它们是在什么场合下怎么表达的,在不太清楚的时候就进行所谓的讨论,这不叫讨论,是瞎讲。有些时候学生讨论言不及义,这就是泡沫,对学生没有作用。学生必须和老师一样,要静下心来,沉入文本之中,倾听作者的发言,倾听心灵的诉说。作者到底在倾诉什么,要真正读懂,在此基础上加以升华、拓展,这才是有力量的,才能品味到语言文字的魅力。语文教学不能看表面的热闹,教学就是要货真价实,把泡沫挤掉,让学生真正领悟到我们祖国语言文字表情达意的表现力、生命力,真正领悟到其中蕴含的深邃思想、精辟见解和无穷智慧,这样学生才会成长。

有人说当教师是清苦的,我觉得这不足以说明教师的价值。我体会到:谁选择了教师职业,谁就选择了高尚。因为教师在黑板上写的是真理,抹掉的是功利,举起的是别人,奉献的是自己。教师要和影响学生的各式各样的光怪陆离的不健康的思想进行对抗、抗争,要的是勇气、毅力,要的是坚忍不拔。所以我说教师的职业是太阳底下永恒的事业。没有教师,人就不能成才;没有教育,社会就一片黑暗。教师的崇高职责就是在学生心灵深处滴灌生命之魂。生命之魂,第一是德性,做人是要有德性的,没有德性,生命就没有魂,德性就是以天下为己任。古人说,"为天地立心,为生民立命,为往圣继绝学,为万世开太平",先人的话气吞山河。英国大历史学家汤因比早就说过,"希望在中国"。当今世界物质发展,道德堕落,希望在哪里?希望在中国。语文教学担当着对学生培养德性的重任。第二是滴灌智性,希望学生才华横溢。求知是为脱离愚昧,求学是为明理,明做人之理,明报效国家之理,因此对学生的教育是滴灌他们的生命之魂,让他们德才兼备,成为合格公民,成为国家栋梁之才,为此,再苦再累也心甘。普教事业不像发明创造那么辉煌,面对 2 亿多的中小学生,我们正像杜甫所描写的泰山那样:"岱宗夫如何,齐鲁青未了。"我们的语文老师就是要在学生心中撒播一片阳光,把绿撒向祖国大地。

在学科教学中扎实地实施"两纲"教育[①]

一、"两纲"的贯彻实施是育人的根本大计

教育本质的呼唤。教育,说到底是培养人。中国教育,即培养有中国心的现代文明人。

古今中外圣者、贤者、学者、教育家、思想家对教育的论述,无不聚焦在对教育对象精神世界的提升和精神力量的增强,追求至真至善至美的境界。

学生自身发展的现实需要。知识经济的到来向教育提出挑战,社会不是以某种能运用的技术为基础,而是以整个社会知识的进步为基础。对人才评价的标准不是看某一方面的技能运用,而是看整个知识的结构、容量、水平、知识积累和更新的能力。显然,人的培养不应以获取知识为唯一目的,而是要更全面地发展,要有良好的综合素质。

全面发展是实施素质教育最本质的反映。德智体美全面发展是人自身发展的需要,也是社会发展的需要。社会发展的程度越高,对人的全面发展的要求也越高。人的生命体本身蕴含着全面发展的潜能,教育的任务就是把学生的潜能变成发展的现实。

现实状况是不少学生在不少方面,尤其是做人方面有不少缺失。有的属于幼稚,不明事理;有的受外界影响,是非混淆,荣辱颠倒。这

[①] 本文发表于《现代教学》2006年第10期。

些都需要教育,需要正确的引导。如:追求的目标偏离准星,国家意识淡薄;追求西方时尚,对一百多年来中西文化交流不对等全然无知,对优秀传统文化知之甚少,民族文化自信心薄弱;对涌进来的强势文化缺乏辨别能力,优劣不分,照单全收,乃至错把腐朽当神奇,受金钱至上、享乐人生的思想侵蚀,对公民的责任、公民的义务考虑得比较少。

今日的教育质量决定了明日的国民素质。人要有独立自强的人格,百折不回的精神,必须从小培养和锤炼。一个国家,一个民族,如没有现代科学,没有先进技术,一打就垮;如没有优秀历史传统,没有民族精神,不打自垮。学生要有精神支柱,打下做人的根基,全面发展,才能做到今日健康成长,明日长足发展。

时代的紧迫要求。放眼看世界,发达国家的基础教育都把育人放在很高的战略位置,将爱国主义教育、民族精神教育牢牢抓住不放,课内课外、校内校外,乃至教材中的练习部分,都渗透得极其具体和深入,不可小视。显然,21世纪的经济之争、科技之争,说到底是人才之争、人的综合素质之争。我们培养的人只有自身健康、强壮,有主心骨,才能立于不败之地。

有这么一种误解,认为思想道德素质和智能素质是两码事,可割裂开来。其实,这两者互相渗透,互相贯通,常出现一荣俱荣、一损俱损的状况。任何教育都有教育性,有教育性的教学,就能赋予知识、能力以灵魂的意义,能促进学生的发展。

综上所述,教育中实施"两纲"不是外加什么内容,而是站在育人的高度,抓住教育的本质,把教书育人有机地结合起来。对教师而言,是教育理念的学习与提升,是深入思考我们的培养目标并将其扎扎实实地落到实处。

二、充分发挥学科主渠道、课堂主阵地的育人功能

再先进的理念,再重要的论述,只停留在口头,停留在书面,那只是一纸空文。关键在于认真实施,身体力行。

"两纲"的贯彻实施不是一阵风,一窝蜂,一刀切,而是覆盖教育全过程,覆盖全体学生,让每个学生都能从中受到恩泽。

这里主要讲述在学科教学中扎实地实施"两纲"教育的问题。

(1) 课堂教学本身应全面贯彻教育方针,以所教学科智育为核心,融合德育、美育、体育,融知识传授、能力培养、智力发展、思想情操陶冶于一炉,课程主体化,多功能化。

尽管教育形式多种多样,但当今时代以班级为单位的课堂教学在学校教育中仍然也必然是主要形式。学生进学校学习,日复一日,年复一年,绝大部分时间都在课堂里度过。因而,课堂教学进行怎样的教育对学生心灵的塑造至关重要。

课堂教学质量的高低与学生学习质量的高低息息相关,与学生综合素质的高低息息相关。因而,必须德智体美融合起来抓,坚持全面质量观,克服单打一的片面价值观。

这里有两点必须说明:第一,不是每节课刻意追求,而是教学时指导思想必须十分清晰,教师要为育人的大目标服务,教学活动要注意教育性;第二,知识、能力、智力、情感态度价值观不是相加,而是融合,相互渗透。以《开国大典》一课的起始环节为例,说明只要课前精心设计,一个出示课题的简单环节,都可发挥育人的多功能作用。

(2) 把握学科的基本特征,深入钻研教材,挖掘教材蕴含的深意,发挥教材固有的育人资源的作用。

"两纲"的贯彻实施绝不是外加,绝不是穿靴戴帽,而是深入钻研教材,把握教材个性,阐发民族精神和生命教育的内涵。

语文学科。言为心声,气势、态度、思想、情感寄寓其中。无论是显

性的,隐性的,都离不开语言文字的咀嚼、推敲。

如《开国大典》的会场布置。如果只是教一段说明文字的知识,就只会重视方位的说明,是静止、无声的。教师要引领学生体验新中国成立时的激动,激发他们产生热爱党、热爱领袖、热爱新中国的感情,就要创设情境,把学生带入天安门广场。怎么创设?充分运用语言文字的魅力,师生互动,声形并举,使场景鲜活起来。由平面而立体,由静态而鲜活,印在纸上的会场说明,伴随着眼看、口读、心想、热爱的感情投入,就刻到了学生的心里。教师以自己的激情带动学生的感情,以情激情,学生的国家观念由此得到增强。

历史学科。历史课中重要的历史事件、历史观点十分关键。七年级《中国历史》有一课是"民族团结与中外交流",现截取"民族团结"部分推敲一下。

这部分主要讲述唐朝如何处理少数民族的关系,教师不是平面地抓几个知识点,讲几条杠杠,而是以鲜明的历史观点为指导,指出民族团结、发展是民族精神的重要内容,突出了唐太宗的明智。教师引用《资治通鉴》中唐太宗的话"自古皆贵中华,贱夷狄,朕独爱之如一",正因为对少数民族以诚相待,以诚换诚,"爱之如一",唐太宗被西北各民族奉为"天可汗"。教师再通过文成公主与松赞干布成婚的事件一再启发学生思考:为何唐太宗同意这门亲事?为何文成公主不怕艰难前行?金城公主入藏又怎样?这些问题都聚焦在国家安定、民族团结上。教师古今贯通串起来讲,学生领会到平等相处的民族政策构成了中华民族的优秀传统。早在《诗经·大雅》中就讲道:"惠此中国,以绥四方。"《礼记·王制》中也讲:"修其教不易其俗,齐其政不异其宣。""达其志,通其欲。"这种民族团结的思想对建设和谐社会有十分重要的作用。教师教学时又充分运用了音像资料,展现邮票中少数民族的风采,激发了学生的学习兴趣,容易将知识牢记心中。

数学学科。四年级的"问题解决"培养学生解决类似"鸡兔同笼"问题的能力。对四年级的学生而言,解决两个未知数的计算题不是一件容易的事,教师用古人解决这类问题的故事来激励,并展现《孙子算经》的图像,请学生朗读,加深认识,提高兴趣。与此同时,教师说明其中下卷的第31题就是"鸡兔同笼"这类题。学生在教师引导下,分析解题的条件,利用尝试法填表计算,学生解题积极性高。教师又从《孙子算经》引申到《九章算术》,用儿童的语言问儿童:古人聪不聪明?激发学生的民族自尊心、自豪感以及对中华文化的认同感。对学生进行民族精神教育,也就是通过一个个具体的问题,一件件具体的事情,让学生点点滴滴入心头的。

物理学科。高中物理教师教"核能",用清晰的语言解释概念,展示公式计算,揭示铀核的链式反应,阐述核裂变的巨大威力。在学生理解原子武器威力的同时,教师因势利导地向我们介绍认识和对策,介绍杰出科学家,特别是物理学家郭永怀、邓稼先的无私奉献,比较各国从原子弹到氢弹的发展时间(美国7年,苏联4年,英国4.5年,中国2.8年),介绍大科学家爱因斯坦对原子弹的看法与对人类的期望以及自责与反思等。这些内容与教学的课题"核能"紧密结合,教育性很强,国家意识、公民人格寄寓其中。这种爱国主义、民族的自尊自强精神、人生的价值与意义、对待事物的科学态度,随着知识的传授渗透到学生的心田,对他们起到深刻的启迪作用。上海"二期课改"的核心是以学生发展为本,支撑这个核心的是三根支柱,或者说是三个维度。教师在传授物理知识,培养学生理解能力的同时,融合了情感态度与价值观的教育。学生学知识时有了精魂,综合素质得到培养。这种民族精神教育是教材深入阐发的必然,而不是外加。

音乐学科。高中的音乐鉴赏课该怎样鉴赏?"舞蹈是心灵的律动"一课作了有益的回答。教师的教学没有停留在动作方面的技能技巧,而更着力于舞蹈蕴含的神和韵。教师先让学生感受,从千手观音的造型美、艺术美感受演员们的团队精神,从他们身残的躯体里散发出的内心阳光,感受他们对生命的热爱;再让学生模仿体验,健康人做几个动作也要专心致志、团结协作才能完成得好;进而揭示创造艺术美幕后的感人事迹:失聪的人,录音机里全是噪音,她们还当是音乐,顽强地练习;引舞人邰丽华的诉说,催人泪下。对艺术的执着追求,百折不挠的毅力,自强不息的精神,无须教师明说,学生心灵已振荡。再从民族舞蹈的古典美,转而体验黄土高原舞蹈的热情、奔放、喜庆的朴素美,学生感受、体验、实践,不仅沉浸在美的旋律中,受到美的熏陶,更体验到生命的跃动,心灵的律动,享受民族文化带来的欢乐。

以上仅举了一些例子,而这些例子由于时间所限,只能是片段,但窥一斑可见全豹。这些例子告诉我们:

(1)学科教学与"两纲"实施不是两张皮。教材本身富含育人资源,只要深入挖掘,不停留在教材的浅层次开发,就会发现包含民族精神教育与生命教育的宝藏。教师若仅局限于知识传授、机械训练,实质上是抽掉了教学的精髓,这种教学是趴着的,站立不起来的。

(2)突出重点,不面面俱到。民族精神教育的主要内容有国家意识、文化认同、公民人格;生命教育旨在帮助学生认识生命、珍惜生命、尊重生命、热爱生命,提高生存技能,提升生命质量。教学时不是浮泛地谈口号,而是紧扣学科特点,紧扣教材内涵,在某一点上深入,或提升学生的思想,或触动学生的感情,熏陶感染,滋润学生的心灵。

(3)研究学生的知识世界和心灵世界,引导他们体验,重视他们的实践、反馈,持之以恒地在学生心中撒播做人的良种,激励他们健康成长。

三、教师自身在"两纲"实施中获得新发展

任何人都不可能把自己没有的东西给别人,不管是物质的,还是精

神的。教师对"两纲"的内容熟悉，有感情，与教材特点融合在一起，教学时就如汩汩泉水从心田流淌出来，收到春风化雨的良效。

备课、教课不能浮在表面，要深入底里，吃透教材，挖掘教材内在的育人因素。教材的来龙去脉须一清二楚，知识的内涵与外延须准确把握，重点、难点的确定须建立在教材实际与学生实际的基础上。找准实施"两纲"的切入点，精心设计，详略取舍，既有感情的激荡，又有理性的思辨，课堂上必能迸发生命的火花和思想道德的光彩。教学原本就是创作，每位教师都是创造者，心中怀着培养学生成人成才的大目标，孜孜不倦地追求，必能用激情与生命铸就美丽的育人华章。

走进学生的世界[①]

要提高德育的实效性,走进学生的世界至关重要。

知心才能真正教心。青少年学生的世界时而涟漪,时而波涛,色彩斑斓,变化莫测。特别是在当今多元经济并存、多元文化激荡的情况下,学生的学习世界、生活世界、心灵世界无不受到直接的或间接的影响。他们究竟想什么,爱什么,对什么有兴趣,对什么有追求……凡此种种,我们执教的班主任常若明若暗,或大而化之毛估估,或以个别代全体,缺少具体深入的了解,缺少真切的理解与体验。力气花得不少,收效不理想,事倍功半。

教育的实效性与教育的针对性紧密相关,针对性越强,教育的效果越好。思想道德素质的内涵十分丰富,对人、对己、对社会、对国家,大到世界观、人生观、价值观,小到一言一行、一件具体的事,都要关注、教育、培养。学生处在变化、发展之中,思想、道德、观念正在形成之中,故而调查了解、不断研究十分必要。知之准,知之深,充分发掘学生自身积极向上的因素,因势利导,激励、赞扬,学生向前迈步的劲儿就势不

[①] 本文发表于《德育报》2007年1月8日。走进学生世界,与学生的心弦对准音调,一直是作者从事教育教学工作的价值观和方法论。上海"两纲教育"自2005年3月14日正式启动后,投入了很多精力,开展了很多活动,但归根结底还是要落实到学生身上。作者结合自身教育教学的深刻体会撰写此文,不仅在当时为广大教师提供了切实可行的方法,而且是以"两纲教育"为重点的德育工作指明了方向。

可当。

一般说来,教师对学生的学习世界比较关心。其实,这种关心往往很不全面。注意力更多的是集中在考试上,集中在分数上。考试只是一种检测,分数只是衡量某一个局部知识掌握程度的标志,它不能反映学习的全部,更不能反映一名学生的整体素质。更重要的是要了解学生学习的多样性、独特性,他们的共性和各自的学习特点。例如对眼前的学习有哪些看法,学习的目的何在,动力是什么;对哪些学科有兴趣,哪些无兴趣,原因何在;喜欢怎样的老师,不喜欢怎样的老师,原因何在;有怎样的学习习惯,读书喜欢怎样读,练习喜欢怎样做,最讨厌哪类训练;有无克服学习困难的勇气和毅力,有无正确的学习方法和学习特长;课外阅读的兴趣是否浓厚,对哪些读物偏爱,对哪些作者崇拜;学习中动手的能力如何,有无自制作品和力求创造发明的愿望;有无查阅资料、网上查阅信息的条件与能力……每个学生都有自己独特而丰富的学习世界,经常了解、沟通、交流,倾听他们的诉说,我们的德育工作就不会停留在只是要求学生勤奋学习的层面,就不会是空洞的、概念化的,而是生动的、具体的、鲜活的,各具个性的积极引导,扬学生之长,明努力方向,学生心情舒畅,就会尝到学习的甘甜。

现在学生的生活世界也绝非二三十年前那么单一,那么简朴。物质生产的丰富把社会装扮得五光十色,橱窗里的东西琳琅满目,广告宣传又推波助澜。物质的诱惑,流行的张扬,使青少年学生对生活中的衣食住行有了超过他们年龄的思考与追求。简单地"堵"不能解决问题,一味地斥责或放任也难以取得预期的效果。要站在年轻人的位置想一想,爱美是人的天性,但什么是美,要取法乎上;人总有物欲,要生存要发展,离不开物,但不能为物所累。20世纪西方哲人一直忧心忡忡的是人的异化、物化,科技进步,物质丰富,道德沦丧。我国古人在《乐记》中早就深刻指出:人物欲膨胀,人就化为物,"人化物也者,灭天理而穷人欲者也。于是有悖逆诈伪之心,有淫佚作乱之事"。人被物欲所俘虏,就会丧失天理良心,什么乌七八糟的事都干得出来。要经常生活在学生世界之中,经常交流、分析,让他们明做人之理,学习好的榜样,让人与物之间如何正确处理的道理点点滴滴入心头。

求知也好,对物质生活的认识、追求也好,都是学生心灵世界的组成部分。学生的一言一行都受思想情感的支配,与学生心灵沟通,有共同的语言因素,才有教育的扎实基础。现在的学生不大向任课老师或班主任敞开心扉,即使与班主任关系好,亦师亦友,心中也会有隐秘的一角。苏霍姆林斯基曾这样说:"在每个孩子心中最隐秘的一角,都有一根独特的琴弦,拨动它就会发出特有的音响,要使孩子的心同我讲的话发生共鸣,我自身就需要同孩子的心弦对准音调。""我自身就需要同孩子的心弦对准音调",这句话多么精彩,多么重要。然而,在教育实践中,我们常常要孩子对准我们的音调,纳入我们的音调,于是就出现了噪音,出现了不和谐。当然,对准音调不是无原则地放弃教育,听之任之,附和捧场,而是要静下心来抓住一切机会听听孩子的倾诉,他们的情感,他们的价值取向,他们的困惑、烦恼和迷茫,用敏锐的目光发现他们看问题中积极的闪光点,鼓励、剖析、疏导、引导他们提升思想,追求真善美,鄙弃假恶丑。

育人先育心,育心要知心。要真正走进学生的世界,眼看,耳听,心想,细心,耐心,锲而不舍,才能真正在学生心灵深处滴灌生命之魂——德性。须知:一个人的知识缺陷,可以用道德弥补;而道德缺陷,是无法用知识弥补的。

点燃心中的火把[①]

为了给语文名师基地的学员讲课,杨福家院士专门准备了几天,单是PPT就制作了233页,所谈的每个问题都有理有据,涉及古今中外,这种严谨的科学态度、认真负责的精神堪为我们的榜样。

报告中说到办学有有形资产、人力资源和文化内涵。有形资产是学校的硬实力,人力资源是学校的软实力,校园文化内涵是软实力。前两者众所周知,影响办学质量,而校园文化更是不可忽视,影响到学校是否有"大爱"荡漾,影响到学校的质量、学校的品质。教师应担负的九项职责就是学校"大爱"的建设,就是校园文化建设的丰富内涵。

学校教育质量说到底就是教师的质量。作为一名教师,眼睛只盯着考试,心中只有分数,撒手锏是题海、题库,大概难以培养出德智体美全面发展、人格健全的人。报告中所阐述的为师之道字字句句都从学生的成长与发展来考虑,引导他们如何对待学习,如何对待他人,如何对待社会,如何对待工作,如何对待国家,没有乱人耳目的名词术语,而是切合当今实际的实实在在的做人之道。上海"二期课改"一再强调的核心概念是以学生为本,以促进学生发展为本。这里所谈的为师之道极其具体、生动地体现了以学生为本以及如何以促进学生发展为本的教育理念,把教师的为师之道和学生的为人之道水乳交融地结合在

[①] 本文发表于《现代教学》2007年3期。

一起。

　　有些问题并不高深莫测,属于常识范畴,但有时人们常不以为意,甚至置于脑后。比如,人要吃饭,否则生命难以延续,这是常识。但有个阶段强调精神,精神第一。连吃饭才能活的常识都置之不顾了。当然,其中教训很多。什么是教育?教育是唯人独有的活动,推究教育的本质,当然是培养人、造就人。中小学教育当然应把人放在首位,为做人打基础,培养学生从小具有一颗中国心,从小讲究诚信无欺,有旺盛的求知欲,努力学习为社会做贡献的本领。一言以蔽之,培养社会的好公民。

　　然而,较长时间由于受急功近利、应试教育等因素干扰,"育人"往往只挂在口头上,"育分"却落到实处,造成重术轻人,弱本强末,甚至本末倒置。学习知识技能在学生成长过程中是必不可少的重要部分,但绝不是全部,"术"与"人"错位,无疑就会形成学生思想道德、科学文化以及身体素质等方面的种种残缺。教育的效益滞后,学生的素质如何,一二十年以后,二三十年以后必见分晓。种瓜得瓜,种豆得豆,规律是难以抗拒的。有人认为抓分数实惠,谈育人是高调。确实,在工作实践中只以分数来考绩,以分数衡量校长水平,衡量教师水平,衡量学生好差,衡量学校身价,可谓比比皆是,司空见惯。因而,有如此想法也就不足为怪。分数是检测教与学效果的标志之一,有其存在与参考的价值,但局部不能代替整体,任何一张考卷的分数都反映不出被测试者的整体素质。抓德智体美整体素质的提高,学习有追求,学习的积极性主动性增强,分数上升是必然趋势。如果把一项检测的标志夸大到追求的目标,把"人"应培养的目标淡化了,模糊了,那就是教育的悲哀。目中无"人"的实质是:教育本质被扭曲,社会责任感缺失,对学生生命呵护的爱心被稀释得七折八扣。杨福家院士的报告无疑是一帖清醒剂,启迪我们从教者反省、深思。

理念指导行动,情感催化智慧。有没有一切为了学生,为了他们今日的健康成长和明日的长足发展的"大爱",是语文名师基地学员必须面对并用教育实践回答的问题。如果教师对学生心中有"大爱",责任重于泰山,那么对教师的九项职责的内涵就能深刻领悟,教育机智、教育方法和艺术就会如涓涓泉水流淌而出,滋润学生心田,点燃学生头脑中的火把,让每粒金子都发光。有教育良知,有使命感、责任感的基地学员常自责自己教育行为的无奈,对教育目标如何落实的迷茫。这是成长中的烦恼,要求进步的表现,以杨福家院士报告中的"大爱"点燃自己心中的火把,将会心明眼亮,勇气倍增,创造育人的佳绩。

教书要为育人服务[①]

教育思想在教育实践中起灵魂作用。教育思想端正,实践时目标明、方向正,教育质量才能真正提高;反之,越走越偏,对学生成长极为不利。

近来人们常提到教书育人的问题,强调教书育人的重要,这是令人欣喜的。教书育人,记得五十年代末六十年代初就提出来了,遗憾的是由于种种原因,这个观念在教育园地并没有牢固树立,在学校工作中"育人"没有放到应有的重要位置上。重"教书"轻"育人",见"教书"不见"育人"的情况仍然比比皆是。不少同志认为"教书"是具体任务,不钻研教材就进不了课堂,不传授教材中的有关知识,就没有对学生尽到责任,因此,这方面精力花得多。"育人"呢?这似乎是个大概念,抽象得很,也复杂得很,想不了那么多。"教书"是教课的人要负责的,弄不好影响声誉,影响威信,乃至影响评级升职等。因此,教师觉得自己肩上有这副担子,任务能落在实处。而对"育人",或者认为是班主任的职责,或者认为大家负责,所有学科的老师都有份,自己何必多"挑"呢?其结果是任务落空,大家都没有尽到应尽的责任。很显然,要端正教育思想,上面列举的种种模糊认识必须澄清。

[①] 本文发表于《上海教育》(中学版)1986年7—8期。《上海教育》创刊50周年之际,于2007年重发了部分在该刊曾发表过的具有重大影响、且直至当时仍有现实意义的文章,本文即在选登之列。

教书和育人，"育人"是大目标，"教书"应该为"育人"服务。譬如语文教师，教文是他的天职，须千方百计教会学生正确使用祖国的语言文字，提高他们听、读、说、写的能力，但教学生的"文"是为育学生的"人"服务的，只见"文"不见"人"，工作就失去了大目标。"教书"，说到底只是教书匠。在"教书"的同时"育人"，才有可能成为塑造学生灵魂的工程师。做教书匠，不花费太多的力气几乎都可以做到，而做一个培养社会主义合格公民、培养四化建设人才的灵魂工程师，那就需要有正确的教育思想，需要用心血去浇灌。任何一个学科的教学，头等重要的任务就是育人，寓教育于教学之中，是每个任课教师应精心探讨、着力研究的课题。比如语文教学，语文教材中写了许多高尚的人，高尚的思想，其中有的歌颂我们中华民族赖以生存、发展、兴旺发达的最重要的精神支柱爱国主义，有的歌颂反对剥削、反对压迫、以解放全人类为己任的共产主义思想，歌颂无私忘我献身于人民的高尚情操。在教学字、词、句、篇，训练学生语文能力的同时，教师必须有意识地以教材中感人的事迹、高尚的思想情操熏陶感染学生，在他们心中撒播做人的良种。

又比如进行辩证唯物主义观点教育，集体主义观点教育，劳动观点教育等，不一定要通过大报告解决。大报告是进行教育的一条途径，大量的应该是通过各科的教学来实现。一节节课，一门门学科，都讲究思想性、科学性，点点滴滴不断渗透。耳濡目染，学生在汲取知识养料的同时，也就逐步懂得了做人的道理。中国自古以来讲究读书做人，读书明理，明做人的道理。文天祥就义之后，衣带里的纸条上写着："读圣贤书，所为何事，而今而后，庶几无愧。"一个封建时代的士大夫对读书的目的尚且有如此清晰的理解，何况是 20 世纪 80 年代的我们呢？教师教学生读书，更要教学生做人，二者必须有机结合起来。

对"育人"的"育"，我们有时理解得很片面。有的老师说"我也在'育'，传授知识就是'育'。"有的认为"育"就是发展智力，发展学生的思维,也有的认为"育"就是进行思想政治教育。这些说法与看法都有点道理,问题在只强调某一方面而忽视其他方面,那就不全面了。"育"有极其丰富的内容。培养一个学生,对他的思想素质、道德情操、知识的深度广度、能力的强弱、智力的高低、体质的情况等要有总体的设想,要有完整的概念。"育人",是对学生进行全面培养。如果把"育"理解为只是开发智力,或者理解为只是提高解题能力,这就犯了以局部代替整体的毛病,以这样的观点指导教学实践,必然会影响学生健康成长。

我们的教育工作,最贴切的说法应该是"培养",这个字眼实在好。这在英语中叫 cultivation,解释为"耕耘土地以期收成"。我们教师就是教苑的耕耘者,应该像农民和园林工人满腔热情地培植五谷、养育花木那样,精心地把学生培养成为四化建设人才。

学校的灵魂[①]

学校办学要警惕"泛技术化"

学校办学要实现个性化,必然要深入文化层面,这不仅是学校自身发展的趋势,更是顺应时代进步的要求。

然而,毫不客气地说,当前相当数量的学校仍停留在"技术办学"层面上,并没考虑过"文化育人"这个问题。现在的学校师生规模越来越大,设备越来越好,可为什么学校却越来越没有分量,质量也总是缺这少那呢?学校究竟缺什么?我认为最缺的就是人特有的情感世界。一个情感世界不丰富的人,不可能对社会、民族、国家满腔热情。因此,我们不得不反思,我们的教育在做什么?

学校文化非常重要,因为学校文化是一张名片,是学校的灵魂,学校的任务就是传承文化并加以发展创新,学校要把中国的优秀文化和人类的进步文化,通过教师的创造性劳动,传播到学生的心中。

文化是无所不在的,如果你没有意识去主动抓住学校文化的建设

[①] 本文发表于《上海教育》2007年第6期。经济社会的发展,一方面为教育创造了较好的物质条件,同时也给教育带来了很大影响。例如学校师生规模越来越大,设备越来越好,学校却越来越没有分量,办学质量也总是缺这少那,相当数量的学校仍停留在"技术办学"层面上,对"文化育人"这个问题思之甚少。对此作者深感忧虑,遂撰写本文,呼吁学校办学要警惕"泛技术化",深入到文化层面,实现个性化,因为学校文化是学校的灵魂。要切实抓住一个核心,即学生素养的全面提高,三根支柱,即知识与能力、过程与方法、情感态度与价值观,切实推进"二期课改",促进素质教育的突破性进展。

与发展,你就会在粗俗文化、西方入侵文化的冲刷中随波逐流,渐渐失去主心骨。在现代社会,我们培养的接班人,没有很强的文化判断力,是无法为国家、社会作贡献的。

建设学校文化,有个如何继承传统的问题,学校必须传承优秀的传统文化。我认为,教师要学点哲学,这样看问题就不会走两个极端。一所学校要形成文化,绝不是在"零基础"上建立起来的,而是一种继承中的创新,要传承精华,再用时代的活水和正确的观点来加以阐发、充实。

要警惕"泛技术化",就要求校长办学必须研究人,研究学生和教师。

教师的全面提升绝对不只是专业发展,精神层面非常重要。我们总是把育人这样一件大事,有意无意地降低到技术技能的层面,重"术"轻"人",但是,培养人是一件大事,学生是完整的、活生生的生命体,一人一个样子,标准统一的"技术化"无法适应人的多样性。

今天我们研究"聚焦课堂",必须注意一点,就是绝对不能用教材观来看课堂教学的发展,应该立足课程观来看课堂教学的发展,否则,"聚焦课堂"仍然是顾此失彼。因为现代课程观告诉我们,课程是教材、计划、学生、环境、教师等诸多因素的整合,其中学生、教师是最重要的、活的因素。活的因素不重视,不研究学生,不研究教师,课怎能上得好?我常常这样形容,办学好比化妆,三流效果是涂在脸上的妆,二流效果是精神上的美化,一流效果才是生命的绽放。我们办学应该是一流效果,而不是脸上的涂脂抹粉。

实际上,在实施"二期课改"的过程中,如果教师和学生同步成长了,生命的价值和意义丰富了,教育的本质才得以体现。教育本是细水长流的事业,最忌讳功利,"十年树木,百年树人"这句话告诉我们,教育不是一蹴而就、立竿见影的,如果把"名"和"利"放在办学里,就如同牺牲教师和学生的生命质量,以谋取"三流化妆"的效果。校长们都应认识到教育事业的庄严和高尚,真正珍惜和办好"手中"的学校。

强调人文精神要有民族特色

在讨论加强学生人文精神培养之前,必须弄清楚教育的任务是什么。关于教育本身的任务,教育学有多种说法,说到底,就是培养人,把儿童从一个自然的人培养成为一个社会的人,培养成国家的栋梁之才,这就必须有人文精神。人和动物有许多区别,但最本质的就是两条:一是人能制造和使用工具;二是人有文明感,有语言,有文字,只要是人,就有人文精神。办教育,就要注重培养学生的人文精神,这是它的天职。

呼唤人文精神,首先是时代的需要。17世纪意大利文艺复兴时期呼唤人文精神,那是为了从宗教、神那里解放出来。为什么进入21世纪的今天,要特别强调人文精神?因为当今世界物质生产飞速发展,物质财富日益丰富,许多国家的精神文明却在滑坡。精神文明滑坡必然会给物质生产带来制约。于是,强调人文精神,成为许多国家的共识。那么今天在我们的教育中为什么要加强人文精神的培养?这同样是时代的需要。从计划经济时代转入社会主义市场经济时代,经济多元化,文化多元化,出现了多种观念的碰撞,需要注重现代文明的建设。就教育界本身来说,由于对教育方针理解不够全面,一种急功近利的思想给培养人带来了很多负面影响。特别是20世纪80年代后期,对学生的素质教育往往降格为技能技巧教育,由于高考这根指挥棒的影响,使技能技巧被强调到无穷大的地步。其实,考试本身只是一个检测手段,分数不能检测出一个人的全面素质和全部能力,但现在错把手段当成了目标。江总书记强调"以德治国",素质教育注重的是人的全面发展,应该把培养学生的科学精神和人文精神作为我们义不容辞的职责。没有科学精神,进入21世纪不能生活;没有人文精神,就不懂得做人的道理。因此，加强人文精神的培养，是时代的需求。

其次，讲人文精神，要有民族特色。从整个世界来说，人有共同的特点，但没有民族性，是没有主心骨的。我们培养的是现代化的中国人，特别在充满竞争对手的21世纪，中华民族要立足于世界民族之林，讲人文精神就一定要立足于中华民族传统文化。前不久《报刊文摘》上有则报道，一位学者在大连讲课，有大学生递条子说，大连为什么治理得那么好，是因为日本人管理了好长时间。大学生是学生中的精华，竟然连这样最基本的观念都搞不清，我看了如坐针毡。教育要举其要，抓关键，就是要教学生怎么做人。人是要有脊梁骨的，没有脊梁骨就不能直立行走，爱祖国是做人的底线。爱国主义是我们中华民族得以生存发展的精神支柱，民族气节是我们的民族魂。我们这个灾难深重的民族之所以经历了那么多内忧外患还能自强不息，崛起于世界民族之林，就是因为有那么多志士仁人继承发扬了爱国主义的光荣传统。文天祥被俘后，元朝请他出来做宰相。当宰相的荣华富贵是可想而知的，但"富贵不能淫"，文天祥一身正气，慷慨就义。就义后人们在他的衣带中发现一张纸条："读圣贤书，所学何事，而今而后，庶几无愧。"读书就是为了明理，明做人之理，明报效祖国之理。所以讲人文精神必须要有民族特点。

当然，人文精神是开放的，又是广泛多元的。今天讲人文精神，既不是中国古代人文精神的简单回归，也不是外国人文主义的克隆，而是要吸收两者的精华，要有自己的内容。从中国历史来看，最强盛的时期，都是最能够吸收、融合别的民族文化的时期。因此，强调民族性并不排斥开放，我们既要注重自身的文化积淀，又要吸取他人的精华，博采众长，强壮自身。

再次，强调人文精神，要发挥教育主渠道、主阵地的作用。人文教育的主渠道是学科教育，主阵地是课堂教学。不管是文科还是理科，都有人文精神的内涵,古今中外的科学家、艺术家之所以能在事业上达到高峰,就是把人的利益放在第一位。居里夫人逝世后的纪念会上,爱因斯坦没有颂扬居里夫人在科学上的成就,而是高度赞扬了她的人格力量和为科学而献身的精神。科学家追求真理就是为了对人类做出贡献,如果没有这样一种思想,是很难承受各种艰苦条件的。主渠道、主阵地的作用一定要发挥好,通过这个阵地对学生进行点点滴滴的感染。现在我们太重视结论,一考定终身,而教育本身是一个过程,通过这个过程使学生接受信息,发展智力,熏陶感情,形成人格,这个过程非常重要,我们需要把过程、效果、结论结合起来。我们所处的是一个多维的世界,非线线的世界,对学生的培养不能是一个模式,像工业生产的流水线生产产品那样,而是要促成学生的全面发展,使其潜能得以开发。潜能只有通过教育才能变成现实的才能,学生大量时间是在课堂接受学科教育,这是打基础的,基础教育是长效性的,会给人以一辈子的影响,必须加以重视。

培养一颗中国心[①]

不好好补中国文化的课,是要数典忘祖的

中小学教育也好,大学教育也好,归根结底要培养学生有一颗中国心。有的时候,我很担忧:如果我们培养的人对自己的国家缺乏感情,对中国的文化缺乏认同,缺乏一个公民应有的责任心,不能自律,那我们就白花力气了。作为发展中国家,我们用有限的教育经费,支撑着这么大的基础教育的摊子。如果这一点我们不牢牢把握的话,那我们的力气就会付诸东流。

任何一个国家的发展都是建立在原有积累的基础上的。唐太宗也知道"以史为鉴,可以知兴替",学历史本身就能认识社会发展规律。我们对历史很不重视,只要提到教育就是讲数理化和外语。中国人向来最讲历史,但是现在的学生不讲历史。美国只有200多年历史,但历史课在它的基础教育里受到高度重视。我专门买过几本美国的语文教材,语文课本几乎是按照历史来编撰的。它的文学由土著文学和殖民文学结合而成,到处洋溢着民族的自尊心、自豪感。中国台湾的高中生除了高中语文,还有专门的高中文化基础教材。相比之下,我觉得,我们大陆对中国文化的认同,对公民人格的塑造确实强调得很少。

母语是民族文化的根,民族文化是民族团结的纽带,对外是屏障,

[①] 本文发表于《中国德育》2007年第6期。

对内是黏合剂。媒体报道某所小学,一年级实行双语教学,一年级的语文用外语来教,我认为这种做法简直荒唐。在很多国家,母语教育的分量都比我们重,比如英、法的母语教育,课时总量占总课程的22%以上,俄罗斯占27%,我国台湾地区占22%,而我们大陆约占18%,上海还要低一点。学生为什么对中国文化不认可,难道是他们的责任吗?关键是我们没有教,我们没有认真对待这件事。

学生不在中国文化方面好好补课,是要数典忘祖的。毛主席讲得好,中国文化的一些精粹,我们要有继承,有发展。比如读古文就是非常有道理的。"仁爱""道德"今天应该怎样理解,要让孩子有一些基本的认识。如果把握不住做人的底线,没有一些基本的思想、道德,孩子就缺乏文化判断力,对什么乌七八糟的东西都会照单全收。我的一名学生告诉我,他所在学校的金融专业一个最好的学生出去工作半年就犯罪了,就因为见钱眼开。发生这种事有个人的责任,但我们的教育没有让学生掌握做人的底线恐怕也是一个原因。

教师身上有时代的年轮,教育没有时代性就没有旺盛的生命力

教师职业是继承人类传统和面向未来的职业,它关系国家的千秋万代,关系千家万户。如果教师把自己的职业当作事业的话,就有了追求,有了理想,就会竭尽全力;当把自己有限的生命与千万学生的生命联系起来的时候,就有了力量,生命就有了无穷的动力。

教师必须是一个思想者。这不单单指做了事情要反思,这只是一个方面,更重要的是自己要有想法。教师要有相当程度的职业敏感,要跟随时代奋勇前进。教师身上要有时代的年轮,教育缺少时代性就没有旺盛的生命力。拿20世纪50年代的一套来对待今天的学生是不行的。

要提升学生的世界,就不能不了解学生的世界。学生喜欢周杰伦,

我就专门研究。我跟他们讲,我不排斥流行歌曲,因为流行歌曲经过时间的过滤有的也会成为经典。比如《教我如何不想他》,在20世纪30年代很流行,现在成了经典。我跟他们说,流行歌曲也可以唱,韩红的《青藏高原》就很好,他们说那种歌太嘹亮、太激情,唱起来太累了;我说腾格尔的也很好,《我的家乡》里的乡情乡思很动人,他们说这个也不好,就喜欢周杰伦。他们认为,所有的歌都容易学得像,但周杰伦的歌是学不像的;而且他的歌词有中国文化的底蕴,比其他香港歌词要好得多。我就买来周杰伦歌曲的磁带听,都很押韵,而且西方音乐、摇滚音乐他也懂,会多种乐器,很有才华,所以学生喜欢他,佩服他。这样我就明白学生的想法了。所以,要和学生对话就一定要交心,要向学生学习。

与其说我做了一辈子教师,不如说我一辈子学做教师。我在不断向学生学习,向社会学习,向同行学习,向家长学习。开会是学习,随时随地都在学习。老师如果不在"学"上下功夫,总是一味地要求学生该怎样是不行的。

越教使学生越有追求,这才叫好老师

学科教学实际是融合德育的。教书要育人,所有的学科都要为育人这个大目标服务。而我们现在,往往把教书和育人隔离了。做老师,不但要重视在学生心中撒播知识,还要撒播做人的良种。越教使学生越聪明、越有追求,这才叫好老师。

我的爱国思想就是老师教出来的。我的中学老师曾经声泪俱下地说,自己要报国,却始终没能如愿,作为学生的我听了非常受感染,从此就一直将国家放在心上。有时候老师的一两句话学生会在心中记一辈子。有篇课文叫《最后一课》,我每次教这个课的时候,就会想起我的小学音乐老师。那时候我才几岁,有一次下午上音乐课,他说明天学校就要解散了，教给我们唱《苏武牧羊》。课结束时，他说日本鬼子要来了，做亡国奴是很苦的，他要我们无论如何不能忘记祖国。听了他的话，我们这些小孩子好像一下子长大了，因为以前脑子里从来没有这种大的字眼——国家。

老师要以自己的素质影响学生的素质，以自己的人格塑造学生的人格。学生也会思考，他们懂得为什么要这样做，怎样做才有成效。身教重于言教。学生6点钟早锻炼，我5点50分一定站在操场上，即使是做完手术出院不久，也照样跑跑走走。行动就是命令。老师说到做到，身体力行，孩子就会跟着养成一种习惯。这比写在纸上、挂在嘴上管用得多。

以教师的生命激发学生的生命活力

现在很多教师一天到晚讲究技能技巧的操练。我想，除了研究这些纯技术，更重要的是要震撼学生的心灵。梁衡同志为了讨论年轻人爱美问题，曾专门写过一篇以居里夫人为原型的文章——《跨越百年的美丽》。文章开头讲，法国科学院里正在举行一场学术报告会，科学大厅人声鼎沸，突然一个年纪比较轻，长得漂亮端庄的女子走上讲台，大家马上肃然无声。我讲这篇文章的时候，不是告诉孩子：这里交代了时间、地点、人物，那样讲课没有意义、没有灵魂。我讲课时说：你们知道为什么大厅从喧哗到寂静？那是因为巴黎科学院从来没有一个年轻的女子走上去作学术报告，而且这个年轻女子那么美丽，众人为她的外形美所感动。当后文讲到"这位年轻女子用一千多个日日夜夜在停尸房的日子，换来了放射性的物质镭"的时候，学生震惊了。学生不再因为她的外形美，而是为她的科学献身精神所感动。这样的教学才会赋予语言文字以生命。

我印象较深的一堂课是教契诃夫的《变色龙》，这是一篇家喻户晓的作品。文中的警官对待小狗的态度一开始是斥责,后来知道是将军哥哥家的狗就变为恭维了,在整个过程中对小狗的称呼、态度变了多次。我在黑板上画了两条线,一条曲线起伏,表示变的现象;一条直线表现不变的本质。教到最后的时候,一个学生举手说,于老师,黑板上画错了。我当时怎么也看不出哪里有错,就请他说错在什么地方。学生说,警官晓得这条狗是将军哥哥家的时候,拍马屁的心情一定很急切,心跳更快,所以曲线后半部分应该起伏得更大,和前半部分不一样。我肯定他说得对,并让他到黑板上来修改。我很高兴。我备课时是单向思维,只考虑到现象与本质之间的关系,而孩子却是多向思维。教学相长,这才叫课堂。

一节课45分钟,既要传授知识、培养能力,又要陶冶学生的情操,让他们树立正确的价值观。实际上,我的教学以语文为核心,融合了德育、美育、体育,是多维的。我在20世纪80年代课堂上就这么上课。课堂就是在教师的指导下,所有学生积极主动地学习。能者为师,不是教师一个人是能者,而是要把所有的学生调动起来,让所有学生都精彩起来。课堂,不是教师一个人的生命活动,而是以教师的生命激发学生的生命活力,让学生一起动起来。春风化雨,生意盎然。

中国文化的基本精神[①]

名位老师，同学们：

下午好！

今天是复旦中学"相辉"文化讲坛开讲的日子，对我来说这是一次学习的机会。喜欢京剧和昆剧的人都知道，戏单子如果是折子戏，开锣戏是比较差的人去唱的，而压轴戏那才是角儿。今天开讲，我是抛砖引玉，唱开锣戏，好戏在后面。

周校长出了个大题目——中国文化。中国文化博大精深。我国960多万平方千米的土地，从青藏高原到太平洋畔东海之滨，山河锦绣，人才荟萃。中华民族是个历史悠久的民族，世界上的四大文明古国，能始终流传至今不衰的就中国一个，今天的埃及跟古埃及已经不一样了，巴比伦文明也随着时代发展慢慢淡化了。可中华民族绵延数千年，文明不衰。什么道理？因为在这片土地上，我们民族一代一代的人，用自己的双手创造了长盛不衰的中华文化。

什么叫文化？文化这个概念，词典上有种种说法，但概而言之，是人们在社会实践中创造的物质文明和精神文明的总和。文化的内涵非

[①] 本文是作者于2007年9月21日应邀为上海市复旦中学"相辉"文化讲坛所作的开讲报告。"相辉"文化讲坛邀请具有不同学科背景的名人大师和不同研究领域的专家学者担任主讲，共同阐释和传递中国乃至整个人类的文化精髓与科学精神，旨在拓展师生文化视野，提升师生文化素养。

常丰富,都是人类在长期的社会实践中创造出来的。一个民族的政治、经济随着社会发展,制度可以不断变革,经济也可以从工具很差的小规模个体生产的很不发达的形态,发展到今日科技发展突飞猛进的全新形态,政治、经济都可以产生革命性的变化。但文化不同,一个民族,其经济可以不断变革,政治制度可以不断更替,但其文化却是打不烂摔不破的。由此可见,文化有非常强的生命力和凝聚力。每个人都有民族文化情结,任何个人的生存与生活环境都包括自然环境和文化环境,而文化环境有时比自然环境更重要,它是影响一个人终身的思想情感、价值观念与人生走向的。

中国人一生下来就在中华民族文化氛围之中,从学语言,从叫爸爸妈妈开始。这就是中华文化,因为用的是汉语,而汉语言文字是民族文化的根。因此从叫爸爸妈妈开始,你已经在中华民族文化的熏陶当中,在汉字汉语的熏陶中。你拿筷子吃饭,而有的国家用手抓饭,有的用叉子。因此,用筷子吃饭也是中华文化。所以一个人,他既然生活在特定的民族文化环境中,又参与了民族文化的行为,必然一举一动都打上了民族文化的烙印。

回过头来看历史。几千年来,我们民族不知经历了多少内忧外患,但依然能屹立于世界民族之林,文化起了极大作用。因为文化是黏合剂,可以把本民族的人黏合在一起。中华民族曾经遭遇外族不断侵入,可有着一代一代经过民族文化熏陶的人,就可以抵御外敌,这是我们这个国家能经久不衰、屹立在世界东方的根本原因。中华文化,回顾过去,是博大精深;展望未来,是澎湃发展。今天,我们在传承历史文化的基础上,又要加以发展,因为时代在发展。例如和谐,这是中国文化的特色,胡锦涛总书记提出,要建设和谐社会,而且把这个认识、看法、理论推导到整个世界,世界也要和谐相处。这就是在传承的基础上发展。

中国文化有怎样的基本精神?中国文化与西方文化有很不相同的

地方，有显著的特点，其最基本最核心的特征，就是中国文化有很强的人文精神。

中国文化人文精神的第一个特点，就是非常尊重人，是对人的尊崇。老子是道家思想的代表人物，在老子的文章里有"四大"，第一是"道大"，第二是"天大"，第三是"地大"，第四是"人大"。人与天、与地、与道一样大，这体现了中国文化强烈的人文精神。因此，中国文化是以人为中心，以人为主体的，以人文为核心的，是充满人文精神的，这与西方有很大区别。

中国有宗教，但宗教是外来的，中国没有国教，没有教皇，孔子就不信鬼神，佛教是外来的。西方不一样，天主教教皇的权力至高无上，人在他面前是很渺小的。而我们是人大，达到跟道一样大的程度。什么叫道，简单地说就是一条路，道路，整个天地运行中人类成长发展的道路，而人就跟道一样大。西方不是这样，信基督教、天主教，人生到世界上就是来赎罪的，一辈子赎罪，这是人至高无上的职责。这就很不一样。我们没有教皇，没有国教，我们是祭祖先，祭祀是清明节扫墓，还有祭对我们民族做过大贡献的人，祭为老百姓做了很多好事的人，我们要建庙来祭的。孔子是万世师表，他是教育家、哲学家，要祭他的；李冰父子筑都江堰，那时水灾厉害，洪水猛兽，老百姓受灾，李冰父子为老百姓造福，因此老百姓建庙祭他；诸葛亮"功盖三分国"，这是了不起的一位丞相，人们在成都建武侯祠，称颂他的功劳。所以东西方文化一比较，就知道中国文化精神的第一条，就是对人的尊崇，而不是信鬼信神信教，这一点非常重要。

由此，中国文化就具有很大的包容性，是很能"化"的。佛教从印度进来后，其中有的就被"化"成了我们的禅宗，"化"得具有中国特色。如印度佛教是苦行僧，但中国信佛教，老太太可以在家念经，修行根据中国特点，有很大的不一样。

中国文化人文精神的第二个特点,是重视人的修养,追求理想和人格的完美。重视人的身心修养,是中国文化很大的特点。只要翻开中国古代的任何经典,几乎所有的书都讲修身养性。孔子讲"朝闻道,夕死可矣"。你早上闻"道",傍晚死都可以无悔了,很值得了。这个"道",就是做人之道,宇宙之道。《论语》中讲"杀身以成仁",可以牺牲自己,但要成就"仁"。"仁"是人字旁边一个二,二人为"仁",就是爱人,爱别人,你不能只爱自己,要爱别人,仁而爱人,一辈子追求要爱别人,才能做到仁。孟子讲"舍身以取义"。你可以舍自己的身,但要成就"义","义"就是"宜",是人应该做的事,是要不断去努力追求的品格。古人讲"吾日三省吾身",强调人每天要不断反省自己,这说明中华文化非常讲究人格的完美,跟西方不一样。

在西方对人的界定中,17世纪的哲学家说人是一种动物,是追求利益的动物,他要扩张自己的知识,扩张自己的能力,用理性的思考获取最大的利润,这代表了西方的主流观点。西方的哲学文化是外向型的,它扩张,它对外侵略,都有理论根据的,有哲学上的理论根据,经济上的理论根据,道德上的理论根据,它的整个体系如果用一句话概括,就是有用,只要对它有用,它都要去追求。

中国的文化不是扩张型的,是内向型的,是反过来要求自己。一部《论语》实际上就是修身的。"修身,齐家,治国,平天下",修了自身,才能齐家,家庭弄得好,修身齐家了,国家才能治得好,才能平天下。过去没有"世界"这个观念,只有"天下"这个词。由此可见,中国文化的人文性特别强烈,它把学习不仅看成是学知识,学习当然要学知识,这是无可非议的应有之义,但学习在中国传统文化看起来,更是一个人的人生实践和身心修炼。学习一定要对照,对照就如用镜子看自己,知道如何使自己的道德、人格得到完善,学习的过程实际上也就是人格完善的过程。

中国文化的基本特点是以人为核心,人当中又是以圣人为核心。什么是圣人?就是道德和智能都很完美的人。整个的学习和实践是追求人格的完善,加强自身修养,提升自己的精神境界。由于这样一个特点,《论语》中强调学习是为自己,学《论语》是为自己,但这里的为自己不是西方的为了自己的利益,而是为自己的修身,目标是通过不断学习,使人人成为圣贤、圣人、贤人。孔子是圣人,3 000弟子72贤人,道德很高,学问渊博,这是他所倡导的。修身有哲思方面的,"学而不思则罔,思而不学则殆";有道德方面的,"己所不欲,勿施于人",自己不想要的东西,千万不要强加给别人……都是为自己学,实际上是成就自己的道德人格。因此孟子讲"人皆可为尧舜",只要自己不断修炼,都可以成为唐尧、虞舜这样的杰出人物。

《易经·乾卦》说:"天行健,君子以自强不息。"《易经·坤卦》说:"地势坤,君子以厚德载物。"乾是天,坤是地,天体运行刚健有力,作为君子,就要自强不息,要向天学习,一辈子刚健有力。一个人如果被打垮,绝对不是外力,而是自身,自身腐朽就垮掉了,自身不腐朽是打不垮、拖不垮的,因此要自强不息。君子要像大地一样,有博大的胸怀,有厚重的德性,厚德方能载物。人们常讲,一个人责任心有多大,就能承载多少厚德,就能完成多少业绩。我们的大地母亲承载那么多江、河、湖、海、高山、树林,那么多的人与动物,因此做人要向大地学习,要宽容,要有博大的胸怀,能兼容并蓄,厚德载物。

清华大学的校训是"自强不息,厚德载物"。人类发展最了不起的就是生生不息。植物也是这样的,秋天、冬天里枯萎了,第二年春天又萌发了,生命就是这样,生生不息。我们教育的特点也是生生不息,一代一代地培养人,传承着中华文化。我们常讲"传统"二字,"传统"关键不在"统",关键在"传",把祖先优良的、精华的东西传给我们的后人。这就是我们中国文化的基本精神。"自强不息,厚德载物",只有这样才能做君子。一部中国文化史,实际上就是全部在教人做君子,朱熹也好,张载也好,归根结底就是要人做君子,不要做小人。做君子,就要尊崇人的权利,就要修身,就要追求人格的完美。

翻开历史,许多仁人志士都是这样做的,正是这些国家的脊梁支撑着我们的民族,才使我们民族经得起内忧外患。中国大文学家屈原,是爱国主义的鼻祖,他有宏大的理想,楚怀王原来很信任他,但小人诽谤他,使离间计,后来楚怀王听信小人谗言,疏远他了,他的美好理想不能实现,最后自投于汨罗江。他写的《离骚》,反映了追求理想,追求一个"善"字。他在《离骚》中写道,"我这么一片心,国人都不知晓,我还怀念故都干吗呢?"但想到故乡是他的根,因此"我宁可学古人身死",也不能离开故乡。他一辈子追求理想,一辈子追求国家强盛,追求自身苏世独立。苏世就是在乱世的时候,一定要有清醒的头脑,苏世独立,横而不流,不随波逐流。他在《橘颂》里讲到,一定要独立不迁,你有了志向,志存高远,你就不会为外头的东西所引诱而动摇自己的志向。他追求人格的完善,一心一意寄系国家,忧国忧民。他完全实践着中国优秀文化的传统。史学家、文学家司马迁写的《史记》,直言不讳,不虚美,不夸饰。这样一个学问大家,为李陵说了几句话,受了腐刑。中国有句老话,"士可杀而不可辱",但他宁可受屈辱,也要使自己不可为而为之,写了《史记》这样的杰作,成为中华民族的经典史书。鲁迅称史书为"史家之绝唱,无韵之离骚"。司马迁是用生命在写《史记》的,非常了不起。他的《报任安书》中写了一连串的人物,经得起挫折,成就了伟业。周文王、孔子、左丘明、孙子……这正是中国人的精神——自强不息。为什么司马迁受这么多曲折都不死,他讲"人固有一死,或重于泰山,或轻于鸿毛",他对生命的意义和价值认识得如此深刻。这种生死观,毛主席在《为人民服务》里把它引下来,这就是财富,这就是民族精神,这就是中国文化的精神。又如爱国诗人陆游、辛弃疾……一辈子壮志未酬,但报国之志不衰,罢官以后,还在想自己当年怎样立马横刀,年轻时如何报效祖国,现在两鬓斑白,还想为国效力,"夜来卧听风吹雨,铁马冰河入梦来"……中国人修身到这种程度,这就是中华文化的精神。

中国文化人文精神的第三个特点,是宽容精神与博大胸怀。中国文化崇尚"自强不息、厚德载物",但不排斥外来,而是"兼收并蓄,海纳百川"。历史上最兴盛的汉唐盛世,外来文化是很多的,我们吸收了很多。我们的民乐相当程度来自西域,胡笳、胡琴、洋琴,这全是外来的,全部融入了中华文化,融入了56个民族的共同文化。各个民族都有优点,中国人民是最虚心学习外国的,也是最能兼容并包的,跟西方人不一样。他们是排斥的,看不起东方的,认为东方不发达,而我们是有用的就学习,不排斥外国文化。现代教育制度很多也从西方来。我们过去是书院,书院讲究修身,现代学校普及教育。科技发展,要个性解放,我们也讲究个性,但我们不是无法无天的。个性要健康发展,因为社会是一个整体,是各种关系的总和。你要自由,但不能妨碍别人的自由,西方用法来规定,我们现在也不断从人治转到法治。

中国文化人文精神还有尚群的特点。中国文化崇尚群体,讲仁而爱人,不仅要爱自己,还要爱别人。孙中山强调天下为公,我们往常讲敬业爱群也是这个道理。一个人好还不行,还要大家好。尚群还要崇尚善良。人要生生不息,厚德载物,就要崇尚善良。司马迁也好,屈原也好,中国的仁人志士、中国的脊梁,都有一颗善良的心。我们强调真善美,要有同情心、善良心。孔子讲:"诗三百,一言以蔽之:诗无邪。"万事都要以善为准则,而不是邪恶,就是这个道理。崇尚善良,有同情心,这样的文化特点,就能讲究和谐。中国的特点老讲大一统,外国要分裂,分为城邦,还继续分,要战斗、斗争。读外国历史,一个重要内容是分,分为很小的城邦。而中国讲和,讲和谐,讲祥和。过年,我们要祥和的气氛,讲和谐,家庭要和谐,学校要和谐,社会要和谐。因此我们的民族爱他人,爱和平,"老吾老以及人之老,幼吾幼以及人之幼"。

从世界范围讲,尚群特点决定了我们对人类的态度也是一定要讲究"和"。我们处理国际关系都讲和,不是用打来解决,不是用争斗来解决,周恩来总理倡导的和平共处五项原则正是这样。西方的哲学家提出要诗意地栖居,认为争斗下去人类是要毁灭的。其实,东方也好,西方也好,是有很多共同追求的。世界上不管是东方的还是西方的圣者、智者,对世界、对社会、对人生都有共同看法,总希望人类能够有一个美好的前途,能实现真善美的世界。意大利诗人但丁说过:一个人的知识能力不足可以用道德来弥补,可以勤奋,勤能补拙,才能就增加了;如果道德欠缺了,是无法弥补的。中国人讲"缺德",是对人很重的批评。

西方是从技术、科学这条路来发展的。中国从内在修养做起,"吾日三省吾身",从"修身、齐家、治国、平天下"做起。为天地立心,为生民立命,为往圣继绝学,为万世开太平。有虽九死而不悔的屈原,"人生自古谁无死,留取丹心照汗青"的文天祥等这些圣贤之人、中华民族的脊梁看来,读书是明理,是摆脱愚昧,是明白道理,明做人之理,明报效国家之理。文天祥原是个宰相,生活奢侈,后来兵败被俘之后,关在大都囚室里,元统治者要他出来做大官,他是"富贵不能淫,威武不能屈,贫贱不能移",慷慨就义,以身殉国。死后,他夫人来给他收尸,在他的衣带里发现一张纸条,上有16个字:"读圣贤书,所学何事?而今而后,庶几无愧。"以身殉国、慷慨就义,就没有什么值得遗憾的了。什么叫高尚?高尚就是心中有别人。你活,别人也要活;你活得好,别人也要活得好;心中有祖国,心中有集体,心中有他人,这就是高尚。小人就是只有自己的利益,你看那贪官到最后,他把做人的底线、中国文化的基本精神都忘掉了。可见,中国人要有志气,要提升自己的人文素养。

老师们,同学们,生命是生生不息、不断传承的,我们的文化也生生不息,它一代一代地培养着人,又由一代一代的人传承着文化。我们要把过去人类最好的东西,最精华的东西传给我们的下一代,从而使中华文化更加优秀。西方有不少人曾经非常担心,因为随着科技的发展和物质的极大丰富,人类出现了很多问题。怎样拯救人类?很多西方的有识之士希望能从东方文化里找到拯救人类的一些药方。英国大历史学家汤因比就提出,将来成就人类的到底是什么文化。他崇尚中国文化。中华文化是优秀的文化,是人类文化的精华。因此,弘扬中华文化,有助于使人类有一个美好的前途,有助于我们实现真善美的人类世界。

教改是时代发展的必然[①]
——与《上海教师》主编的对话

主编： 今天我们一起聊聊教育、教改以及教师在教育大变动中的作用，您看如何？

于漪： 可以的。我们今天可以纵意而谈。谈中国的，也谈外国的；谈教师，也谈学生；谈全面发展，也谈人的个性。但重点当然是谈中国的教育，尤其是正在实施中的上海"二期课改"，谈教师在课改中的作用和地位。反正是重在研讨，重在探索，重在促进教育事业的进一步繁荣和发展。

主编： 全国乃至上海课改正在实施过程中，教师中也有种种迷茫与不解。对此您是怎样看的？

于漪： 在这个问题上不能简单化，应对一些理论和实际问题作一番实事求是的探索。比如说，什么是课程？为什么要改革？确实很值得探讨一番。尤其对教师而言，教师在课程改革中处于怎样的地位？教师应该如何自处？都很值得认真地去想一想。

课程存在于复杂的对话之中

主编： 我们这次改革称为课程教材改革，给人的印象是课程、学科、

[①] 本文发表于《上海教师》2017年第12期。

教材之间是可以等同的。

于漪：以往我们常常在课程与学科之间画等号，认为课程就是学科，乃至认为教材就是课程，这种对课程的认识是不周全的。任何学科的逻辑体系都是少数人对学科的认识，不可能尽善尽美，毫无瑕疵。再说，学科本身不断发展，认识有待不断完善，内容增删，结构调整乃至重组，也不足为怪。只专注于学科知识体系，会在不经意中与学生的经验割裂，甚至把教学本质误解为训练，反复操练，忽略了教育的本质在于对学生的引导。

主编：于老师的意思，现今的课程观念正在发生大变化？

于漪：当今课程是诸多要素的整合。课程必须有目标、有计划。每个学年段有课程标准，教师习惯于目中有教材，忽略方案与标准；胸中无后者，教材的定位、价值与驾驭常会出现这样那样的问题，不能瞻前顾后，循序渐进。课程中学习者的经验是要素之一。20世纪初从教育家杜威开始，就强调学习者经验的重要。因为任何学生的发展都是从当下的经验开始的。课程中学生是学习的主体，离开了学生，无课程可言，也无教学可言。

课程中的环境要素不可忽视。有物质的硬条件、教学设备等，有心理的、文化的软条件，社会的、家庭的、学校的，扬长避短，兴利除弊，均是课程应有之义。教师与学生一样，首先面对的是课程，其本身的水平、价值影响到课程的质量、课程的价值。有人形象地阐述：当今的课程存在于复杂的对话之中——课程开发者、教材编写者和教师的对话，教师和学生的对话，教师彼此之间的对话，学生彼此之间的对话，学校、家庭、社会之间的对话。

主编：我觉得，"当今课程存在于复杂的对话之中"这段话很精彩，也很深刻。我参与过编写教材，在编写过程中，要考虑到教师、学生、社会的需要和可接受性，这就是所谓的"对话"吧！不考虑这种对话，哪个教材都是编不好的。

于漪：课程的发展趋势，从学校一个因素，强调教材一个因素，发展到学习者的经验，发展到教材、教师、学生、环境四要素的整合。对课程的认识不能停留在单一的只是学科或只是教材层面的线性思维，而是要转换为多思维。课程存在于复杂的对话之中，这无疑对教师是极大的挑战。比如备课，过去似乎只要熟悉教材，钻研教材，有知识底气，教学就能得心应手，胜券在握。今日远远不够，须研究学生；须了解、运用环境提供的有利因素；须在方案、课程标准整体框架中，把握教材的层次、内涵，作取舍详略的处理；须对教师如何自身发展、如何发挥作用作一番推敲与反思。总之，要多思维地进行思考、研究，难度比原先的备课要增许多倍。课程即教师，课程改革的成败归根结底取决于教师。教师是教育理想与教育现实之间的转化者，是教育先进理念与教育实践之间的转化者，每名教师毫无例外地都要用自己的行动加以回答。

教改是时代发展的必然

主编：现在，教改有没有必要的争论仍然或明或暗地存在着，于老师，您怎么看待这种争议？

于漪：课程改革不是少数人拍脑袋的异想天开，而是时代发展的必然。

首先是教育本质的呼唤。教育事业是具有理想性的事业，"真正的教育"是引导人的灵魂达到高处的真实之境，是人生境界的提升；知识、技能是帮助灵魂攀升的阶梯。西方哲人柏拉图在《理想国》中，借苏格拉底之口，说出了教育的真正含义，即把人的灵魂、精神引向真理世界，从黑暗引向光明。这在本质上要增强人的精神力量。中国古代的《大学》一书中开宗明义指出教育的宗旨："大学之道，在明明德，在亲民，在止于至善。"求学的目的在于彰显内心的美德,达到"至善"的境界。陶行知的名言"千教万教,教人求真",一语中的。英国历史学家汤因比和日本哲人池田大作在谈到21世纪的教育时,认为教育不应以谋实利为动机,而要寻求"精神存在"之间的心灵交流,开启人的心灵与富有的大脑。教育最终为人的精神提升服务。现实状况是重知识技能,忽略精神世界的培养。

主编:离开了人,就没有教育。

于漪:其次是全面贯彻教育方针的现实需要。德智体美全面发展是实施素质教育最本质的反映。人的生命体本身蕴含着多方面发展的潜能,教育的任务就是把学生的潜能变成发展的现实。全面发展是人自身发展的需要,也是社会发展的需要,社会发展的程度越高,对人的全面发展的要求也越高。在教育过程中,片面教育质量对我们的干扰很大,重术轻人,育人异化为育分,学生的思想道德素质、心理素质、体质体能、审美价值都不尽如人意,有的很不如人意,发展是跛脚的,不符合培养的目标。须坚持全面质量观,全面贯彻教育方针。

主编:又是全面发展,又是个性的充分弘扬,二者处理得妥帖、有分寸,并不容易,在二者关系上,我们常常是顾此失彼。

于漪:再次是时代发展的迫切要求。知识经济的到来向教育提出严峻的挑战。社会不是以某种能运用的技术为基础,而是以整个知识进步为基础的。对人才的评价标准,主要不是看某一方面的技能运用,而是看整个知识的结构、容量、水平、知识积聚和更新的能力。显然,人的培养不以获取知识为唯一目的,而是要全面发展,具有良好的综合素质。时代要求学校向学生提供优质教育,要把学生从自然的人培养成合格的社会公民,培养成为现代化的人。因为,人的现代化是社会现代化的根本保证。

放眼看世界,许多教育专家、学者提出的种种学说都聚焦在"如何培养现代化的人"上。美国劳工部对 20 世纪 80 年代至 90 年代本国教育现状及 21 世纪社会对人才素质需求全面调查，深入研究，提出就业人员应具备三大基础和五大能力。其中三大基础显然是综合素质要求，与基础教育密切相关。三大基础是：能力基础——有较高的读、写、算、听、说的能力；思维基础——能进行创造性思维，有想象能力、学习能力和推理能力，有决策能力和解决问题的能力；素质基础——有责任心和自尊心，为人诚实正派，善交际，能自律。美国 21 世纪教育战略所追求的人才目标，对我国教育质量的探讨有一定的借鉴作用。今日的教育就是明日的科技，就是后天的经济。综合国力之争实质上就是人才之争，就是国民素质之争。

综上所述，课程改革不是权宜之计，而是社会发展、时代发展的必然，是培养学生成为思想道德素质、科学文化素质、身体素质良好的社会主义建设者和可靠的接班人的必由之路。

教育的核心理念是以学生为本

主编：说到这里，似乎涉及了教育的理念和教育的策略问题。

于漪：现在理念和策略大家谈得不算少，但不少人都没谈到点子上。

主编：看来得有个核心理念。

于漪：课程改革有整套的教育理念与教育策略，对教师而言，最为重要的是理解和掌握其核心理念，并付之于教育实践。其核心教育理念是以学生为本，以促进学生发展为本。

1996 年 6 月中共中央关于深化教育改革全面推进素质教育的决定，2001 年 6 月国务院关于基础教育改革与发展的决定，对教育现状的评估中阐述了改革开放以来教育取得的巨大成就；与此同时，指出教育理念、教育体制、教育结构、培养模式、教育内容方法相对滞后，影响青少年发展,不能适应提高国民素质的要求。这就给改革指明了方向。教育的基本职能是促进青少年的发展,较长时间以来,我们有意或无意地重技能技巧,轻人的总体素质的培养。把"人性"置于"技性""物性"之下。而今从以知识为本,以知识体系为本转换到以促进学生发展为本,这是对人的尊重,对学生的尊重,抓住了教育的本质。教育,应当是进行人力资源的开发,学生要成为人力资源,当然要促进发展。

必须思考三个问题

主编:教改的关键在教师,可是现在不少教师的知识还跟不上,还存在着这样那样的思想疙瘩。解开这些思想疙瘩,是当务之急。

于漪:要树立以促进学生发展为本的思想,须思考三个问题。

一是外塑与内建的问题。学生是学习的主体,学生质量如何,不能只靠教师外塑,重要的要靠学生主动性、积极性的发挥。

学生的认知离不开他已具备的知识基础、能力基础、学习与生活的经验。学生认知过程就是学生认知结构在认识与实践中不断主动建构的过程。教师的施教之功是调动学生学习的内驱动力,促进他们的发展。

二是师生定位问题。学生不是无生命的容器,听凭灌输;教师不是排球场上的二传手,也不是知识的搬运工,而是要带领学生亲历学习之境,进行学习实践,提高学习能力。通常的课堂教学,往往是教师自己在训练思维,训练口才,使学生如临其境。身历其境与如临其境是两个概念,两种境界,学习者真正进行学习实践,才会品尝到求知的艰辛与快乐,提升学习的能力。汤显祖的《牡丹亭》里,先是丫鬟向小姐描述园里春色怎样怎样美,使小姐杜丽娘如临其境;当杜丽娘自己去游园,身历其境,不得不感叹:"不到园林,怎知春色如许?"于是,一连串的独特体会涌现:"生生燕语明如剪,呖呖莺歌溜的圆""朝飞暮卷,云霞翠轩,雨丝风片,烟波画船。"不耳闻目睹,怎会有亲身体会?

教师是学生学习的组织者、指导者、启发者,既参与,又指路,帮助学生发力冲刺,有时也可以领跑示范,但千万不能越俎代庖。

三是少数尖子与全体学生的问题。尊重和爱护学生是新世纪教育改革的新起点。大脑的最新研究成果表明,每个常人身上蕴含着有待开发的巨大潜力,这是面向全体学生,提高学生素质的依据。不能让所有学生适应"标准化",应以多样性、丰富性适应与满足全体学生的身心需求。

人有多元智能,如语言智能、逻辑智能等,在一个人的身上,有强势智能,有弱势智能。每个学生都独一无二,各有所长。教师要对学生的个体性、独特性、多样性给予充分的尊重,因材施教。要提高全民族素质,既要培养少数尖子,又要面向全体学生,让每个学生在原有基础上明显提高。

解开思想疙瘩,师生就会逐步从技术主义的桎梏中解放出来,按照人的发展规律和每门课程的教育规律进行教学,师生都有了自我发展的空间,有了自主教、自主学的空间。

教学要有三个维度的支撑

主编:对教师来说,观念上的提升很重要,但同样重要的是要有知识能力诸方面的支撑。

于漪:以学生为本,以促进学生发展为本,不是空洞的概念,不是标语、口号,而是要扎扎实实落实到课堂教学实践之中。要落实,就要靠三个维度的支撑。知识与能力、过程与方法、情感态度与价值观,三者相互渗透、相互融合。知识与能力着力于强主干,删枝叶。基础教育阶段,学生不可能把日后工作岗位上所需知识、技能全学到手,尤其在当今信息如潮涌的时代,关键在于学习知识的"核",它是最基本的,陪伴人的终生的。过程与方法的提出，是由于我们的教育长期以来重结论，"标准答案""一考定终身"的做法十分典型，而对教育过程缺乏重视。教育本身就是过程，三年是过程，一学期是过程，一节课也是过程，学生在这个过程中增长知识，培养能力，锻炼思维，情操获得熏陶，因而，过程中培养学生至为重要。传统教育重视教法，对学生学习方法的指导与培养，既不够重视，也缺少办法。然而，作为现代化的人，学会认知、学会学习太重要了。自学能力不强的人难以适应社会，难以适应将来工作的千变万化。有人曾经深刻地指出：21世纪的文盲不是不识字的人，而是不会学习的人。应该说，言之有理。教师指导学生学会学习责无旁贷。

主编：学会学习，不仅仅是功利性的要求，并不是说考试成绩好了，就等于会学习了。

于漪：情感态度与价值观，不能机械理解，它实际上是一个心灵连续体，有极其丰富的内容。情感，不仅指学习兴趣、学习热情，更指亲情、友情、师生情、赤子情，是内心的体验，心灵世界的丰富。态度，不仅指学习态度、学习责任，更是指求真求实的科学态度，讲究公正、诚信；乐观的生活态度，积极向上，笑迎困难；宽容的人生态度，团结合作，和谐相处。价值观，不仅强调个人的价值，更强调个人价值与社会价值的统一；不仅强调科学的价值，更强调科学价值与人文价值的统一；不仅强调人类的价值，更强调人类价值与自然价值的统一，引导学生确立起对真善美的价值追求，确立和谐发展的理念。

三维目标的实现均要紧紧扣住课程的个性特点，语文课就是语文课，数学课就是数学课。以某个课程的知识能力为核心，融合情感态度与价值观的教育，融合方法的指导，课程立体多维，既有课程的实用功能，又有教育功能和审美功能。在教育过程中，学生德智体美都受到锻炼，受到启发，受到熏陶，以学生发展为本的理念转化为教育的实践。

学生是可爱的,是国家未来的巨大财富,必须培养,应该培养,值得培养。以促进他们的发展为本,使他们德智体美全面发展,成长为社会的合格公民,优秀公民,国家的有用之才,栋梁之才,教师重任在肩。

基础教育须狠抓基础[①]

基础教育面广量大,关系到每个学龄儿童,今日的教育质量就是明天的国民素质,意义非凡。基础教育又是长效的,传授的是做人的基本道理和知识的"核",从事的是人的基本建设,陪伴人的终身。一名学生从小有幸接受良好的基础教育,一辈子受益不尽。

学习目的、学习动机端正是为人为学的基本准则,人生迈出第一步就应把这个基础夯正夯实。然而,又有多少中小学重视这个问题并能切实施以有效的教育?有人讽刺说:"这是老古董,今日求学就是为自己。"说白了,就是为钱,为成为高管、白领,为优厚的待遇而少付出劳动。培养目标偏离了准星,中华优秀传统中为人为学的骨气、志气不知不觉就丢失了。有同志看到了这些问题,但觉得社会环境金钱至上,急功近利,胳膊扭不过大腿,教育无能为力。我不这样认为,教育必须有所作为,学校必须有所作为。今天讲个人价值,但个人价值与社会价值须和谐统一。社会上有许多真善美的好人好事、好思想,都是教育学生的好资源,我们又主动关注了多少,使用了多少?给学生为人为学打正、打实基础,就是与不良风气抗争,就是培养他们判别是非正误的能力,指引他们人生的正确道路,怎能不作为,随波逐流?

[①] 本文发表于《上海教育》2008年第20期。

基础教育教的是知识的"核",是最不易老化的。基础打得扎实、牢靠,终身难忘,终身有用。科学文化基础在中小学要力求少而精,力戒多而杂。开设什么课程,安排怎样的教育内容要慎而又慎,必须尊重学生成长的规律。课程不能是个筐,什么东西都往里装。学生的青春是最耽误不起的,因为任何人只有一个青春,青春是无价宝。

眼下有两个基础须狠抓:一是课的质量,课的有效性;二是求知欲的培养。学生进学校,一天上7节、8节,乃至9节课,他们是否学有所得?学有兴趣,学有方向,学有追求,影响到发展、成长,影响到生命的质量。学生求学最为可贵的是求知欲和好奇心,这是成长成才的动力与创造的火种。学生天生就具备这美好的条件,可惜又可悲的是不少学生在过重的机械操练、考试加码、分分计较的桎梏中,学习索然无味,乃至厌学。这不是小问题,要以满腔的热忱,优质的教学资源,科学而又艺术的教学方法,点燃学生求知欲的火焰。这个能量比解几道题、背几个公式不知要大多少倍。什么叫优秀教师?就是能把学生教得越学越想学,越学越会学,越学越聪明,越学越有追求、越有理想。

身体是人的本钱。中小学生在校求学长知识、长能力、长身体,本是众所周知的平常事,可是如何让每一个学生在学校体质得到应有的锻炼却成了一大难题。首先,这是认识问题。体育在学校应放在怎样的位置上,只是几节课的问题吗?它不只是一个课程,它是贯彻教育方针的一个重要方面。课内有课内的任务,课外天地广阔,下课后操场上龙腾虎跃、欢声笑语,才像所学校。400米标准跑道,美丽的塑胶,鸦雀无声,寂寞得令人揪心。体育打基础,实质不仅抓学生体质、体能的发展,也在培养他们的团队精神,艰苦奋斗的体育精神。其次是时间问题。要舍得在体育上花时间。学校不是操练习题的王国,特别是毕业年级,应还给学生体育锻炼的时间。德智体美是学生发展的要求,也是他们发展的权利。基础牢靠,教育质量必能有效提高。

狠抓基础需要真心、精心、恒心、耐心,锲而不舍,就会根深叶茂,繁花似锦。

民族的语言是民族的生命[1]

  我对语文学科受冷落的现状见怪不怪。为什么？现在几乎都把教育变成功利的手段、谋生的目的，受到急功近利的社会思潮的影响，作为人文学科落入这样的困境毫不奇怪。

  长期以来，部分家长，某些教育部门，对教育的本质是什么很少深入思考，眼里只看到分数和升学率。教育变异了，不是"育人"而是"育分"！过去说"有钱就是娘"，现在是"有分就是娘"——实质都一样，分的背后就是钱。可悲复可叹！

  本来高考给部分竞赛获奖者加分只是手段。获得加分的同学最后有没有成为专门人才？不见得。以往大学可录取有特殊才能但个别学科考分不理想的学生——如钱锺书、臧克家等，都能进大学，后来成为某一方面的大家。那时录取并不加分。今天的加分政策真正能培养出某一方面特有潜力的人吗？举例来说，我们从小学开始就办无数的"奥数班"，一些学生参加的目的是通过数学竞赛获得加分，而不是真正热爱数学。通过竞赛加分的有多少成为数学人才？对数学不是有深厚的兴趣而只是为了分数，这样，学习的目的就"歪"了。这难道不值得反思吗？

  说得不客气点，我们现在在有意无意地培养残缺人——不是生理

---

[1] 本文发表于《当代学生》2008 年第 10 期。

上的,而是心理、情操上的残缺,做人上的残缺。如果我们培养的人连方向、追求、信念都是模糊的,甚至是颠倒的,那我们的教育不值得反思吗?

民族的语言是民族的生命,是民族文化的根,伴随人的终身。现代的中国人要有文化,要有一定的文化修养,应当珍爱自己的语言、文字,努力学好语文,尤其在青少年时代。哪个民族不重视自己的母语文化?不重视岂非自己糟蹋自己!而我们母语教育在课程里所占课时的比例不高。打开国门看世界,俄罗斯、法国、美国等母语教育所占课时的比例都比我们高,我国台湾、香港的课时也比大陆多。

什么时候,教育返璞归真,回归"育人"而非"育分",我们母语受冷落的现状才会从根本上得以改变。

用心歌唱不寻常的 30 年[①]

中国教育改革 30 年，与其他领域一样，取得的发展与成就令世人瞩目。语文作为一门学科，一门课程，在教育改革的时代进行曲中，同样发生了巨大的变化。抚今忆昔，耳畔响起一步步改革的坚实的步履声，眼前浮现一幕幕急切盼望有效提高母语教学质量的场景。30 年岁月不寻常，全国的语文教师、语文教育工作者，付出了多少艰辛与智慧。

一

粉碎"四人帮"后的 1977 年，"文革"中对 1949 年以来 17 年教育"两个估计"的枷锁还没有打开。"文革"对教育事业的摧残，对人才培养的残害，对教师队伍的迫害，有目共睹，大家心里都有一笔账，功过是非基本清楚。但出于十年高压下的恐惧，许多教师不敢说，不敢干，徘徊观望。平地一声春雷，1977 年 9 月邓小平同志发表了《教育战线的拨乱反正问题》的讲话。他充分肯定了 1949 年后 17 年教育工作的成就，以推翻"两个估计"为教育战线拨乱反正和思想解放的突破口，重新确立了解放思想、实事求是的马克思主义思想路线，打碎了强加在教师身上的枷锁。这年深秋，上海在文化广场召开了教育方面的大会，我作为"文革"中受迫害的中学语文教师在大会上发言，批判"两个估计"的错

[①] 本文发表于《人民教育》2008 年第 21 期。

误。会上,群情激愤,吐露压抑在胸中的真言。砸开了"两个估计"的枷锁,教育的春天来了,一片欣欣向荣的景象。

紧接着是恢复高考。我心中的酸甜苦辣难以言表。1966年我亲身经历了废除高校招生,眼看我教了三年的高中毕业生憧憬大学深造的理想破灭。66届那批高中生的人生追求、道德面貌、语文水平有目共睹,是值得培养、造就的好苗子,然而一声停止与废除,改变了他们人生的道路。说不尽的辛酸!恢复高考时,我正在教77届语文,做77届的年级组长。一听到高考恢复,师生欣喜若狂。我们立即调整了班级,抓住来之不易的机遇,开设必须考试的课程。教师悉心教,学生刻苦学,夙兴夜寐,为的是培养有用之才,为的是国家的兴旺与发达。为了提高学生的写作水平,不仅对班级进行写作指导与作文讲评,而且对每个同学面批面改。细致地帮,深入地帮,师生亲密无间,情深意浓。当年级里有两个班级百分之百考取高校时,我的心里乐开了花。

1977年10月19日,金色的秋天。南京路上海医药商店七楼,上海电视台教育演播分室第一次向全市直播中学教师向学生讲授语文课的实况。这一天北京也开播,为我们引路。虽然"文革"前我曾经历过几百人听课的大场面,但当时上镜头是极稀罕的事。与那么多观众见面,对我来说,还是破天荒头一遭,心中着实有些紧张。演播室很简陋,课桌椅十分破旧,窗框上(纸板制的)挂着五六条纸剪的嫩绿色柳丝,增添几分生机与美感。教材由我自选。我深感自己冲出了"文革"的暴风雨,于是在图书馆被捆扎的、所谓不得外借的"封、资、修"作品中找到了高尔基的《海燕》,就以此为教材授课。我心里紧张,央求演播现场的导演录下来再播,他们说:"那怎么成?我们没摄像头,一个摄像头要几万元。"我哑口了。导演指令,灯陡然亮了,满屋通明,我的心紧缩了一下,立刻镇定下来,从容地走进教室。朗读、剖析、讨论,辅之以简明扼要的板书;学生十分投入,我也得心应手,进入忘我境地。齐读到"它深信,乌云遮不住太阳,——是的,遮不住的!"群情振奋,语调高昂,自信、豪迈、欢乐洋溢其间。这似乎已不是高尔基笔下的诗句,而是师生发自肺腑的心声。课在朗读全文中收煞。有学生风趣地说:"我们刚从海边归来。"导演竖起大拇指对学生说:"太好了!"

我兴冲冲地返回家,那种冲出暴风雨、精神上获得解放的喜悦似乎渗透到每个细胞,恨不得逢人便诉说。门是我爱人开的,他是个古板正宗的读书人,对我经常公开教学,忙这忙那,总是泼冷水,不断降温。这次却一反常态地说:"我从未看你上过课,怕你上砸了。看你进教室笑眯眯,镇定自若,我的心就定了。九英寸黑白电视虽小,但还看得清楚。你哪里是上课?你是用生命在歌唱。"这倒是一语中的。三尺讲台无限爱,我爱学生、爱未来、爱蕴含着灿烂中华文化的语文。教课不是当旁观的评论员,只有用生命编织的、从心底里流出来的歌,才动听、感人,才会如清澈明净的泉水般叮叮咚咚流入学生的心田。随后,我收到好些封上海、江苏、浙江等地的来信。这些收看电视的老师和我虽素昧平生,但心中表露的却是共同的心声:冲出暴风雨,课堂里春风拂面,教育的第二个春天来到了。

二

1978年,教育部、国家计委颁发了《关于评选特级教师的暂行规定》,好运竟然也落到了我的头上。上海评首批特级教师,没有自己本人的申请,突然通知我参加颁证的大会,我又惊又喜,兴奋不已。上海首批被评上中学特级教师的共八名,七名所在学校都是市级著名中学,唯独自己所在学校是区重点中学,而且和中心城区比,我们区又是"第三世界"。想来想去,相当程度是机遇,有很大的偶然性。可能是"文革"前公开课上得多,学生高兴、家长满意我所带班级、年级的缘故。其实,课上得好的教师很多,有学问的老教师也很多。既然我交上了好运,就不能让荣誉蒙上灰尘,一定要让偶然性为必然性开拓道路。特级教师在德、才、识、能诸方面有很高的要求,要成为"师德表率、育人模范、教学专家"。对我来说,需要竭尽全力、努力登攀,才能逐步缩短差距。我下了这样的决心:一切从零开始,边学边干、边干边学、追求卓越,努力缩短"实"与"名"的距离,向名副其实的目标奋然前行。30年孜孜矻矻,不敢有丝毫懈怠,走了一条老老实实学做特级教师的路。

思想获得了解放,从事语文教育事业的老师们主动性、积极性空前高涨,语文教学出现了百家争鸣、百花齐放的繁荣局面。为了改进中学语文教学、明确中学语文教学的目的要求,教育部(国家教育委员会)先后在20世纪70年代末80年代初制订中学语文教学大纲,90年代初又制订九年义务教育全日制小学、初中语文教学大纲,制订全日制普通高级中学语文教学大纲。教学大纲的制订、颁布对语文教学的拨乱反正、丰富发展起到了至关重要的作用。

八九十年代的教学大纲,我有幸参与研讨、审查,有几点论述与做法给我留下很深的印象。一是语文的定位。语文是学习和工作的基础工具,是学习其他各门学科的基础。这就把"文革"中语文课名存实亡,或与政治课拼成政文课、与唱样板戏拼成革命文艺课的怪现象从根本上廓清,还语文学科"指导学生正确理解与运用祖国语言文字"的本来面目。二是强调了语文能力的培养。随着时代发展与育人需要,把原本在教学需求中笼统的"语文能力"分项提出:初中培养阅读能力、写作能力、听话能力、说话能力;高中提出七项培养目标:具有较高层次的理解和使用语言的能力和素养;具有较强的现代文阅读能力、写作能力;具有较为敏捷的口语交际能力;具有初步的文学鉴赏能力;具有阅读浅易文言文的能力;具有独立自学语文的能力;具有与语文相关的文化常识。把语文能力的培养与训练放到重要位置,是语文教学发展中的一大亮点。三是强调了语文的综合性。"教学目的"中明确在培养学生语文能力的同时,强调"在教学过程中,开拓学生的视野,发展学生的智力,激发学生热爱祖国语文的感情,培养健康高尚的审美情趣,培养社会主义思想品质和爱国主义精神"。显然,语文教育是育人的教育,思想道德教育、审美情趣教育要寓于学习语文的过程中,潜移默化、熏陶感染。四是调动学生学习语文的主动性、积极性,反对注入式,提倡启发式,改革传统的"教师讲学生听"的模式。五是课外活动是语文教学的重要组成部分,是语文学习的广阔天地。

教学大纲是教学的依据与准绳,有了它全国语文教学的运行才能有章可循,语文教学质量才有明显提高。其中有两个方面的事特别令人兴奋:一是中学语文教材的编写与发展,二是教学第一线教师的实践、探讨、创造。长期以来,语文从来是一本教材打天下,从东海之滨到西部青藏高原,在实践过程中,由于文化、生源、师资的差异,困难不少。思想解放促进了思路的活跃,视野的开阔,不少地方从本地教育实际出发,投入精力编写教材。编写的终极目标相同,都是着力提高学生语文能力,但切入口不同,编辑体例各异,教育内容有差别。语文教材的"一纲多本",是1949年以来语文教材发展的亮点。我参与了各套语文教材的审查工作,深为编写者的执着精神与教育智慧所感动。教材尽管多套,但可清晰看到其中相互学习、追求质量上乘的愿望与做法。

教学第一线的改革更是热气腾腾。为了提高语文教学质量,切实提高学生语文水平,许多教师根据自己对语文教学大纲精神的理解,选择了不同的突破口进行改革。从教学方法到课堂教学结构,从读写两个方面到听说读写四个方面并进,从教师、学生、教材的关系到课内课外结合的大语文概念等,可以说,对语文教学的方方面面均广泛涉猎。有的在"人"上下功夫,有的在"文"上着力,各有特点,各有千秋。

20世纪80年代颇值得怀念,语文教学真可谓繁花似锦,涌现出许多各具个性的教学特色、教学经验;本省市、跨省市的交流、探讨经常开展。那时,钱还未钻入人心作祟。许多讲课者分文不取,听课的老师也是抱着一颗认真学习、努力提高自身教学质量的纯净心。那种热情,那种探讨,那种氛围,积极向上,令人难忘。粗粗估算一下,我从1978年评上特级教师以后,上的公开课近2 000节,听课的老师来自全国各地,每节课都有同行听,听完以后常评论、探讨、翻阅备课笔记、学生作文。有些听课老师认真的态度、精细的观察、深邃的思考常令我感动与敬佩。正是在专家、同行的指导与鞭策下,我不敢有丝毫懈怠,尽心尽力上好每一堂课。课的质量关系到学生生命的质量,学生学有兴趣,学有所得,学有追求,才不至于浪费宝贵的青春。

三

20世纪90年代,语文教育又碰到新的困惑,教育质量不如人意,学生语文能力令人焦心。标准化题的测试对语文学科产生了前所未有的冲击,为了应试,工具性的砝码越来越重。许多文质兼美的文章及其文化内涵、思想意义形同虚设——教学只是寻词、寻句、寻段,用解剖刀肢解,作为训练的例子。学生在知、情、意方面有多少收获要打个问号。一套套肢解的练习题汇成江、汇成海,学生在题海中浮沉,不堪其苦。学生受求学不读书的困扰,求知追求弱,独立思考差,文化积累薄,他们的语文素养、读写质量仍然上不去。语文教学究竟是什么?语文教学究竟干什么?醉心于机械训练,文章失去了灵魂,文字运用的奥妙无法领悟,更不可能真正掌握。这种情况看似是教学方法问题,实质上是语文教育观,包括性质观、目的观、功能观等在起"作用"。

早在20世纪80年代中期以后,为了深究语文教学的底里,切实提高语文教学的有效性,我读了一些有关语言学、文化语言学和人文科学方面的书。磨磨脑子、活跃思维,深入思考,打开另一个视角,寻找新的天地。20世纪世界人文科学的一次最大革新就是语言科学的突破。语言不再是单纯的载体,反之,语言是意识、思维、心灵、情感、人格的形成者;语言是人类认知世界、认识自己的框架。打开另一个视角,看到了语言文字是文化的地质层,它无声地记载着民族的物质和精神的历史。因此语文不能只理解为语言文字、语言文学,还应理解为语言文化。割裂语言和文化的教育是与当今世界语言教育发展趋势背道而驰的。语言是表达思想进行交际的工具,是思维的物质外壳、信息的载体,这种工具、外壳、载体,都是只有人类才拥有的符号体系。各民族的语言不仅是一个符号体系,而且是该民族认识世界、阐释世界的意义体系和价值体系,符号因意义而存在,离开意义,符号就不成为符号。这就是说,语言不但有自然代码的性质,而且有文化代码的性质;不但有鲜明的工具属性,而且有鲜明的人文属性。汉语言文字不是单纯的符号系统,它有着深厚的文化历史积淀和文化心理特征。汉语的工具性和人文性,是一个统一体不可分割的两个侧面。没有人文,就没有语言这个工具;舍弃人文,就无法掌握语言这个工具。

形成了这样的认识,我写了《弘扬人文,改革弊端》《准确而完整地认识语文学科的性质》等一系列文章,表述自己的观点。那是1995年左右的事。开始,同行中有些人不理解、不赞同,特别是热衷于题海训练的老师,有的认为语文只有一个属性,就是工具性。问题可以继续讨论,将来可能认识得更为准确,更为完善。然而,在今日,这样的认识——工具性与人文性的统一是语文学科(课程)的基本特点,与以往相比,大大进了一步。新世纪,教育部制订的全日制义务教育及普通高中的《语文课程标准》对此都作了表述:"语文是最重要的交际工具,是人类文化的重要组成部分。工具性与人文性的统一,是语文课程的基本特点。"读到新的课程标准——这个凝聚了广大语文教师智慧和教学实践经验,又用先进理念指导的课程标准,我感到无比亲切。当我看到许多同行对语文教育的人文性再无陌生感,并探究起如何与工具性完美统一时,我感到仅仅几年,便多了许多知音,那都是全国教育改革大力推进的缘故。

新世纪课程改革鲜明地体现了世界课程改革的基本趋势和特点,它的核心理念是以促进学生发展为本。要使这个核心理念落到实处,教学中须有三个维度支撑,即知识与能力、过程与方法、情感态度与价值观。从重术轻人到以人为本,这是极大的进步。教育说到底就是培养人,我们的教育就是要培养有中国心的、思想道德素质和科学文化素质良好的现代文明人。新一轮课程改革把握了教育的本质,适应当代学生全面发展的现实需要,迎接新时代的呼唤与挑战,须认真学习,努力推进。

以教学生学语文而言,是让学生只局限于语文技能技巧的学习,还是在学语言文字技能技巧的同时,智力获得发展、思想认识获得提高、情操获得陶冶、价值取向获得指引、自学能力获得提升?显然应该是后者。课要多维立体,多功能,以语文智育为主干,融合德育、美育的培养,熏陶感染,润物无声。课的整体质量提高,学生主动学习,从中就会深受其益。语文课就是语文课。脱离文本,脱离语言文字,花里胡哨,就走了样,背离了课程标准的基本精神。改革从来不可能一蹴而就,实施中出现这样那样的不足,不足为怪。有对语文课程本质属性缺乏深入的探讨,有对课程标准缺乏整体的把握,有习惯性的思维轨道,有应试教育的冲击等。然而,改革势在必行。为了今日学生的健康成长、明日的长足发展,必须全面贯彻教育方针,使学生德智体美全面发展,成为社会主义建设者与可靠的接班人。语文教改在教育实践中不断完善,必须实现语文教育质量的稳步提升;教师积极性、创造性的发挥,必能创造语文教学的新辉煌。

教育改革 30 年,成绩斐然,拙笔难以尽情表达。我是这 30 年变化、进步、创新的目睹者、学习者、参与者、实践者、受益者,我是怀着感恩的心情写下以上这些话的。

在学科主渠道中获得"有效"[1]

为加强青少年思想道德建设,近年来教育部门做了大量工作,特别是2005年原市科教党委、市教委制定的《上海市学生民族精神教育指导纲要》与《上海市中小学生命教育指导纲要》贯彻实施以来,德育工作取得了许多进步,也积累了不少经验。但是,德育的有效性仍然是当前严峻的难题,须深入研究、切实破解。

我国社会正处于转型期,社会上的多元价值观、多元文化、物质时尚等五光十色通过各种渠道折射到学校、家庭,其中负面的东西对缺少生活经历和文化判断能力的青少年会产生种种影响,侵蚀他们的心灵,损害他们健康成长。加强和改进青少年德育工作,提升德育的有效性,是学生自身发展的现实需要,对于提高全民族的素质,促进人的全面发展,增加经济社会发展后劲,同样具有十分重要和深远的意义。

提升德育的有效性,须注意体制机制的建设,方式方法的创新,须社会、学校、家庭形成合力。别的暂且不说,仅就学校而言,改进德育工作的天地还十分广阔,如果在新的一年里,德育工作"两张皮"现象能有实质性的突破,学校德育工作的有效性就会大大提升。

思想指导行动,"两张皮"的现象要有所突破,首先是思想认识上的端正与提高。在学校教育工作中,常见的情况是把智育和德育割裂开

---

[1] 本文发表于《上海教育》2009年第2期。

来、对立起来,甚至认为从事智育是硬任务,分数可见分晓、可见颜色,而德育是软任务、虚的、看不见也摸不着。把考试、分数抬高到不应有的位置,人的全面发展,特别是思想道德素质、身心素质的发展,说得多,做得少,形不成氛围,形不成气候。

教育的本质是育人,用现在的语言来说,就是"以学生发展为本",这是一切教育工作者、所有学科教师必须树立的核心观念。只看到知识、技能,只信奉"分",教育的准星就偏离了。学校教育向学生传授知识、培养能力,这是教育的应有之义,是天经地义的事,但这绝不是教育的全部。学生求知,学习基础知识,培养基本能力,是学生学习的应有之义,同样是天经地义的事,但这也绝对不是他们在学校成长、发展的全部。局部不等于整体,以局部代整体,必然导致教育的大闪失。

教育的本质是育人,教育学生做人是第一位的。引导与教育他们懂得做人的道理,养成做人的良好思想道德素质,养成做人的良好行为习惯,牢牢把握做人的底线,应是教育工作的重中之重。这一关如果不从小打下扎实的根基,人就难以为"人"。德育为先,是千百年来教育的经验总结,更是现代复杂社会环境下教育学生成长、成人、成才的关键支柱。早在1999年6月中共中央国务院召开的全国教育工作会议所作的《中共中央国务院关于深化教育改革全面推进素质教育的决定》中就强调:各级各类学校必须更加重视德育工作,进一步改进德育工作的方式方法,寓德育于各学科教学之中,讲究实际效果,克服形式主义倾向。这里除了强调对德育工作的"更加重视""进一步改进",十分重要的是"寓德育于各学科教学之中",正是这点为德育工作指出一条具体的、生动的、广阔的道路。

我们要培养的是德智体美全面发展的社会主义事业的接班人,有良好的思想道德素质、扎实的科学文化素质,身心健康。简而言之,就是要培养综合素质好,有中国心的、有国际视野的现代文明人。德智体美是人综合素质的有机组成部分,不能人为地割裂,加以对立。思想素质、智力素质不可侵害,它们互相融合、互相渗透、互相联系、互相贯通、互相制约,可谓"一荣俱荣,一损俱损"。思想素质是方向、是动力,智能素质是基础、是内部依据。德育与智育不是"两张皮",融合得好,互相促进;若机械割裂,厚此薄彼,或厚彼薄此,俱受损害。体育的重要不言而喻,无须述说。美育不仅能陶冶情操,提高素养,而且有助于开发智力,对于促进学生全面发展具有不可替代的作用。人的成功靠综合素质,现代社会尤其如此。德智体美融合,促进学生全面发展,是我们的责任,也是我们的不懈追求。

寓德育于学科之中,就可相当程度地消除德育工作"两张皮"的现象,提高德育的实效性。

一是由于学生进入学校学习,日复一日,月复一月,年复一年,大量的时间是在课堂里度过的。课堂教学质量直接影响学生生命的质量,影响他们的成长与发展。因此,课堂教学中是单纯传授学科知识、培养有关能力,还是寓德育于知识传授、能力培养之中,课的质量会有很大区别,学生的受益也会很不一样。任何学科教学都应有教育性,有教育性的教学,就赋予知识、能力以灵魂、以意义,能促进学生的发展。课堂教学本身就应全面贯彻教育方针,以所教学科智育为核心,融德育、美育、体育于一体,发挥育人的多功能作用。

二是德育的实效性须建立在精心探索与勇于顺应青少年道德成长规律的基础上。青少年的道德成长,主体是青少年自己,它具有个体性的特点。如果只是外界约束的条条框框,只能这样做,不能那样做,强迫、说教,那不叫德育。我们以为把正确的东西教给学生,他们就一定接受,而事实上,他们不一定接受。思想道德素质是自己内心约束的东西,是由社会的公德跟个人的道德观念、道德感情、道德追求结合在一起的。根据年龄特征、认知规律,他们的感受、体会是有限的,不可能要求他们无限地理解、体验。知识的传授、能力的培养在相当程度上要根据青少年学生的内心需求,适切地把德育融入其中,春风化雨,润物无声,符合道德成长的规律,有利于促进他们内心的变化与提升。

三是上海"二期课改"的先进理念得以在教学实践中完整地体现与落实。教育的基本职能是促进青少年的发展,"二期课改"的核心理念是以学生为本,促进学生发展。这个理念是先进的,它反映了教育本质的回归,全面贯彻教育方针的现实需要,时代发展的迫切要求,符合科学发展观以人为本的指导思想。教育要把学生从自然的人培养成为合格的社会公民,学校的各类课程(基础型、拓展型、研究型)、各门课程(语文、数学、社会科学、自然科学、技术、体育与健身、艺术)必须促进他们今日的健康成长,明日的长足发展。这个任务要落到实处,须有三个维度的支撑。三个维度是知识与能力、过程与方法、情感态度与价值观。

这三个维度不是1+1+1、分离的、割裂的,而是相互交融的。情感态度与价值观绝非脱离学科内容的外加,而是蕴藏在学科中的深厚的内涵。教学中不是穿靴戴帽、添油加醋,不是贴标签、硬拔高、乱延伸,而是根据所要传授学科的某些知识、某些能力的个性特征,把情感态度与价值观的相关内涵融入其中,使教学具有吸引力、感染力,闪现育人的光辉。在教学过程中,德育、智育交融,既教书又育人,学生既学得知识、提高能力,思想道德情操又受到熏陶、感染。年年月月如此学习,必能读书明理,明做人之理,明报效国家之理。显然,课堂教学三个维度的融合是真正"人"的教育,促进青少年学生全面发展的教育,对片面教育质量观是有力的克服。

寓德育于学科教学之中,给"二期课改"注入了新的活力,使情感态度与价值观有了实实在在的内容,而这些内容又蕴含在相关的知识中。否则,三个维度会人为地造成"跛脚",难以落实促进学生发展为本的理念。而要切实突破德育工作"两张皮"的瓶颈,课堂教学就必须进行改革与提升。一是执教者须转变观念,心中有培养目标,变育人的无意为有意,把情感激荡、理性思辨融入知识传授、能力培养之中,以收春风化雨的良效。二是深入认识学科特征,深入钻研教材,挖掘教材蕴含的深意,发挥教材固有的育人资源。"挖掘"本身就能促进教师的专业发展,提升其思维的品质,使教学不在浅表浮游。三是下功夫了解、研究当代学生的特点。知心才能教心,对准音调,施教的内容才可能拨动学生的心弦,在学生心中弹奏,引起共鸣。

德育工作在学科主渠道开通,瓶颈必能突破,教育教学水平也必将大大提高一步。我们翘首以盼。

教育的生命力在于教师成长[①]

在我几十年的教学生涯中,由于党组织的培养,由于几十年的风风雨雨,特别是同行们的教育启迪,我确实悟得一点道理,我深深体会到教育的生命力在于教师的成长,而教师的真正成长在于教师个人的内心觉醒。只有内心的深度觉醒,教师才会真正成长。

内心深度觉醒需要教师的主人翁精神

教师的内心深度觉醒是什么意思呢? 我为什么说一辈子在学做教师呢? 我就是一直处在这样的觉醒过程当中。我体会到,当教师把个人的前途命运与祖国的前途命运紧密地联系在一起的时候,人就会变得聪明,就会站在比较高的地方思考问题,而且心中总是有一团火,有旺盛的经久不衰的内驱力。我这个老教师梦寐以求的就是国家民族的伟大振兴,而要伟大振兴,最重要的就是人才辈出。人是不能自然成才的,要靠培养。在培养的过程中,它的质量如何,成果如何,决定性因素就是教师的成长动力。因此,我提出一点体会和中青年教师共勉,就是

[①] 本文发表于《现代教育》2009 年第 3 期。2008 年 12 月 31 日,上海市教卫党委、上海市教委、中共上海市杨浦区委、上海市杨浦区人民政府共同举办"教育的生命力在于教师成长——于漪教育思想研讨会暨《于漪新世纪教育论丛》首发式",以此纪念改革开放 30 周年,表彰于漪老师对上海市和杨浦区基础教育做出的杰出贡献。此次研讨会着眼于教师内涵发展,关注教师成长。与会的社会各界人士就作者对基础教育及教师教育所做出的巨大贡献和取得的成绩发表了见解。本文即作者在研讨会上的发言。

一个老教师的后面应该有浩浩荡荡的中青年教师队伍,长江后浪推前浪,从来是后人超过前人。

我自己是有限的,但我有体会。教师从事大量平凡、普通的工作,但有些事情应该刻骨铭心,使得你心灵震撼,突然心中会有明灯点起。我想到1977年深秋,在文化广场开了批判"两个估计"的千人大会,我作为中学的教师代表发言,批判"两个估计"。解放思想、拨乱反正的路线是教育的突破口,当时我非常激动,因为在十年动乱中,我们所有的知识分子都是黑的,都是"臭老九",我们教育的成绩都是"修正主义"教育路线。我在这所学校也被打成了"黑旗手""黑标兵",因为我是"三八红旗手"。我无法言说自己的心声,可在那个会上,是邓小平同志,是我们的党给我们砸开了颈上的锁链,因此我们得到了人的尊严。知识分子作为劳动人民的一个非常重要的部分,我感到获得解放。因此,我有主人翁的感觉,也希望中青年同志都能体验到。回顾历史是为了告诉我们现在的同志,历史告诉未来,我们真正有了人的尊严是在1977年以后,我们获得了解放,因此才有了三十年来伟大的成就。所以,我说我就是国家的主人,我就是教育的主人。教师有了强烈的主人翁意识,就会认真思考,对所有的困难都会去努力解决。

通过实践将内心深度觉醒转化为学生的真本领

主人翁意识不是口号,口号概念是容易的,我觉得最重要的是要实实在在地做,教育的事业是实践的事业。有些学生的话我一辈子记得,刻骨铭心。我教了一些学生,我自认为很努力,可有学生说:"于老师,你的课我很喜欢听,但是我自己没有学会。"这句话我琢磨了多少年。作为教师,我不是在表演。我所上的课不能随着声波消失就销声匿迹了,课要教到学生的身上、心中,成为他素质的一个部分,因此,教师的责任是要教每个孩子会学,这不仅是科学而且是艺术。就是这样一句话促使我一直在研究课堂教学如何突破原来的框框。其实我们在工作中有很多惯性和束缚,解决难题没有别的办法,只有创新,打破脑子里的旧框框。

在20世纪80年代,我尝试了很多改革,如课的多功能、立体化。我没有固定的模式,课文可以从开头教到最后,也可以倒过来教,一切都要倾听学生的心声,因为教育是育人,让人学到真正本领才是最大的事情。

我想考试是一个手段,我一直认为"应考"是永远培养不出教师,也培养不出优秀学生的。只有教出学生的真本领,才能人才辈出;只有教出学生真本领,才能让他们可以应对多种命题。以不变应万变是我教初三、高三的经验。事实证明,学生有了真本领什么题都不会怕。每堂课影响着学生的生命质量。学生的生命在课堂里成长发展,你的课是否有效,你是单线的还是立体化的,是既有知识能力又有情感态度与价值观,这些都影响着人的培养。我们的中青年教师要有系统的思考,从大框架到局部到细部,要研究我们的对象,否则就是闭着眼睛捉麻雀;要好好研究学生,知心才能教心,教师的教学要能够在学生心中引起共鸣。

名师基地中的中青年教师带给我的启迪

我一辈子处于正在觉醒中,还有中青年教师给我的教育和启迪。我带教了上海名师基地的一些学员,最近有三件事让我很感动。

南汇区第一中学一位教师的论文参加了我们组织的"当代教师的成长与发展的征文",得了一等奖。原来这位教师认为教师的成长主要是目光向外,大气候怎样,学校小气候怎样,还有奖励制度怎样。有一次上海市教师学研究会组织了全国十六个省市有关"民族精神教育在学科里的实施"活动,这位教师说自己很敬业,五点多从南汇出来,天都没亮,听了一天的课还认真地记录了,非常累,于是偷闲打了一刻钟的瞌睡。可是当最后于漪老师七十几岁的人评了一个多小时的课,现场鸦雀无声。她对课那么熟,每节课好在哪里,有什么问题,他说他震撼了。他明白教师的成长要有内驱的动力。他说这天的活动让他刻骨铭心。我读了这篇论文很感动,感动于他进步了,他懂得自己的成长是内心的驱动力。

名师基地的一位初中教师,从开始我就听了他的课,他对我说备课备到了痴迷的程度,他说现在什么都不想,只想把课上好。他教的毕业班学生在他过生日时每位学生都写了封信给他,这种幸福感是钱买不来的。我为他的成长而高兴。一个教师必须要苦中有乐,学生的成长就是你的成就,别人的需要就是你的价值。他说教师在学生面前要透明,能明白自己有哪些优点,哪些不足。教师教育学生是以人格的魅力,不是两面人,是表里俱澄澈。他悟到这点我真是非常高兴。

上海理工大学附属中学的一位教师去云南支教了,他投给我们的征文虽未获奖,但他在写给我们的信中写道:我是一名工作才几年的英语教师,去云南之后才知道文化上的区别,要成为真正的男子汉还需要走很多路。那里的教学任务很重,课很多也很累,但我们一定会尽心尽力。等到任务完成了,我们不可能拿到像奥运会比赛那样的金牌,但是我们精神的丰富是和金牌的价值等同的。

我一辈子学做教师,不是一个虚假的口号,我从周边许许多多教师身上获得很多的能量。我们的教师是可爱的,今天的教育比我那时难得多,因为社会转型,社会上各种矛盾、问题都折射到教育上来,教育有不能承受之重。现在的年轻教师比我那时强多了,社会和家长对教育的需求、期望那么高,多元文化和多元价值观对我们学校的教育功能冲击那么大。

因此,今日的教师更加要有仰望天空的理想和信念,要坚守自己的精神家园,要练就过硬的本领,对学生的教学魅力是没有虚假的,是实打实的业务能力、专业能力。我想再难也难不倒党领导下的教育事业,也难不倒我们的中青年教师。我们要同舟共济,共渡难关,依靠我们坚定的信念、非凡的勇气和无限的智慧。我祝愿我们的中青年教师在这样的盛世能够飞速成长。长江后浪推前浪,我作为一块垫脚石,能够给大家垫了一步,这是我终生有幸。

中小学思想道德教育的里程碑[①]

最近,《润物无声》问世了,值得庆贺。我作为一名老教师,有机会为这本著作说几句话,深感荣幸。

中国教育改革开放30年,与其他领域一样,取得的发展与成就令世人瞩目。义务教育的全面普及,高中教育的迅速推进,大学教育与研究生教育的蓬勃发展,教育理念的提升,办学条件的改善,等等,佳音频传,不胜枚举,与30年前比较,有恍如隔世之感。忆往昔峥嵘岁月,幸福与自豪之情充盈胸际;立足当前,展望未来,更觉重任在肩,在新的征程中须奋然而前行。

当代学生所处的是一个特殊的时空环境。进入新世纪,世界和中国都发生着深刻的变化,这种变化构成了这个时代的历史特征,对教育提出了严峻的挑战。这些变化可简要概括为:政治多极化、经济全球化、文化多元化和信息网络化。暂且不说其他,单是文化多元化和信息网络化对缺少人生经历、文化积淀与文化判断力的中小学学生思想道德观念和价值观的形成就产生了相当大的影响。上海处于改革开放的前沿,又是中西文化交汇的窗口。这一方面给学生创造了优越的成长环境,同时,又对学生思想观念、价值取向和行为养成提出了更高的要

[①] 本文发表于《上海教育》2009年第14期。是作者为翁铁慧同志(时任上海市政府副秘书长)主编的《润物无声——党的十六大以来上海中小学思想道德建设探索与发展》一书特别撰写的序言。

求。面对如此的新形势、新情况,如何引导学生健康成长、全面发展,上海市教卫工作党委、市教委及时而果断地制定了《上海市学生民族精神教育指导纲要》与《上海市中小学生命教育指导纲要》,并大力组织实施。这是解放思想、实事求是、落实科学发展观的重要举措,是新时期全面贯彻落实党的教育方针远见卓识的表现。

"两纲"的贯彻实施是育人的根本大计,体现了以人为本的先进理念,旨在促进学生的全面发展。教育,说到底就是培养人。中国的教育,当然应是培养有中国心的现代文明人,具有良好的思想道德素质、科学文化素质和身心健康素质,成为中国特色社会主义事业的可靠接班人和合格建设者。培养目标是教育工作的准绳,培养目标的实现是所有教育工作者为之奋斗的追求。然而,由于种种原因,在教育实施过程中,重术轻人、重智轻德的现象屡见不鲜:重知识、技能的传授,轻人的全面培养;重智育轻德育,轻学生做人的思想道德情操的培养。其实,所谓重智育,也不是真正重视学生求知欲的激发,创造意识的开发,而是把考试和分数提到不应有的高度,分数增值往往成为办学目标,"育人"在某种程度上被扭曲为"育分"。这种教育功利思想,教育片面质量观与素质教育游离,影响学生健康成长。中小学生学习文化知识,提高学科学习能力,无可非议,而且要扎扎实实培养。然而,千万不能忽视学习动机、学习目的的教育,忽视做人的教育。读书、求学,为什么?读书为了明理,明做人之理,明报效国家之理。在求学过程中,须认识这些道理,从感性到理性,深入思考,铭记在心,形成正确的人生观、价值观,一辈子指导自己的思想言行,做国家的有用之才,社会的好公民。

这是教育的真谛所在。古今中外对教育的研究与实施尽管各有阐释,做法不同,但"育人"这一教育的本质是不变的。在中国教育的优秀传统中,从来都是讲究人的培养,讲究人的修身养性,讲究德才的和谐。

司马光说得好："才者，德之资也；德者，才之帅也。""德"是"才"的统帅，一语道破了立德树人中最为关键的、不可替代的地位。人有了脊梁骨才能直立行走，脱离爬行状态；人有德行，有理想信念，就有了精神支柱，就能成为真正的人。德，是做人之魂；德育，是教育之魂。对此，认识上的模糊，就会导致实践中的盲目；认识进入误区，行为必然错位。"两纲"的制定与实施，不仅继承了育人先育德的优良传统，而且根据时代特点与学生成长的内在需求加以弘扬与发展；既返璞归教育之本真，又展现创新的时代活水的流淌，具有很强的现实意义。

"两纲"教育在学科中的实施与"二期课改"的施行，并不是两股道上跑的车，而是紧紧结合，互依互存，相互促进，旨在推进素质教育，对学生进行合格公民的培养，落实以促进学生全面发展为本的先进理念。

《上海市普通中小学课程方案》课程总目标规定："上海市普通中小学课程旨在培养学生初步形成正确的人生观、价值观和世界观，具有民族精神和国际视野，民主与法制意识和社会责任感；具有适应终身学习的基础知识、基本技能和学习策略；具有初步的创新精神、实践能力和可持续发展的能力；具有健康的个性和良好的身心素质，养成健康的审美情趣和生活方式，成为有理想、有道德、有文化、有纪律的公民。"

《上海市中小学生命教育指导纲要》与《上海市学生民族精神教育指导纲要》分别在总目标中提出："使学生学习并掌握必要的生存技能，认识、感悟生命的意义和价值，培养学生尊重生命、爱惜生命的态度，学会欣赏和热爱自己的生命，进而学会对他人生命的尊重、关怀和欣赏，树立积极的人生观""使广大学生的民族自尊心、自信心、自豪感得到显著的增强，使学生的思想道德素质得到显著的提高，进而为上海市公民思想道德素质的全面提升奠定基础。"

两相比较，可见目标一致，关键在实施中如何有机地融合，求得最佳效果。

这次课程改革的核心理念是以学生发展为本，要把这个理念落实到学科教学之中，就须牢牢抓住知识与能力、过程与方法、情感态度与价值观三个维度的支撑。教学中认真进行三个维度设计，三个方面相互渗透、融为一体，全面育人的任务就能落到实处。且不说前两个教师比较熟悉的维度，就是情感态度与价值观的内涵就十分丰富。情感，不仅指学习兴趣、学习动机、学习热情，更指内心体验和心灵世界的丰富，高尚的道德情操和审美的情趣与追求。态度，不仅指学习的态度、学习责任，更指乐观的生活态度，求实的科学态度，宽容的人生态度。价值观，不仅强调个人的价值，更强调个人价值与社会价值的统一；不仅强调科学的价值，更强调科学价值与人文价值的统一；不仅强调人类价值，更强调人类价值与自然价值的统一，使学生从内心确立起对真善美的价值追求，以及人与自然的和谐可持续发展的理念。从横向角度看，三者有相对独立性；从纵向角度看，三者具有层次递进性，构成了一个心灵连续体，由情而理，由直觉反映而本质探究，由低级而高级。这么丰富的内涵需要根据各学科的个性特点与知识、能力有机融合，在课堂教学中施以有效的教育。"两纲"教育的内容正是情感态度与价值观的核心内容，贯彻实施"两纲"教育给三个维度的教学注入了无限的活力。它要求执教教师深入钻研教材，把教材中蕴含的情感态度与价值观的育人因素挖掘出来，融入知识的传授、能力的培养之中。这充分表明"两纲"教育不是课程改革外加的任务，而是使课改的核心理念——以学生发展为本和三个维度的融合落到实处，提高教育的质量。脱离了学科中固有的情感态度与价值观的具体生动的教育，课堂教学只在知识技能层面上滑动，三个维度的支撑也就沦落为几句空话，课改的育人精神实质上就难以实现。"两纲"教育在学科中的实施，使课堂教学发生静悄悄的革命，把偏离教育准则的"育分"向素质教育"育人"的方向转，把课堂教学的线性思维单打一逐步转换为立体化、多功能，把德育、智育、美育有机结合在一起,对学生进行全面培养。德育进学科、进课堂,科学文化知识的传授、学习就有了灵气,有根有魂。学生在求知过程中,懂得做人的道理,懂得报效祖国、奉献社会的道理,并努力实践,健康成长,这才是教育真正的成功。

"两纲"教育实施以来,市、区县做了大量的工作,创造和积累了许多宝贵的经验,翁铁慧同志主编的《润物无声》从理论和实践结合的高度作了生动、具体、精彩的论述,认真阅读、学习,必能提升教育思想,增添育人智慧,深悟教育真谛。

可否有点偏爱？[1]

眼下相当数量学校的少先队大队长、中队长都清一色由女同学担任。这些学生聪明、能干，学习成绩优秀，做事认真，能按老师意图完成任务。男同学能当上个少先队小队长，已是幸运的了。长期从事教育的同志每谈及小干部成长中的性别失衡，总忧心忡忡，乃至唏嘘不已。不少女同学确实优秀，无可非议，但男女生培养上的失衡也是不争的事实，须剖析原因，寻找对策，以取得突破性的进展。

众所周知，教育无选择性。只要生长在我们这片热土上的少年儿童，教师都有责任把他们教好。要面向全体学生，热爱每一个儿童，尽心尽力促进他们德智体美全面发展，这是为人师的道德底线、工作底线。两千多年前先圣孔子就提出"有教无类"，并身体力行，今日不仅有更丰富的时代内涵，而且在为全民族素质提高的奠基中发挥着无可替代的作用。

学生小干部的培养，是在教育无选择性的前提下的有所选择。一般地说，品德优良、学业优秀的儿童总是首选的对象。选上了，委以一定的工作任务，提供较多的学习与展示的机会，使他们得到锻炼，成长得更快，发展得更好。既然是选择，必然有标准。制定怎样的标准，怎样运用标准衡量、选拔，其中有不少问题值得探讨与研究。

---

[1] 本文发表于《少先队活动》2009年第11期。

在小学阶段，女同学的遵守纪律、学习认真细致程度普遍胜过男同学。由于物质生活水平的提高，又由于信息、传媒的种种影响，与20世纪比，儿童的生理发育明显提前，心理上也发生了前所未有的变化。但总体上说，还是比较幼稚，比较单纯的。而这种幼稚与单纯，男女同学又有些区别。在心理上女同学的早熟明显胜过男同学。特别是一些拔尖的女同学，比较懂事，善解人意，有自控能力。与他们同龄的男学生，有的在学校的表现常晕晕乎乎，懵懵懂懂，用老百姓的话来说，就是"还没开窍"。这种现象该怎么看待？是用同一把尺子衡量，还是用科学的眼光尊重儿童身心发展的实际，有差别地对待？再说，晕乎、懵懂，绝不是混沌一片，必然有些时候有些事情上清楚明白，甚至表现出具有个性、与众不同的看法，十分聪慧。细加分析，拿出眼光，就会发现他们身上潜藏着的优良资质。爱护，培养，提供锻炼机会，同样可成长得青枝绿叶。

调皮、贪玩，纪律方面常出现点小毛病，作业粗心大意，这些是小学阶段男同学常受到批评与指责的缺点，弄得不好，影响小队乃至中队的集体荣誉，令人头疼。其实，调皮、贪玩与品德不好是两码事。调皮、捣蛋、爱玩，是儿童的天性，小时候不自在地通过玩耍去追求新奇，释放生命能量，创造快乐，难道还到七八十岁去调皮、贪玩？调皮捣蛋的孩子起码有两点值得注意：一是身体好，精力旺盛，有使不完的劲；二是点子多，想出门道来玩，思维活跃，肯动脑筋。男同学身上就是要有点勇敢、冒险、好奇、不怕苦的精神。如果男孩子都女性化，扭扭捏捏，循规蹈矩，胆小怕事，那是教育莫大的悲哀。男学生从小培养阳刚之气是不可掉以轻心的大事，比作业上的小差错，纪律的偶尔不遵守重要得多。

儿童在成长过程中存在这样那样的缺点与不足是常态。如果都十全十美，还要教育者干什么。教育就是把学生蕴含的潜能开发为发展的现实。教育者要有一双慧眼，不为某些现象所迷惑，要洞悉儿童的个性特点,善于发现他们隐含的多样潜能,丢弃带有主观色彩的一刀切的习惯性思维,努力做到因材施教。教育者不是迁就差错、不足,而是要以宽容的心态、发展的眼光认真对待。对有潜质的男同学花更多的精力呵护、培养,创造更多的机会让他们实践、锻炼、登攀。真诚的信任和耐心的启发会融化为感情的潜流,滋润他们心灵,促进他们茁壮成长。

少先队组织是少年儿童成长的洪炉,能获得辅导员的厚爱与器重,是一种快乐,一种幸福。

校园文化建设与"爱满天下"[①]

几位同志的主题报告、发言,代表了所有全体课题参与者的自主性、积极性和创造性。我非常感谢论坛组委会给我学习的机会,使我明白了很多道理。包括张步华校长介绍行知中学"培养真人"的做法,还有福建省重点中学惠安一中蔡校长的获奖材料,非常受教育。现在,办学一定得与升学率挂钩,优质教育就是升学率,我是不能认同这点的,考试选拔只是手段。教育的本质是什么?这是应该考虑的重点问题。

什么叫教育?很简单,教育就是培育人!现在教育有急功近利的思想,把简单的事复杂化。莎士比亚在一个名剧中说:"简单就是智慧。"所有工作都要抓住最核心的问题进行研究,现在把教育的概念复杂化了,方方面面多得不得了,却把最核心的问题淡化了。

柏拉图曾用他老师苏格拉底的话说:"教育是从一个洞穴中把囚徒的灵魂引出来往上升,达到真实之境界。"教育的本质是升华人的精神世界。西方文化讲科学,讲"真"。中国优秀传统文化讲"善":"大学之道在明明德,在亲民,在止于至善。"孔子说:"诗三百,一言以蔽之,曰思无邪。"陶行知说:"千教万教,教人求真;千学万学,学做真人。"都是要彰显内心美德。

[①] 本文发表于《陶研之光》2009年12月31日。是作者在"2009年和谐校园文化建设上海高峰论坛暨课题年会"上的主题报告。

伟大的人民教育家陶行知先生提出：人的教育就是教育本质的回归。但从当前的现状来讲，对技能技巧的培养十分重视，对人的整体培养不够，重术轻人，育分不育人，求学不读书。钱学森问"为什么几十年我们出不了人才"，是指我们的很多做法都违背了教育规律。

孩子有一个身体物质世界，还有一个精神世界。人没有脊梁骨无法直立行走，人没有理想、抱负，同样站不起来，不能成为一个真正的人。

教育要在培养人的精神层面上下功夫，在当前形势下提出认识校园文化建设是十分重要的，和谐校园文化的核心是"爱"，这种爱是"大爱"。教师肩负着国家的使命，人民的嘱托，国家把未来交给你，今日的教育质量就是明日的国民素质。因此，肩上的担子很重，万万大意不得。

谈到校园文化建设我认为有三个层面须做好。一是实践层面。文化是人类创造的物质文明和精神文明的总和。学校的校园文化应强调实践层面，文化不是标语、口号，是要实践的。宁波庄市小学高校长介绍中，最了不起的是一个"乐"字，七亩地的农家娃娃乐，令人欣喜。现在基础教育的乐实在太少，简直是苦不堪言。办教育要使孩子快乐成长。庄市小学是一百多年的老校，有文化底蕴，如何把原来的崇正书院的文化积淀与现时代的教育特色结合起来，他们做得很好，确实有特色。这篇由小学生写的"中国男篮惨败"是非常好的探讨性文章，完全独立思考，把许多材料综合在一起，上升到理性来认识，小学生能如此做，实在了不起，这才叫能力。二是制度文化。"制度文化"值得研究，它一定有学生的内心需求。教育的有效性不能离开针对性，制度文化的创建一定是学校把教育理念化作制度，以适应师生内心的需求。张家港二中讲的"责任文化"很有见地。二中的责任文化化到每一个教学的环节，蕴含了学校自身的要求和自身的提高，看得出他们很扎实地在做。三是校园文化提升的是精神层面文化。陶行知讲"大同大不同",就是因人而异,因材施教。教育多元和谐,最后着力的都是学生精神层面的提高。

国民素质如何提高要靠教育。文化无处不在,是否文明,小事就可看出,所有的行为都流露出一个人的文化。

教育人的精神层面是心灵养育,是教师以自己的人格培育学生的人格成长;以自己的高尚情操熏陶学生的情操,使他们有高尚的审美观。没有一个职业像教师那样意义非凡,教师的思想、情感、价值观无时无刻不在起作用。没一个工作像是教师那样对人的一辈子起作用。当老师很幸福,其价值,其意义非同凡口向。

学习陶行知的"爱满天下",绝不光是关心学生的生活,是超越血缘的大爱。

"大爱"不只是分数的提高。师德不仅是关爱学生,业务一定要精湛,要钻研业务。要培养学生扎扎实实的科学文化素质,过硬的学科知识,教师的业务要过硬。我们要提高教师的能力。当年我们是举一反三,对"一"很重视;而现在是举十反一,甚至是举百反一。学生没学过的东西就不会做。对"一"功夫下得不够,当然就不会做了。

爱学生先要爱学生的全面发展,这才是师爱的核心。要培养有脊梁骨的人,教育要培养埋头苦干的、拼命苦干、踏踏实实的人。

学生道德缺失,不爱学校、老师、不爱亲人、同学,有的连自己生命也不爱,这样的状况,教育有责任。

葛起裕是我年轻时的学生,我只比他大十岁。我们在不同的岗位上,不大见面但师生情谊很深。王厥轩是我从高一教到高三的学生,他找女朋友也要我搭搭脉、把把关,师生感情很真,师生之间完全没有金钱、商业关系,是心与心的交融。

要打开学生的心门。教育是教心的工作,不知心无法教心,打开学生的心门,能与你思想交流、感情交流,你就是一个成功的教师。

现在社会上五花八门、光怪陆离。学校讲文明、讲道德,而传媒上的超女、好男儿,不三不四,不男不女,都一夜成名,一夜暴富。一个还珠格格把初中生全打倒,一个周杰伦打倒了80%的高中生。过去老师上语文课,好文章能使师生都感动,现在要感动学生太难了。我们太不了解学生,对学生的心灵世界太不了解。孩子的道德缺失很严重。知识缺失可用道德来弥补,勤能补拙;道德不全的人无法用知识来弥补。孩子成长的路上,基础教育是基本建设,做人的底线是道德。不是所有的问题都能由法律解决,法律是消极的限制,而道德是人文,是提倡。爱学生要让他们掌握做人的底线,否则,培养出来的人见钱眼开,不学无术,将来对社会危害更大。

要传授科学文化。人的精神境界要达到真善美的境界,做人之理要懂,而知识能力是做人的阶梯。中小学教的是知识的核,能陪伴人一辈子,最不会老化,影响人的一生,镌刻在心。学生要全面发展,体质要提高。现在一碰就要骨折,男孩子连打架都不会,这样体质怎么得了?师爱是大爱,承担着祖国的嘱托,千家万户的期望,让孩子德智体全面发展,才是教师的真爱。陶行知"爱满天下"非常值得我们学习。老师是对学生滴灌生命之魂,教会德性——做人之理;智性——扎实的科学文化知识。分数不等于人的素质,任何一张考卷都无法考出人的素质。

1949年以来现在是第八次课改,以学生为本,以促进学生发展为本是这次课改的核心。

知识与能力、过程与方法、情感态度与价值观,这三点很重要。

教育要有大量的实践活动。只有在社会实践中才能做社会人。中小学是公民教育,把自然的人培养成社会的人,懂得人与人、人与物、人与自然的关系。人的经验是了不起的,要磨练,要实践,单靠书本是教不出来的。

素质教育是时代的需要,我们跟随陶行知的"爱满天下",去实践求真、求美、求善的思想。你们做了一个有意义的课题,教育任重道远。当今社会对教育的干扰太多;需要有一颗爱心、耐心,静下心来研究、实践,坚守自己的精神家园,发奋努力,全力以赴做好今日的工作。

教育是培养未来的事业,是实现理想的事业,没有理想就没有教育。李白唱神曲,天马行空;杜甫唱人歌,关注人民的苦难。老师既要顶天唱神曲,也要立地唱人歌。志存高远与脚踏实地有机结合起来,一定能造就优秀的教师,优秀的教育家。中国教育的希望在教师身上,让我们一起努力!

要使战略主题深入人心,自觉化为行动[①]

《国家中长期教育改革和发展规划纲要》(征求意见稿)从教育角度绘就了强国富民的蓝图,内容厚实,语言铿锵,充满活力,洋溢希望,读来振奋人心。这标志着我国的教育改革和发展进入了历史发展的新阶段,向建设人力资源强国迈出了决定性的步伐。

《规划纲要》从总体战略、发展任务、体制改革到保障措施,无不显现当今时代中国特色社会主义教育的奋斗目标、发展方向、有效措施,针对教育现状中存在的种种矛盾,从教育理念、制度创新、队伍建设等诸多方面明确任务,集中智慧,寻求共识。既回应亿万群众对教育的热切盼望,又遵循和彰显教育自身发展的育人规律。《规划纲要》亮点聚集,是今后十年教育长足进步、创造辉煌的指针。

别的且不说,单是优先发展与战略主题的确立就令人感动不已。

《规划纲要》开宗明义,说明制定本纲要的依据和目的。它的依据是党的十七大关于"优先发展教育,建设人力资源强国"的战略部署,目的是"为全面提高国民素质,促进教育事业科学发展,加快社会主义现

[①] 本文发表于《上海教育》2010年第6期。《国家中长期教育改革和发展规划纲要》(2010—2020)(征求意见稿)下发后,作者深入学习,结合多年来的教育改革实践进行解读,并撰写了本文。作者在深刻理解"优先发展教育"的战略思想的基础上,直指"高谈阔论素质教育,扎扎实实应试教育"的怪象,聚焦"培养什么人,怎样培养人"等重大问题,为贯彻落实国家教育战略出谋划策。

代化进程"。把教育放在优先发展的战略地位,我们就会情不自禁地联想到邓小平同志的谆谆教导。1985年5月19日邓小平同志在全国教育工作会议上语重心长地说:"我们国家,国力的强弱,经济发展后劲的大小,越来越取决于劳动者的素质,取决于知识分子的数量和质量。一个十亿人口的大国,教育搞上去了,人才资源的巨大优势是任何国家比不了的。有了人才优势,再加上先进的社会主义制度,我们的目标就有把握达到。现在小学一年级的娃娃,经过十几年的学校教育,将成为开创21世纪大业的生力军。中央提出要以极大的努力抓教育,并且从中小学抓起,这是有战略眼光的一着。如果现在不向全党提出这样的任务,就会误大事,就要负历史的责任。"这段讲话既深入浅出,又尖锐深刻,把抓教育定位在"有战略眼光的一着",这是前所未有的。战略不是具体的某些战术,它影响事业的全局,把教育和人才资源、建国大业紧密连在一起,扫除了许多人不重视教育的糊涂观念,增强了教育工作者的无比信心。

随着建设事业的推进,国民素质的提高,创新型、实用型、复合型人才的紧迫需要,人们对教育的战略地位认识越来越深刻。党和国家高度重视,一再提出要优先发展教育,并为此做了大量的工作,对经济发展、社会进步和民生改善做出了不可替代的重大贡献。但是,由于理念上的陈旧、落后,种种因素的制约,很多地方、很多方面,并未做到"优先"。有些还是跟着做一点,有些还要把有限的教育经费挪作他用。薄弱学校本可不薄弱,师资队伍本可更稳定提升,但由于"优先"不到位,而矛盾凸显。正如《规划纲要》中指出的:"教育投入不足,教育优先发展的战略地位尚未完全落实。"针对这种状况,《规划纲要》"优先发展教育"的战略思想,贯串于整个文件之中,反复加以强调。序言部分指出:"在党和国家工作全局中,必须始终坚持把教育摆在优先发展的位置。""始终坚持",斩钉截铁,表达了巨大的决心和非凡的勇气。总体战略中的工作方针,第一句就是"把教育摆在优先发展的战略地位",阐明这是党和国家提出并长期坚持的一项重大方针,为此,"各级党委和政府要把优先发展教育作为贯彻科学发展观的基本要求,切实保证经济社会发展规划优先安排教育发展,财政资金优先保障教育投入,公共资源优先满足教育和人力资源开发需要"。一句话中四个"优先",而且提升到"贯彻科学发展观的基本要求"的高度。理念之先进,要求之具体,前所未有。只要认真遵照执行,必然大大造福莘莘学子。体制改革部分、保障措施部分中许多条款都关系到优先发展的问题,从理念到措施,这种战略思想一以贯之,是照耀教育发展今后十年征程的明灯。我国是一个人口众多的大国,在世界格局深刻变化、科技进步日新月异、人才竞争日趋激烈的情况下,从事社会主义现代化建设,其复杂性、艰巨性难以言表,要落实教育优先发展的战略地位确实难度极大。但在长期的革命和建设的实践中,我们有一条颠扑不破的真理和无往而不胜的经验,那就是只要加强党的领导,提高国家对政策的执行力,就能排除各种困难,创造奇迹。

优先发展教育,发展怎样的教育?战略主题作了十分明确的规定,表述得要言不烦,一语中的。《规划纲要》中是这样表述的:"坚持以人为本,推进素质教育是教育改革发展的战略主题,是贯彻党的教育方针的时代要求,核心是解决好培养什么人、怎样培养人的重大问题,重点是面向全体学生、促进学生全面发展,着力提高学生服务国家人民的社会责任感、勇于探索的创新精神和善于解决问题的实践能力。"教育发展的主题、核心、重点、着力点阐述得一清二楚,拨正了当前教育在许多方面的、相当程度的扭曲。是清醒剂,是指路标,教导与指引教育工作者往哪个方向走,追求怎样的目标。不仅是教育工作者,而且是全社会、全民都有责任。序言说得好:"国家兴衰,系于教育;教育振兴,全民有责。"

"以人为本""素质教育"已说了好多年,但推进起来,步履维艰,干扰很大。常见的情况是:高谈阔论素质教育,扎扎实实应试教育;教育行政部门三令五申减轻学生过重的课业负担,但令行不止,照样变着法子补课、应考;学生自主活动时间少得可怜,自主进行体育锻炼更是一种奢侈,整日在题海题库中浮沉,厌学情绪滋长,求知欲望不断消解。分数的枷锁不仅锁学生、锁教师,而且也锁校长、锁家长。分数本为监测教学情况的符号,着眼点在了解学情、教情,总结经验教训,切实改进教学,提高教学质量。而今,分数被提高到至尊的地位,有的几乎把它作为图腾,顶礼膜拜。在选拔考试面前,学生、家长、教师、学校几乎都成为"分奴",不知不觉,又习以为常。教育究竟怎么啦?孩子求知的快乐、成长的快乐哪儿去了?许多有识之士为此忧心忡忡,寻觅解脱困境的良方,但往往局限于某个层面,某些问题,难收解套之效。此次《规划纲要》高屋建瓴地聚焦在"培养什么人,怎样培养人"这一点上,明确指出这是教育改革发展的最强音,振聋发聩,而且表现了实现战略主题的巨大决心和坚定不移的意志。教育要奉行两个"全面"——"面向全体",不是面向一部分或小部分,这是提高全民素质的问题,所有学生都有权利受到良好的教育;"促进学生全面发展",而不是由于教育思想的偏差,急功近利思想的作祟,人为地突出某一方面,削弱某些方面,忽视做人基本道理、基本准则的培养,忽略增强体质的重要性、必要性,在不经意中造成了被教育对象成长中的某些不足与缺陷,严重地出现精神上的残缺。每个学生都是活泼泼的生命体,都有全面发展的潜质,都是国家的宝贝,家庭的宝贝。如果由于目标偏离准星,做法错位,青少年学生在成长过程中付出了不应付的代价,成人是有责任的,学校、家庭、社会是有责任的。

而今战略主题的重点是两个"全面",着力提高学生服务国家人民的社会责任感、勇于探索的创新精神和善于解决问题的实践能力。且不说创新精神和实践能力的培养,单是"社会责任感"的提出就值得学校、家庭反复思考、付诸实践。学校教育是要把年幼无知的自然人培养成为有理想、有道德、有文化、守纪律的社会合格公民。求学读书为了什么?为明做人之理,明报效国家之理。如果我们教出来的学生只以个人为中心,以追逐名利、享乐为目的,缺少服务国家、服务人民的社会责任感,那是教育的失败,有辱历史赋予的重要使命。

教育改革发展的蓝图已经绘就,战略主题清楚明确,如何使这些先进的理念深入人心,化为自觉的行动,是最为重要的,也是我们最为关心的。理念指导实践,教育改革发展是庞大的综合工程、系统工程、复杂工程,对教育的战略地位、战略主题、教育本质、育人规律等须有相当的共识。这种共识不仅在教育内部,当然,教育内部是重点,从事教育事业的人应具有高度共识,在教育外部,家庭、社会,同样需要广泛宣传教育,具有正确的育人观,尽量不做违背教育规律,乃至见利忘义之事。各项政策的执行难度较大,须深入了解实情,弄清问题的症结所在,一环扣一环地解决,方能取得实效。离开了针对性,简单从事,难以获得理想效果。比如减轻学生负担问题,只是做加减法,是不可能奏效的。哪些是合理负担?哪些是不合理负担?这些不合理负担是怎样形成的?学校的、家庭的、社会的,各充当了什么角色?哪些是教育理念的问题?哪些是选拔考试的问题?哪些是功利政绩的问题?哪些是商业利益链的问题?哪些是体制问题?哪些是机制问题?凡此种种,均要综合考虑,开展综合治理,哪一环不到位,效果就难以收到,弄得不好,不是"我自岿然不动",就是弄虚作假做表面文章。

百年大计,教育为本,本固则枝繁叶茂,生意盎然,期盼《规划纲要》在进一步完善的基础上狠抓落实,加强监督,为建设人才强国做出大贡献。

让生命之花绽放[①]

德性与智性是生命之魂。学生进学校求学理应受到良好的思想道德陶冶和扎实有效的科学文化教育,使年轻的鲜活的生命健康成长。令人揪心的是重术轻人、急功近利思潮的干扰,应试教育、题海战术铺天盖地的侵袭,育分不育人、求学不读书的状况比比皆是,教育被扭曲,学生的全面发展深受不良影响。

教育的本质是培养人,它的基本职能是促进青少年的发展。有意识或无意识地重术轻人,重技能技巧,轻人的总体素质的培养,是把"人性"置于"技性"或"物性"之下,有悖于育人的宗旨。

德性与智性本不矛盾,是人们二元对立的习惯思维方式硬性地将它们分裂开来似乎是非此即彼、非彼即此,二者不相容。事实并非如此。思想道德素质是人们的理想信念、价值观念、道德观念、法制观念等方面的综合体现,它决定并影响着智力的发展与发挥;科学文化素质是通过知识的传授、能力的培养,开发学生的潜能,使他们智力获得发展,形成良好的认知结构。而在发展智能的过程中,须注意情感的激发,意志的培养,坚毅、自制品质的养成。显然,二者是不可分割的整体,共同构成一个人的综合素质。它们互相融合,互相渗透,互相联系,互相贯通,互相制约。前者是统帅,是方向;后者是基础,是生存发展的

[①] 本文发表于《中国德育》2010年3期。

内部依据。

教育要"以德育为核心",绝对是经典箴言。教育学生就是要他们明做人之理,明报效国家之理。求学期间,把握了做人的底线,养成了良好的思想道德,一辈子受益不尽。意大利诗人但丁曾说:"一个知识不全的人,可以用道德去弥补,而一个道德不全的人难以用知识去弥补。"确实如此,一个人能力不足,责任可补;责任不够,能力不能补;能力有限而责任是无限的。曾记得世界经合组织曾调查全球几十位著名跨国公司总裁,他们一致强调:责任感、创造性、灵活性是人发展、成才最核心的素质。可惜至今不少人,包括从事教育工作的人对此还缺乏应有的认识,往往误认为德育是软任务,口里说说的,而抓知识是硬任务,有的甚至是迷信分数,对分数顶礼膜拜。其中确实有不少难言的苦衷,如考评、升学率等紧箍咒,但认识与力行不能说已经到位了。

于是,学校教育就出现德育、智育割裂的情况,似乎课堂学科教学只是智育,而班主任工作才是德育。其实,任何教学都应有教育性,有教育性的教学,就赋予知识、能力以灵魂、以意义,能促进学生的发展。学生进校求学,日复一日、月复一月、年复一年,绝大部分时间是在课堂里度过的,课堂里进行怎样的教育对学生心灵塑造至关重要,影响到学生的生命质量。学生只有一个青春,青春是无价宝,学校要满怀爱心切切实实尊重学生的生命价值,促进他们德性与智性和谐发展,共同成长。

课堂学科教学是单一传授知识技能,还是以所教学科智育为核心,融合情感态度与价值观的教育,教学效果迥然不同。后者是真正的教书育人,把情意激发、情操陶冶、责任心、创新意识、对真善美的价值追求等,伴随着知识的传授、能力的培养撒播到学生心中,使学生在掌握知识的同时,智力获得发展,心里逐步亮起人生追求的明灯,形成正确的人生价值判断。课堂教学应该立体多维,发挥育人的多功能。教学的优质、教学的有效,应追求这样的目标。

德育与智育的融合,绝不是外加、贴标签,而是深入钻研教材,反复推敲教学内容,认真挖掘教材中固有的育人资源,使知识传授、能力训练闪发育人的光彩。融合的方法很多,如可在文本中开掘,可在教学过程中点拨,可在情感上激励,可引导学生在思想上受启迪。总之,课须血肉丰满,学生学有兴趣,学有所得,学有所求,学有方向。

学科教学应是德育主渠道。主渠道开通,学生的生命之魂德性与智性每天受到培养,春风化雨,生命之花就会绽放。

教育就是"仁而爱人"[①]

《社会观察》：近年来,有学者提出倡议改以"孔子诞辰日"作为教师节。作为教龄几乎与共和国同龄的老教师,请您谈一下我们现行的"教师节"的背景。

于漪：关于这种声音,我之前也曾注意到。对于他们倡议中"现行教师节缺乏必要的历史意蕴和文化内涵"的这种说法,我也是认可的。但也应该注意到,现在的教师节,即9月10号,是在特定的历史背景下出现的。

"十年动乱",教育、文化受到极大的摧残,当时无所谓师道尊严,那时候的教师都成了"臭老九"。如此一来,教育受到极大的破坏。粉碎"四人帮"后,就面临一个很现实的问题,教师的地位和待遇都没有放到应有的位置。教育本身应当是居于战略性地位的,而当时人们对教育的这种重要性,缺乏应有的认识。20世纪80年代中期,教师的流失很严重,特别是有些学科如英语、艺术等,流失很严重。大学的情况还好些,中小幼教师流失比较严重。在这样的情况下,有人提出要有一个教师节,目的就是为营造一个尊师重教的氛围。9月10号作为教师节,是1985年经全国人大通过的,当时主要是为表达一种尊师重教的导向。

《社会观察》：现在从国家层面的"科教兴国"战略到社会以及每个

[①] 本文发表于《社会观察》2010年第9期,是该刊记者吴焕良对于漪老师所作的专访。

家庭,都充分意识到教育的重要性,将子女的未来发展希望寄托于教育。我国的教育事业取得很大进步,但同时现在的教育领域又面临许多新问题。该如何看待我们当下的这种教育状况?

于漪:从20世纪80年代到现在,二三十年的时间,教育的情况也发生很大的变化。教育在量的发展上,成就可以说令世人瞩目,义务教育的普及、扫盲工作成就、大学教育从精英教育到大众教育等。从硬件上来讲,可以说是可圈可点的很多,但从教育内涵来说,我觉得教育也面临着1949年以来从未有过的严峻挑战。

现在的学校要对学生进行的价值观的教育,跟社会上的多元价值、多元文化是有许多矛盾的。比如我年轻的时候做教师,学校对学生的教育,实际上是主流价值观。要"我为人人,人人为我",要"全心全意为人民服务",这是跟社会上的价值观基本吻合的。而现在的家庭文化、社会文化与学校文化,学校所传授的、提倡的文化,却有很大差别,这样就给教育带来了1949年以来最严重的挑战。

学校教育、家庭教育、社会教育三者最好要形成合力,但现在很多是形成分力。比如学校要减轻负担,就要实行素质教育,当然学校本身做得怎样是一个问题,但许多家长不这样做。报纸上刚刚报道的,一个七岁的小孩每个星期要参加六个不同类型的辅导班,这是家庭主导,不是学校规定的。

现在几乎每个家长都希望孩子成龙成凤,而不顾及他们的具体情况。家庭教育本来着重在教育孩子的品德、习惯,这是学做人最重要、最基础也是最核心的。但现在这部分是缺失的,反而是专门在打造一些解题的技能、技巧。

社会文化方面,我们读书的时候,看本书都很难,也买不起。现在书多得不得了,但却是良莠不齐,泥沙俱下,而且垃圾性的娱乐型快餐文化挤掉了优秀文化。但我们孩子们的精神哺育是需要经典,需要优秀文化的，而不是乱七八糟抓一把杂草放进去，这将会影响他们的终生。现在的快餐文化中，诸如超女、好男儿等比赛，都把孩子们的头脑搞昏了。由于他们无生活经验、文化积累，文化判断力很差，基本上是照单全收，只要手段先进，就能吸引眼球。这样的一种社会文化，跟我们对孩子的读书做人教育所需要的精神文化区别很大，抵消得很厉害。

《社会观察》：前面讲到现在教育面临社会多元化的冲击和挑战，表现出某种程度的泡沫化和快餐化。在这样的背景下，怎样看待我们传统文化精神在当代教育中的角色和价值？

于漪：对于传统文化，其实外国也是很重视的。比如英国，像伊顿公学，是不参加什么评比之类的。我并不是说绅士教育怎样，但体现出对本民族的传统很重视，民族文化精髓的部分不能随便丢掉，这一点是很重要的。而我们现在却是把自己的东西铲除得很厉害。这样一来，家庭教育也好，社会文化也好，就变得浮游无根了。

中国传统文化中有不好的东西，有糟粕，这个谁都不能回避，但这其中也有精粹，有灵魂性的东西。几千年的"先天下之忧而忧，后天下之乐而乐"，表现出来的一种担当，从《左传》开始就是这样的。作为一个国家的人，对于一个国家、社会，要有担当，要有责任。宋儒张载讲："为天地立心，为生民立命，为往圣继绝学，为万世开太平。"这种精神对学生是一种很好的哺育，但这些方面，我们现在缺失得很厉害。

一个民族之所以生存，中华民族之所以历经内忧外患，五千年打不垮，归根到底是因为民族文化、民族精神，而不单是民族经济。中华民族历经民族经济、民族政治的变迁，之所以能够传承下来，归根到底是民族文化。而民族的语言文字又是民族文化的根，对外是一种屏障，对内是一种凝聚，但我们对这些东西缺乏敏感，缺乏深刻的认识。

《社会观察》：原本纯粹、单一的教育领域,为什么现在会如此乱象丛生,教育的本质又该如何理解?

于漪：这其中有很多因素、很多弊病造成。我始终认为,人做事情有国家、民族这个标尺的话,什么事情都可以做到公正。没有国家、民族这把标尺的话,什么政策都可能走斜掉。我觉得现在的社会道德、教育,一个最大的问题是把做人的底线破掉了。

学校教育应该是"有所为有所不为",要有定力。但现在学校的定力很差,我们现在说了很多育人的话,行了很多应试的事。读书为什么?读书为明理,明做人之理,明报效国家之理。这一条是无论如何不能放掉的,这条放掉就等于放掉了教育,阵地失守了。现在社会的导向把做人的底线冲得乌七八糟。

什么是做人?"仁而爱人",心中是要有别人的。为什么"仁"是人字旁有个二,心中没有别人还怎么爱人?

教育是一门爱的事业,没有爱就没有教育。我一直讲,教育,一个肩膀挑着学生的现在,一个肩膀挑着国家的未来。今天教育的质量就是明天的国民素质。这是客观规律,不以人的意志为转移的。所以我一谈到教育,心里就着急,为孩子着急。每个学生都是宝贵的,都是可塑之才。

《社会观察》：作为一名教师,包括个体意义上的老师和群体概念的教师,在当前的社会环境下,如何得到学生、家长以及社会的认可与尊重?

于漪：关于教师,我是这样理解的。选择了教师,就是选择了高尚。要想发财,就不要来做教师;要想当官,就不要来做教师。教师是"以人为本"的工作,是要以自己的人格引导学生塑造完美的人格,以自己的高尚情操熏陶学生的道德情操,以自己的科学文化素养来培养学生扎实的科学文化基础。

作为一个教师,一定对自己的追求要有清醒的认识。如果没有清醒的认识,仅仅作为一个糊口的工作,那就是混了。教师是不能混的,混的不仅是自己的生命,更是学生的生命,所以说,选择了教师就是选择了高尚。如果没有这个认识,会经不起外界的诱惑。

因此,教师必须要有自己的人格魅力。作为教师,还应有相当的学识,教师传授的是中华优秀文化、人类进步文化,必须对要教授的课程深入进去,自己非常清楚才能教好学生,才能做到左右逢源。汉代的韩婴讲:"智如泉涌,行可以为表仪者,人师也。"德才兼备,方可为师。

《社会观察》:从您自己的切身体验,如何来看待"尊师重教"这个问题?

于漪:尊师重教从历史意义和文化内涵来讲,应该说中国是很重视的。包括农村里,过去一个乡村教师都是很受尊重的。

一个社会是不是尊师重教,反映了这个社会的文明程度,也反映了一个社会有没有可持续发展的潜力。这不仅是现实问题,更反映出一个战略问题,有没有真正的可持续发展的动力。因为要可持续发展,必定需要人才辈出。而人是不可能自然成才的,需要学校教育、家庭教育、社会教育。因此,必须去除急功近利的思想,功利主义的思潮对教育有极大的危害。教育要细水长流,才有一定的发展潜力。

我们看西南联大,抗战期间最艰苦的时候,培养出人才,几十年后,现在的院士有很多是西南联大走出来的。教育不是说今天种子撒下去,明天就长出来,那是不可能的。教育本身是一个过程,在教育的这个过程中,要传授知识、培养能力、发展智力、熏陶情操。

从教育方面来讲,儒家非常注重尊师重教。尊师重教是仰望星空的事情,因为不仅看到眼前的利益,更要仰望星空,看到民族的前景、国家的前途。民族的前景、国家的前途靠的是什么?靠人才辈出,靠素质良好的劳动者,以及专门人才。还要靠卓越人才,不仅仅是专门人才。

因此尊师重教不是一个漂亮的口号,不是广告词,更不是一件用来炒作的事情,应该是仰望星空的事情,因为关系到国家民族的可持续发展。

《社会观察》:对于以"孔子诞辰日"替换现行 9 月 10 日为教师节这样的主张,您是怎样来看?

于漪:作为教师节,以孔子诞辰日来做,当然对孔子本身来说并不是多余的,因为孔子毕竟是圣人,他不止教育一个方面,从孔子身上确实反映了中国传统文化的情结。

而现在的教师节,是在当时教师流失、教师队伍不稳定的特殊历史阶段确定的,也可说缺乏必要的文化内涵。当时是在不得已为稳定教师队伍的情况下,确定这样一个节日,为营造尊师重教的环境而确定的。

对于这种改动的说法,我担心成为炒作的话题,一改动怕又是沸沸扬扬。但是在改的过程中,怎样操作将会有很多问题,要把道理讲清楚,毕竟当时也是有其原因和价值的。

至于教师节,需要必要的历史意义,但如果把教师节的确立等同于一味崇尚儒学,也有很多不妥的地方。我的意思就是,如以这个为教师节,是有历史意义和文化内涵的,对孔子精神的传承,对孔子学院的建设也是有好处的。但应该注意可能会产生的问题,在改的过程中要十分慎重,否则反而弄巧成拙。

抓住根本,讲求德育实效[①]

《上海市中长期教育改革和发展规划纲要(2010—2020年)》为上海市未来十年教育的发展描绘了振奋人心的蓝图,从核心理念到具体措施,从总体战略到重点任务,可圈可点的闪亮之处甚多。如何把它们变成教育发展的现实,需要下一番功夫在难题上加以突破。认识上突破,做法上突破,实践,体验,改进,提升,就会创造出许多符合时代特征的教育新经验。

别的姑且不论,单就德育的针对性、实效性、吸引力和感染力而言,是当前教育中很大的难题。这些年来,德育方面做了大量的工作,但是面对社会上"金钱至上""私利第一""享乐人生"等思潮的冲击,效果还是会打折扣。再加上不少人错把考试手段当目标,对分数顶礼膜拜,育人的理念与实施在有意无意间被稀释,乃至被消解。说的是素质教育、育人,行的是应试教育、育分,这种状况令人揪心。从小不着力打好做人的根基,不懂得做人思想道德情操的底线在哪里,精神没有根据地,一辈子就会浮游无根。遇到挫折,遇到种种变脸的诱惑,轻则误入歧途,重则毁灭人生。《纲要》中的两个坚持"要坚持把社会主义核心价值体系融入教育全过程,坚持把德育贯穿到育人的各个环节",正是具有战略意义的应对。要让学生具有符合中国特色社会主义建设要求的理

[①] 本文发表于《上海教育》2010年第18期。

想信念、公民素质和健全人格,必须增强德育的针对性、实效性、吸引力和感染力。

德育内容非常丰富。理想信念、价值取向、国家意识、民族情怀、法制观念、荣辱观念、道德情操、意志品质、行为习惯等,都重要,都要施以良好的教育,滋养学生的心灵,引领他们打好根基,健康成长。但是,一定要牢牢把握教育对象的实际情况,加强针对性。教育的有效性必然来自教育的针对性,知心才可能真正教心。什么学年段的学生,该着重进行哪些教育,须在研究学生的基础上,制定教育的目标。目标一定要明确、具体、适切性强,切实可行。不能无视教育对象的差别,什么都抓,什么都想取得效果。多目标往往导致无目标,留不下深深的印迹。可否从突破面上的撒播,改为纵深的聚焦。小学、初中、高中阶段应该有着各自的重点。每个阶段的每个年级、每个学期都有聚焦的教育主题,每学期不超过两个,反反复复,由浅入深,由具体到抽象,由感性到理性,师生共同探讨,认真实践,在心中留下难以磨灭的痕迹,形成素质的有机元素。在总目标的框架内,各校可根据校情学情设计、安排、创造,自编校本教材,或使用原有教材,凸显教育实效。

德育工作要取得实效,确实要在吸引力与感染力上有所突破。吸引学生兴趣,拨动他们的心弦,做人的美好旋律才会在他们心中共鸣,内化为他们自己的思想情操。教育手段要先进,要多样化,要在生动形象上做文章,尤其是对未成年人。以悦目悦耳为切入口,达到悦心的目的。教育内容要实在,要用丰富的、具体翔实的事实说话,不是从概念到概念,空对空地说道理。社会上涌现出来的感人的人、事、物很多,用这些为国为民做贡献的榜样照耀学生的心灵,激励他们的人生追求。教育方法要讲究辩证思考、历史思考。要勇于直面问题,不回避,不绕道,剖析说理,明辨是非,引导学生学会两个眼睛看世界,崇尚真善美,贬斥与拒绝假恶丑,立志做堂堂正正的现代公民。要充分利用多种德育资源,形成合力,如各学科教学力量、社会实践基地力量、家长力量,等等。当然,学生是接受教育的主体,他们要看、听、说、做、想,身心投入,方能取得良好效果。为此,激发他们的主动性、积极性最为关键。

要创造人生的辉煌,就须打好做人的根基,让心灵先辉煌起来。德育做的就是让学生心灵辉煌起来的工作,任重而道远。

理念植根心中　行动创造精彩①

《上海市中长期教育改革和发展规划纲要(2010—2020年)》(以下简称《上海教育规划纲要》)是指导上海未来教育改革和发展的纲要性文件,绘就了上海教育事业十年科学发展的蓝图。理念先进,主题鲜明,任务实在,充满活力,洋溢希望,读来令人振奋。

《上海教育规划纲要》面对上海教育现实,开拓发展途径,规划美好远景,全方位,多层次,穿越时空,寻觅与把握上海教育可持续发展的规律,可圈可点之处甚多,其中尤为突出的是核心理念的确立。《上海教育规划纲要》开宗明义,提出"为了每一个学生的终身发展",并将此作为贯穿全文的理念。近十年基础教育课程教材改革的重要理念是以学生为本,以促进学生的发展为本,这个教育理念是在原先的以知识为本、以知识体系为本基础上的大变革,大提升,并逐渐得到认同,行之于实践。这是接近教育本质、反映教育本质的大好事。然而,这仅是就基础教育课程教材改革的范围而言。《上海教育规划纲要》确立的"为了每一个学生的终身发展"的核心理念,囊括上海教育改革与发展的方方面面,是引领上海教育率先实现现代化的一盏明灯。这个理念的两个关键词——"每一个""终身",分量千钧,它的高度、宽度、长度前所未有;这个理念的确立不仅表达了意识超前,更反映了对上海教育改革与

---

① 本文发表于《上海教育》2010年增刊《上海市中长期教育改革和发展规划纲要》学习读本。

发展的前景信心百倍,勇气非凡。

这个核心理念抓住了教育本质,凸显了教育的核心价值。现代教育随着经济的发展和社会的进步,担负起越来越多的任务,发挥着越来越多的功能。传统的知识传授、技能培养仍有相当位置,而知识创新、服务经济、服务社会、文化交流、文化引领等任务诉诸教育,教育不得不迎接挑战,发挥多重功能。教育是什么? 教育是按照一定的目的要求,对受教育者的德育、智育、体育诸方面施以影响的一种有计划的活动。它的出发点和归宿都是培养人,育人就是它的本质,它的最终目的就是要促进每一个受教育者的发展。教育可以对经济、对文化、对社会发挥种种作用,但育人是最根本的,是核心价值所在。离开了育人这个核心价值,其他的作用、功能也就浮游无根,不可能获得有效的、长远的发展。当前教育实践中出现的重知识技能训练、轻人的全面培养,重育分、轻育人的令人忧虑的状况,正是由于对教育核心价值的迷茫与失落所致。"为了每一个学生的终身发展"核心理念的确立,引领教育回归本质,认祖归宗,起着振聋发聩作用。

这个核心理念的确立能大力促进教育公平,营造"有教无类"、追求卓越的新局面。温家宝总理在《强国必强教,强国先强教》的报告中说:"我国已经在全国城乡实行免费义务教育,把义务教育经费全面纳入国家财政保障范围,这是我国教育体制的一个历史性变革,从而使几千年来'有教无类'的理想变成了现实。"财政保障,体制变革,令人深受鼓舞。今日的"有教无类"不是一般解决有学上的问题,而是要实现"学有所教,学有优教"。缩小不同群体发展差距,消除家庭贫困的代际传递,实现人的自由全面发展,促进教育公平。因而,"每一个学生"的发展就至为重要。脑科学的研究成果表明,每个常人身上蕴含着有待开发的巨大潜力,这是面向全体学生,使每个学生获得发展的前提与依据。每个学生都是独一无二的。差异无好坏之分,它代表的是人的多样性,它要求教育者对人的个体性、独特性、多样性给予充分的尊重。不是让学生去适应标准化的一成不变的教育，而是教育应通过自身的变革以其丰富性、多样性去适应与满足学生的需要。《上海教育规划纲要》中众多开拓性的做法正是让不同层次、不同个性的学生获得最佳的发展。这个理念植根心中，必然沉到学生世界中去研究学生，把握特点，因材施教。教育改革有了这样的思想原动力，充满创新精神的优秀办学业绩就会层出不穷，百花齐放。

这个核心理念蕴含着可贵的教育战略思想，为学生的可持续发展、终身发展打下做人做事的坚实基础。胡锦涛总书记在全国教育工作会议上提出"教育是国计也是民生，教育是今天更是明天"。这些鞭辟入里的论述使我们清醒地认识到教育不仅是民族振兴、社会进步的基石，而且寄托着亿万家庭对美好生活的期盼；清醒地认识到教育是长线事业，不是只教一阵子，急功近利，而是要求教在今天，想到明天，为学生的终身发展奠基，惠及他们的一生。把今天的成长与明天的发展紧密相连，这是真正地对人的尊重，对人的成长规律的敬畏。《上海教育规划纲要》中聚焦推进素质教育这一战略主题，全面实施教育综合改革，正是紧紧围绕学生的终身发展，整体设计，分类指导。全面实施素质教育才能使学生真正获得全面发展，个体具备的特有的强势智能才能充分发挥优势，经过实践锻炼，会成长为拔尖创新人才。教育不能被应试教育拖累，只顾眼前分数，有意无意形成人发展中的短板，乃至残缺，尤其是理想信念、做人的基本准则的缺失。果真如此，那就贻误人的终身。

将"为了每一个学生的终身发展"的理念植根心中，切实履行《上海教育规划纲要》内容，教育前景必然精彩纷呈。

学校,学生成长的乐园[1]

"办学生喜欢的学校",定位办学的追求目标,不仅反映了教育本质,以学生为本,以促进学生发展为本,更是以非凡的勇气切中时弊,掸除遮蒙在教育领域的浓厚的功利色彩。

"知之者不如好之者,好之者不如乐知者。"(《论语·雍也》)"知""好""乐"之间逐层递进。眼下,学校对学生的学习,特别关注的是"知","好"考虑甚少,"乐"就无从谈起了。学生求知如若处于被知晓的状态,即使学得一点知识技能,也往往是以苦为伴,以厌为伍。如果依据他们的天性,循循善诱,鼓励引导,发展他们的潜能,激励他们达到自强不息、欲罢不能之境,即使学习过程中可能会遇到许多挑战,他们也不以为苦,兴之所至,乐在其中。

课程教材改革的目标有多项,处于核心地位的目标是课程功能的转变,即改变课程过于注重传授知识的倾向,强调形成积极主动的学习态度,使获得基础知识和基本技能的过程同时成为学会学习和形成价值观的过程。且不说别的,仅学生能形成积极主动的学习态度,那就是课改的极大成绩。学习态度转变,学习的兴趣爱好就会大增,进而摆脱他主学习的困境,步入自主学习的快乐天地。

课堂是一所学校最基本、最常态的细胞,是实施素质教育和课程改

---

[1] 本文发表于《黄浦教育》2011年第1—2期。

革的主阵地,课堂教学是教书育人、学生成长的中心所在。学生进校求知,绝大部分时间在课堂里度过,一堂堂课影响到他们发展的质量,成长的质量,生命的质量。课堂教学如果充满智慧,情意洋溢,兴味盎然,有吸引力、感染力、辐射力,学生不仅学有兴趣,学有所得,更可贵在激发了旺盛的求知欲,学有追求,积极主动地探索、研究,品尝到求知的乐趣,感受到成长的幸福。有了这样的体验、这样的收获,喜爱学校之情必然充盈胸际。

课堂教学的生命活力既来自人文关怀、知识魅力,更来自问题的探索。当前我们教育模式的弊病,着力于学生的学"答",追求纤毫不差,标准化。殊不知这是让学生只活在别人思考的结果里,学习的生命力受到压抑,处于画地为牢、不可越雷池一步的圈养境地,怎可能精力充沛、智慧发展呢?孟子早就说过:"心之官则思,思则得之,不思则不得也。"课堂里学生有思考的时间与空间,就会培养起生疑、质疑、辨疑,进而解疑的良好的学习方式、学习习惯。"疑"是学之始,一个人从无知到有知的过程总是始于发问。"问"的能力的强弱、深浅,反映学习者的学习态度、知识基础、思维能力与思维品质。"问"是通向新知识的桥梁,是"思"的结果。学问学问,要学会"问",就得切实培养学生独立思考的能力。屈原的《天问》一口气提出138个问题,天上、地下、人间、自然、社会,没有作答,给人留下无尽的思考空间。如果我们的学生能在求知过程中提出各种各样的问题,甚至是奇思妙想的问题,那我们的课堂岂不是智慧火花的迸发、创新意识的闪耀、青春活力的张扬?那是一种怎样的教育理想境界?师生的尊严、师生的能量都得到真正的释放。

大爱是学校文化的灵魂。没有爱就没有教育;教育只有充满爱,才能进入学生的内心深处。爱,就是一切为了学生。学生在成长过程中对奔跑、游戏、体育艺术各类活动、科技小制作等都有内心的渴求,参与的冲动。课外的天地正是他们融合长知识、长能力、长见识、长身体于一体的重要场所,刚强、勇敢、奋斗、合作、创新等精神,从其中孕育而出,磨炼而出,思维的灵敏度、身体的协调性、同伴的亲密度都会获得锤炼。没有课外丰富的学校生活,学生对学校的感情就会部分缺失;开展符合学生身心发展的多彩的活动,学生就会生龙活虎,爱意荡漾。

尊重学生的个性,接纳学生的差异,促进每一个学生的健康发展,这是教育的真爱。在爱的阳光照耀下,学生喜爱学校,喜爱老师,学校是自己成长的乐园。

理想照耀生命[①]

太阳每天从东方升起,但每天有新的气象,新的活力,给人们带来新的希望,新的启示。

常识有时就成为经典,历经时间检验,成为大家的共识,如:人要吃饭,大到民以食为天,小到个人的一顿饭,其中有许多学问,许多值得研究的问题。话题虽老,但同样常谈常新。更何况"理想"这个话题对我们青少年学生而言,是应该思考,应该讨论,不可或缺的。

新世纪开始,胡锦涛总书记在2000年6月1日《为推进祖国新世纪大业做好全面准备》说:

> 少年时代是美好人生的开端,
> 远大的理想在这里孕育,
> 高尚的情操在这里萌生,
> 良好的习惯在这里养成,
> 生命的辉煌在这里奠基。

[①] 本文是作者2011年5月14日在上海市教委党校举办的"高中入党积极分子学习班"上所作的报告。作者与青年学子共同讨论生命的价值,用理想照亮学生纯洁的心灵,用榜样的力量激励学生做好人生的选择,教会学生既要仰望星空,又要脚踏实地,引发了学生的强烈共鸣。

每个青少年都期盼自己有美好的人生,能创造生命的辉煌。怎样才能实现?孕育远大的理想、树立远大的理想至关重要。

一、志存高远是人生价值的源泉

我们这里讨论的不是中国科学院院士、生物学家贝时璋先生阐述的特征。因为生命的特征就是"活",所谓"活",无非是自然界三个量:物质、能量和信息,在生命系统中综合运动的表现,也就是说,生命是自然界的高级运动形式。

我们探讨的理想照耀生命,不是生理层面的"活",而是精神层面的追求。也就是说,在尊重生命、敬畏生命、热爱生命的基础上,要激发生命的潜能,捍卫生命的尊严,提升生命的质量,实现生命的价值。简言之,探讨人生的价值。

人生在世几十年,最多百年左右,谁都希望自己的人生美好、多彩。在人生之春的青少年时代,就应严肃的思考:追求什么价值取向,一辈子路往哪里走?张海迪曾说过一句启人深思的话:人生的价值在于创造一个有价值的一生。确实如此,人的一生可能燃烧,也可能腐朽,不懂得生活意义的苟活,不担当应负的社会责任,只禁锢在个人私利的牢笼里,那就会步入灰暗、闭锁、卑微,乃至腐朽。

有价值的一生是怎样创造的呢?

记得20世纪美国著名探险家约翰·戈达德曾这样说:"让心灵先到达那个地方。"是心灵的渴望,开阔了求索的视野;是心灵的飞翔,催促了奋进的脚步;是心灵的富有,孕育了生命的奇迹。

要创造人生的辉煌,须先让心灵辉煌起来。当然,这里的辉煌绝非荣华富贵,名噪一时,而是有极其丰富的内涵。许多古今中外的大智大勇之士以自己的思想言行作了极其生动极其深刻的阐释。

自古以来在人们口中一直传着这样一句话:"人无志不立。"人没有远大的志向,就站立不起来。人有脊梁骨才直立行走,否则就难以脱离爬行的状态。人精神上没有支柱,没有志向,没有追求,就会失魂落魄。没有理想的人,如同松弛的琴弦,是弹奏不出动人的生命乐曲的。人没有了主心骨,就失去了人的尊严,堕落为行尸走肉。明朝王守仁说:"志不立,天下无可成之事。"没有志向,没有明确的目标追求,人生飘忽半空中,怎能成事?

志存高远,树立远大的志向,是创造有价值人生的源泉,是生命活力的不竭动力。

例如,大家熟知的司马迁因替汉将李陵辩解,获罪下狱,并被施以腐刑。受此侮辱,似乎应生命终结,但他活了下来,原因何在?他在《报任安书》中说:"所以隐忍苟活,出粪土之中而不辞者,恨私心有所不尽,鄙没世而文采不表于后也。"即我之所以暗暗地忍受,苟活偷生,关在粪土般污秽的监狱里而不肯去死,就因为心中还有未实现的理想。如果在屈辱中死去,文章的才华就不能流于后世。什么理想?作为太史令,不仅要完成父亲司马谈临终前的嘱托,而且要记述历史与现状,上续孔子的《春秋》,他在《太史公自序》中说:"于是卒述陶唐以来,至于麟止,自黄帝始。"(于是,终于记述了唐尧以来的历史,止于猎获白麟的元狩元年,而从黄帝开始。)(汉武帝元狩元年—公元前122年,猎获白麟一只,《史记》记事即止于此年。《五帝本记》,黄帝为首,轩辕氏。)由于志存高远,含辱发愤继续写完《史记》这部历史巨著。这是我国第一部纪传体通史,记载了黄帝至汉武帝时3 000多年的历史。全书有"本纪""表""书""世家""列传"等130篇。它也是一部传记文学名著,结构精当,语言凝练,刻画的人物栩栩如生,极富艺术魅力。鲁迅赞之为"史家之绝唱,无韵之离骚",对后世史学和文学产生了深远的影响。

一位著名学者对司马迁的人生价值说得十分精辟,说他不仅仅是一名杰出的史学家,而且是一个改变了所有中国人的人,是他,使每一个中国人成为"历史中人"。他以自己残破的生命、难言的委屈、莫名的耻辱,换来了一个民族完整的历史,千万民众宏伟的记忆,华夏文化无比的尊严。《春秋》,包括《尚书》,以一种大事记的方式提供了一种"史学理念",但在"史学理念"之后还必须创造一个可以长久延续的"史学模式"。理念如云飘荡,可仰望它的色彩,而模式有一定的格式和程序,可继承下来。司马迁做到了,构成了历史的气脉。世界其他一些古文明因未创他们的"史学模式"而割断而流失。司马迁这种超越时空走向永恒的伟大的人生价值在于他胸有大志,"心随朗月高,志与秋霜洁",执着追求有不懈的动力。

又比如16世纪意大利文艺复兴著名哲学家、自然科学家布鲁诺,他捍卫和发展了哥白尼的学说。他被教会革除教籍,逮捕入狱,囚禁8年,但坚贞不屈,宁死也不放弃自己的信念。他在《论无限宇宙和世界》中指出:宇宙是无限的,在太阳系之外还有无数个星体。而且指出,恒星并不是镶嵌在天体内壳上,而是在有近有远地无限宇宙之中。对宇宙真相探求的理想信念使得他的生命超越时空,闪发光彩。

在中国现代史中,在当今社会,有高远的志向、创造有价值人生的人和事更是不胜枚举。且不说革命战争中的革命先烈、革命前辈,单是建设事业中,理想照耀生命的范例就数不胜数,令人感动。如大家熟知的、由衷敬仰的"两弹元勋"邓稼先就是一个把自己一生献给祖国的人。祖国利益高于一切的信念指引他克服了一系列难以想象的困难,给予他长盛不衰的勇气,和同伴一起,创造了震惊世界业绩,捍卫了祖国的安全和尊严,宣告了中国人任人欺凌的时代结束。再如,每年感动中国的人物,他们都是在平凡岗位上的普通人,由于志存高远,心中有别人有祖国,立志为人民造福,因而,活得有意义,人生闪光彩。

普通人不普通,平凡人不平凡,全在于精神上树立高标,思想上攀登高峰。青海玉树大地震中,位于巴塘废墟的第一民族中学创造了"零死亡"的奇迹。天未亮,老师叫醒了所有学生;强震来袭,带领学生紧急转移,抢救被压在废墟下的老师,教师和880名学生生命获得安全。"一切为了学生"的信念使校长周才仁、副校长严力多德、生活老师多吉才仁等如此临危不惧,指挥若定。汶川灾区、玉树灾区抢险救灾的可歌可泣事迹大量涌现,无不是以人为本、尊重生活、同胞骨肉亲的理念的生动展现。

莎士比亚曾说:人是万物之灵长,宇宙的精华。但人并不是生来就伟大,而是因为有思想有精神才伟大。人的伟大与否无须靠别人赞美,行为本身会说话,历史会说话。

二、奋发进取是通往理想的阶梯

理想不是幻想、空想,幻想空想是空洞的,飘浮的,理想是实在的,需要行动加以实现。鲁迅早就指出:单是说不行,要紧的是做。理想和行动要结合起来。《论语·公冶长》中说:"始吾于人也,听其言而信其行。今吾于人也,听其言而观其行。""观其行",说明行动的重要。所谓行动,并不是惊天动地之举,也并不是大手笔,大思路,而是从日常的一点一滴做起。老子《道德经》里就说道:"合抱之木,生于毫末;九层之台,起于垒土;千里之行,始于足下。"

合抱之木,九层之台,非常壮观,是追求的理想目标,而了不起的在于"生于毫末""起于垒土"。小小树苗,一撮撮土毫不起眼,可贵在"生"、在"起",充满了进取的精神,奋发的精神。要经受狂风暴雨的袭击,日晒雨淋的考验,一个劲儿长,一个劲儿垒。只有这样一步一步往前进,一个一个阶梯攀登,方能通往理想的境界。在交通极不发达的古代,千里实在十分遥远,要实现这样的目标,只有奋发精神,从脚下开始。荀子在《劝学》中说:"不积跬步,无以至千里;不积小流,无以成江海。"人们认识事物往往有种惯性,关注成事之时,其富其大其宏伟其辉煌,而忽略乃至小视历经艰辛的过程,忽略那个"跬步",那个"小流"。

结果、目标是重要的,但关键在过程,在过程中的毫不懈怠。

历经艰辛的过程最需要的,一是勇气,不畏困难,二是坚持不懈,锲而不舍。贝多芬有句令人震撼的话,"扼住命运的咽喉,决不能让命运使我屈服"。学习、工作、研究,不可能不碰到困难,数学家华罗庚先生说:"难"也是如此,面对悬崖峭壁,一百年也看不出一条缝来,但用斧凿,能进一寸进一寸,进一尺进一尺,不断积累,飞跃必来,突破随之。荀子早就说过:锲而不舍,金石可镂。坚持、耐心、毅力助你抵达理想的彼岸;急躁、狂热、畏惧、怠惰,理想就可望而不可即了。

举例来说,英国人类学家古道尔,这个年轻的姑娘为了探求远古时代的人是什么样子,她在藤蔓参差、浓荫蔽日的可怕的森林里先后活了十年多,其中艰难险阻难以言说,她以勇气与毅力取得了胜利。1971年,她出版了《人类的近亲》一书,轰动了世界。

邓稼先和他的同伴成为两弹的功臣,对国家核事业的建设做出极大的贡献,是由于他十年如一日,勤恳刻苦,东奔西走,风餐露宿,承受大戈壁风刀霜剑的洗礼,经历了多少次失败的风险、试验的危险,这充分说明理想的实现靠坚忍不拔的执着追求,神圣渗透在大量一丝不苟的工作之中。神九上天,蛟龙潜海莫不如此。每做一件事都认真负责,一丝不苟,确实不容易,这是一种精神,一种品德,一种习惯,而这又是靠远大理想的支撑。马虎、敷衍,与实现理想无缘。

列夫·托尔斯泰毕生为人生和社会的改革进行真诚的探索。他的创作时期长达60多年,《战争与和平》《安娜·卡列尼娜》《复活》等长篇小说脍炙人口,对欧洲文学有很大影响。且不说他创作的艰辛,单是修改就可说明锲而不舍的精神。《战争与和平》写了六年,修改了七遍。为《生活的道路》所写的序言,竟有105种稿本。

无数事实证明:只有向自己提出高远的目标,并以自己的全部力量为之奋斗的人,才是创造有价值人生的人,也才是最幸福的人。

三、清醒纯正，咬定青山不放松

要把正确的道理内化为自己的认识，感同身受，落实到行动上，须排除种种干扰与诱惑，要头脑清醒，心地纯正，树理想，立壮志，咬定青山不放松。

当今社会飞速发展，多元经济并存，多元文化碰撞，文化产品风起云涌，文化时尚鱼龙混杂，泥沙俱下。中学生在成长过程中，缺乏锻炼，缺少人生的经验，面对思想文化大潮裹挟而来的腐朽思想、垃圾文化、低俗文化、黄毒文化、暴力文化的侵袭，特别要注意保持头脑清醒，要有文化判断力，切不可照单全收，错把腐朽当神奇。要独立思考，反复比较，多问几个为什么，学会寻根刨底，弄清是非美丑。因为那些消极、颓废、恐怖袭来时不可能狰容毕露，而是披着各种各样乱人耳目的外衣，在你丧失警惕之时，悄悄地污染你的心灵。

文化对青少年学生有巨大的吸引力，又有巨大的穿透力。犹如水击石，或冲刷，或细缕，锲而不舍，日日夜夜，石头就被雕塑成令人叹为观止的异态。每个学生都生活在一定的文化氛围之中，由于兴趣、品位的差异，由于家庭环境、周边环境的不同，由于不同文化的感染、雕塑，在不知不觉中，精神世界的高低就很有区别，乃至大相径庭。为此，要使自己成为心灵丰富、志向高远的人，提高文化判断力至关重要。正如鲁迅在《拿来主义》中所说，要"运用脑髓，放出眼光，自己来拿"。要鉴别优劣，区分美丑，崇尚健康、高雅，鄙弃低俗、污秽。现代教育史上有所名校叫西南联合大学（由北大、清华、南开三校组成），在抗日战争物质条件十分艰苦的状况下办了不到八年，培养了众多的全国乃至世界级的顶尖人才。其中有一条颇值得深思。它的学生由于素质良好，文化底蕴扎实，因而有较高的文化判断力，以追求高尚文化为荣。他们在评人、谈文、论艺时，常夹用 Vanity（虚荣心）和 Taste（趣味）。如看到有人矫饰、卖弄、出风头，同学就会脱口而出：Vanity。谈论文化艺术时，有人见解卑琐,趣味低下,就会说"Taste 不高",学生中形成了这样一种氛围,一种导向,就有助于心灵纯正无邪。

对金钱的顶礼膜拜,对网络的迷恋,对一味享受生活的鼓吹,都会在我们周围散发不良因子,要识别、抵御、拒绝。这些东西虽然光怪陆离,眩人耳目,但说到底核心内容是崇拜物质财富,重个人私利,享乐逍遥。若钻进去,被腐蚀,精神坍塌,灵魂扭曲,怎能活得像人样?对社会上存在的这些假恶丑看清楚了,看透了,就懂得尊重做人的准则是多么可贵,多么必要,就懂得要创建有价值的人生,对社会对国家做贡献,必须追求人格的完美,不断加强自己的身心修养。

人为物质所俘虏,就会丧失人性。面对诱惑人的各种各样的物品,如果放纵私欲,没有节制,人就化为物了。而人一旦被物化,就会丧失天理良心,什么坏事都干得出。

人总是有物欲的,要生存要发展,不可能不食人间烟火。我们从事经济建设,大量创造物质财富,不仅使国家强盛,更是要改善民生,让老百姓生活幸福。人和物质财富打交道,要不逾矩,在规范中活动,取之有道。在物质诱惑面前,保持清醒的头脑,追求精神层面的富有,追求人格的完美。印度诗人泰戈尔曾打过一个生动的比喻:鸟的翅膀一旦系上黄金就永远也不能飞腾起来。常想到这一点,容易心明眼亮。

同学们积极向上,表现优秀,有理想,有抱负,希望进一步坚定远大的理想,一辈子为之奋斗,从现在做起,从身边做起,咬定青山不放松。理想就在岗位上,信仰就在行动中,让我们共同努力,共同勉励。